互联网环境下基础教育教学改革丛书

"爱种子"模式下小学英语教学范式的构建与实践

王芳 于亦涛 黄小洁 主编

中山大学出版社
·广州·

版权所有　翻印必究

图书在版编目（CIP）数据

"爱种子"模式下小学英语教学范式的构建与实践/王芳，于亦涛，黄小洁主编. —广州：中山大学出版社，2021.9

（互联网环境下基础教育教学改革丛书）

ISBN 978 – 7 – 306 – 07185 – 9

Ⅰ. ①爱… Ⅱ. ①王… ②于… ③黄… Ⅲ. ①英语课—教学研究—小学 Ⅳ. ①G623.312

中国版本图书馆 CIP 数据核字（2021）第 064839 号

"AI ZHONGZI" MOSHI XIA XIAOXUE YINGYU JIAOXUE FANSHI DE GOUJIAN YU SHIJIAN

| 出 版 人：王天琪
| 策划编辑：张　蕊
| 责任编辑：张　蕊
| 封面设计：林绵华
| 责任校对：林　峥
| 责任技编：靳晓虹
| 出版发行：中山大学出版社
| 电　　话：编辑部 020 – 84111997，84113349，84110283，84110779，84110776
| 　　　　　发行部 020 – 84111998，84111981，84111160
| 地　　址：广州市新港西路 135 号
| 邮　　编：510275　　　　传　真：020 – 84036565
| 网　　址：http://www.zsup.com.cn　　E-mail：zdcbs@mail.sysu.edu.cn
| 印 刷 者：佛山市浩文彩色印刷有限公司
| 规　　格：787mm×1092mm　1/16　16.375 印张　350 千字
| 版次印次：2021 年 9 月第 1 版　2021 年 9 月第 1 次印刷
| 定　　价：48.00 元

如发现本书因印装质量影响阅读，请与出版社发行部联系调换

编 委 会

主　编：王　芳　　于亦涛　　黄小洁
副主编：陈凤萍　　温小柔　　潘秀红　　张琳灵　　张春锋
编　委：郑雪贞　　王　娟　　谢健花　　林沛婵　　廖恩楠
　　　　曹志燕　　雷彩云　　胡茵瑜　　潘文娇　　何　燕
　　　　黄思思　　刘玉云　　蓝文舒　　梁靖菲　　陶杏梅
　　　　蓝杰华　　刘晓婷　　钟凤燕　　阮焕英　　陈伊湾
　　　　邓良芳　　李心悦　　郭　漫　　徐少丽　　郭　乔
　　　　单好说　　蔡玉华　　汤森连　　梁敏丽　　吕汝嫦
　　　　谢伊韵　　梁颖怡　　向家明　　许钊杰　　罗冬勤
　　　　吴红勤　　张楚君　　邹丽萍　　胡丹娜　　黄玉云
　　　　陈礼超

序

党的十九届五中全会提出要发展更加公平、更高质量的教育,并提出在"十四五"期间,在建设高质量教育体系中推动信息时代教育创新,大力开发优质数字教育资源,促进信息技术与教育教学深度融合,培育教育高质量发展新动能。

"爱种子"课堂教学改革模式是基于信息技术与教育教学深度融合理念,依托"互联网+教育"环境,通过信息化教学平台,解构教学资源的供给方式,重构课堂教学模式,应用大数据实现教学精准化、个性化,从而实现公平而有质量的教育。

《"爱种子"模式下小学英语教学范式的构建与实践》一书,由清远市清城区"爱种子"教改实验区的一线教师团队编写。本书立足于"爱种子"课堂教学改革模式,从英语学科教学改革实践应用出发,对"爱种子"教学模式下英语学科的教学范式构建、教与学资源重构、多元评价策略等进行了全面的阐述。书中提供了比较详细的英语教学范式、教学实施案例以及学生评价指导方法,有利于教师转变思维,树立以学生为中心的教育改革理念,真正把课堂和学习的自主权交给学生,培养学生自主、合作和协同学习能力,实现从知识传授向素养教育的转变。同时,在学习和教学过程中通过即时采集学生的反馈数据,优化教学资源,帮助学生开展精准化、个性化学习,提升教学效果。

本书是清城区英语教师在"爱种子"教改实践中的"新模式、新课堂、新教师"范式,是对"爱种子"英语课堂教学的总结和提炼,既有理论性又有实践性。本书的出版,对广东省开展互联网环境下基础教育教学改革有着重要的指导意义和借鉴价值。

当前,广东省正在推广互联网环境下基础教育教学改革,目的是通过"互联网+教育"促进信息技术与课堂教学的深度融合,探索人才培养的新模式、新理论、新方法和新途径。希望广大教育工作者转变观念,大胆改革,不断创新,为广东教育高质量发展做出应有的贡献。

胡钦太
广东工业大学党委书记、教授、博士生导师
教育部教育信息化专家组成员
教育部基础教育信息化教学指导专业委员会主任委员
广东省基础教育与信息化研究院院长
2021 年 4 月

目 录

第一章 概述 1
 一、"爱种子"模式的背景 2
 二、"爱种子"模式的学与教机理简述 2

第二章 基于小学英语"爱种子"教学范式的构建 5
 第一节 小学英语"爱种子"教学范式概述 6
  一、小学英语"爱种子"教学范式的定义 6
  二、小学英语"爱种子"教学范式的价值 6
  三、小学英语"爱种子"教学范式的发展 6
 第二节 小学英语"爱种子"教学范式构建的意义 8
  一、课堂教学开展的指导作用 8
  二、课堂教学改革的推动作用 9
  三、课堂教学实践的反思作用 10
 第三节 小学英语"爱种子"教学范式构建原则和策略 10
  一、教学范式构建的指导思想 10
  二、教学范式构建的原则 10
  三、教学范式构建的策略 12
 第四节 小学英语"爱种子"教学范式构建体系 22
  一、基本教学范式 22
  二、范式构建体系 31

第三章 基于小学英语"爱种子"教学范式的单元整体教学设计 33
 第一节 单元整体教学设计原则 34
  一、小学英语单元整体教学设计的内涵概述 34
  二、小学英语单元整体教学设计的原则 34
 第二节 单元整体教学设计策略 35
  一、整体研读教材,梳理单元内容 36

  二、统筹单元目标，确定课时目标 ·················· 36
  三、分析重组板块，灵活再构文本 ·················· 36
  四、确定"三环"课型，促使学生"四得" ············ 37
 第三节 单元整体教学设计范例 ······················ 38
  一、教材分析及学情分析 ························ 38
  二、单元整体目标 ···························· 39
  三、课时、教学内容、课型 ······················ 39
  四、单元整体教学设计范例 ······················ 40

第四章 基于小学英语"爱种子"教学范式与案例 ·········· 65
 第一节 自主学习教学范式与案例 ···················· 66
  一、自主学习会话教学范式 ······················ 66
  二、自主学习词汇教学范式 ······················ 77
  三、自主学习会话词汇教学范式 ··················· 87
 第二节 互动探究教学范式与案例 ···················· 99
  一、互动探究会话词汇教学范式 ··················· 99
  二、互动探究单元复习教学范式 ··················· 110
 第三节 主题拓展教学范式与案例 ···················· 128
  一、语音教学范式 ···························· 128
  二、读写教学范式 ···························· 135
  三、故事教学范式 ···························· 155
  四、绘本阅读教学范式 ························ 165
  五、戏剧教学范式 ···························· 181

第五章 基于小学英语"爱种子"教学范式的教学资源
    创建与应用 ······························ 193
 第一节 "爱种子"教学资源创建 ···················· 194
  一、资源创建原则 ···························· 194
  二、资源创建类型 ···························· 195
  三、资源创建策略 ···························· 196
 第二节 "爱种子"教学资源应用 ···················· 198
  一、"爱种子"教学平台的使用原则和方法 ············ 198

二、"爱种子"教学平台使用问题和对策 …………………… 209
三、"爱种子"范式导学案使用原则和方法 ………………… 212
四、"爱种子"范式导学案的实际应用误区及对策 ………… 215
五、"爱种子"教学资源的使用效果 ………………………… 217
六、微课在小学英语"爱种子"教学模式中的应用 ………… 219

第六章 基于小学英语"爱种子"教学范式的多元化评价 …………… 231

第一节 评价的意义 ……………………………………………… 232
一、理论意义 ……………………………………………………… 232
二、实践意义 ……………………………………………………… 232

第二节 评价的方式 ……………………………………………… 232
一、线上评价方式 ………………………………………………… 233
二、线下辅助性的评价 …………………………………………… 234

第三节 评价的具体运用 ………………………………………… 234
一、线上评价的具体运用 ………………………………………… 234
二、线下辅助性评价的具体运用 ………………………………… 244

第四节 评价的效果分析 ………………………………………… 247
一、教师的教学观念和教学行为方面 …………………………… 247
二、学生的学习行为方面 ………………………………………… 247

参考文献 …………………………………………………………… 249

后记 ………………………………………………………………… 251

第一章

概述

一、"爱种子"模式的背景

"爱种子"（"I-Seed"）是由广东省教育厅指导，华南师范大学教育信息化专家团队经多年探索而创建的课堂教学改革模式，包括互联网（Internet）、自主学习（Self-Regulated Learning）、互动探究（Interactive Exploring）、主题拓展（Expansive Learning）和发展性评价（Development Assessment）五个结构。

"爱种子"教学模式的内涵是"三环四得"。"三环"是指自主学习、互动探究和主题拓展三个学与教的环节，"四得"是指学得、习得、评得和教得。该模式是基于"互联网＋教育、教学"环境下创建的学与教融合，强调发挥"互联网＋优质共享"的作用，用信息技术赋能学科应用、学与教和评价，根据课堂的反馈数据开展高效率、高水平和高质量的学与教。该模式秉承"以学生发展为本，学为中心，素质教育在课堂，教为学服务"的思想，让城乡学校的教学改革同步发生，促进教育公平而有质量的发展。

二、"爱种子"模式的学与教机理简述

"爱种子""三环四得"的学与教理论和方法主要是基于元认知、建构主义、联通主义、"互联网＋"混合教学和深度学习等基础理论。它以学与教资源为灵魂，基于"互联网＋教育"的思维创新设计和建构方法，用信息技术赋能学科应用、教学与评价，激发学习动能，提升效率和效能；它采用元认知、互动、物联、反思、评价等方法开展学与教，培养学生自主、合作、协同学习的能力和综合素养能力，引领教师在课堂教学中边教边研，促进专业能力发展。

（一）爱种子"三环四得"的机理

"三环四得"是学与教的策略支架，各环节的学与教的过程是独立的，可通过深度学习策略有机地开展逐层螺旋递进的深度学习，在实施过程中三个学与教环节要求在学科教学大纲规定的学时内完成。因此，在学与教资源的设计和施教过程中我们需要有整合的教学思维。

在三环的学与教中，每个环节有不同的目标和施教的策略及方法。自主学习环节是浅层学习的"学得"过程，它的目标是让学生通过"学得"过程掌握基本的知识与技能，培养学生的自主（合作）学习能力。互动探究环节是深层次学习，目标是知识巩固、深化、提升能力。主题拓展环节是高阶思维培养，目标是培养学生对单元知识的综合应用和学生的创新思维能力。在这三个环节中，学生的语言能力发展从语言的模仿、语言的迁移到语言的创造，不断螺旋式上升。每个环节都利用信息技术对来自学生的数据进行检测和反馈，自主学习环节采集学生的诊断性数

据，互动探究环节采集学生的探究过程性数据，主题拓展环节采集学生的表现性数据，最终形成学生的发展性评价（Development Assessment）。教师根据班级学生学习情况的数据调整教学，以学定教，让教学指导更加精确，并针对学生的个体学习情况，因材施教，进行个性化指导，让教师"教得"和"评得"。

（二）"三环四得"与信息采集

"三环四得"是一种"互联网+"混合教学模式，在整个教学过程中，教师让学生先开展自主学习，初步感知基础知识和技能，然后在课堂中进行体验、探究和协同创新，在学与教的过程中逐步强化学习目标，提升学与教的质量。在每个环节中，教师运用信息技术强化学习与教学的策略和方法，引导和驱动学生开展自主、合作、探究与协同式学习；基于情景式互动进行习得过程，深化知识的应用；基于任务式的主题拓展，提升学习能力。在学与教的各个环节中，教师利用信息技术采集学生的学习情况，并利用反馈的数据进行分析，及时调整教学策略，进行有针对性的学习指导，引导学生开展自我反思式评价，从而进一步提高学生的学习效率和效果。

第二章

基于小学英语"爱种子"教学范式的构建

第一节　小学英语"爱种子"教学范式概述

一、小学英语"爱种子"教学范式的定义

关于"什么是范式",最早给"范式"下定义的是托马斯·库恩(Thomas S. Kuhn)。1962年,库恩在《科学革命的结构》一书中将"范式"定义为:"Universally recognized scientific achievements that for a time provide model problems and solutions to a community of practitioners."可以看出,库恩想要描述的"范式"是一种科学模型(model)或模式(pattern)。库恩认为,范式不是规则或应用规则的能力,而是通过解决难题的活动,寻找情境之间的相似性,这一相似性就是共同体所拥有的范式的指导结果。因此,范式的形成是一个成熟的科学标志。范式先于规则,它更为规则,更为完备。

根据以上定义,小学英语"爱种子"教学范式可以被理解为小学英语"爱种子"课堂教学操作的基本导向和指南,是"爱种子"实验教师所共同接受的课堂教学理论、准则和方法的总和,并在实践过程中形成的一种科学模式。

二、小学英语"爱种子"教学范式的价值

一千个读者眼里有一千个哈姆雷特,教师千千万,教法万万千。在提倡个性化、多元化、创新化的时代,要想让不同的教师按照统一的教学思路、教学方式甚至是教学程序进行课堂教学是不切实际的。在"互联网+"的时代,信息纵横穿插、交错复杂,信息源源不断,似乎淹没了老师们的思考。当我们把视野聚焦到"爱种子"课堂教学改革大潮中,就能发现同一学科、同一课型按照科学、合理、有效的教学方式,也可以说在教学范式指导下进行授课,有助于不同层次的实验教师转变教学观念、规范课堂教学,并逐步形成课堂生态。"爱种子"课堂教学范式具有广泛的适应性,在课堂改革中起到了一定的推动作用,这是我们构建小学英语"爱种子"教学范式的价值所在。

三、小学英语"爱种子"教学范式的发展

教学范式由最初的设想、构思,到构建,由雏形到完善共经历了四个阶段,分别是萌芽期、创建期、试用期和修正期。

（一）萌芽期

2018年6月开始，广东省"爱种子"课改实验在清城区飞来峡镇开展。飞来峡镇地处清城区的边远地区，转岗英语教师非常多，英语专业教师十分缺乏，师资力量薄弱。为破解城乡教育二元结构的困局，促进教育均衡发展，缩短城乡差距，华南师范大学专家团队在原广东省教育厅基础教育处（现为基础教育与信息化处）的指导下，基于虚拟泛在学习和虚拟泛在教学的新形态，创建了"互联网+教学"的新模式——"爱种子"教学模式，通过借助技术赋能，让广大教师在日常教学中规模化、常态化共享优质教学资源，提升广东省基础教育教学质量。

（二）创建期

"爱种子"课改项目在清城区飞来峡镇落地之后，清城区教育局组建"广州名师团队—清城区教研室—清城区驻点导师"三级联动教研团队，开启实验之旅。广州名师团队注入课改新理念，教研室统筹规划组织各项教研活动，导师每两周一次到飞来峡镇驻点学校进行实地教研。通过听课、评课、讲座、培训等形式，导师为一线实验教师解读"爱种子"理念和模式，指导实验教师备课、上课，并亲自上示范课；经过反反复复的推敲、琢磨，结合当地师生的实际情况，精心研备"爱种子"课例；课后收集相关数据，开展多维度分析，并不断进行反思与总结，梳理教学经验，归纳总结教学方式方法。通过理论联系实际，教学模式不断修正与完善，教学方法不断改进与提高，教研团队最后研讨出一套符合飞来峡镇农村学校以及清城区农村地区教情和学情的教学范式——自主学习教学范式、互动探究教学范式、主题拓展教学范式。通过理念的引领、教学方法的指引、操作方式的指导，该教学范式规范了农村教师课堂教学，提高了课堂教学质量。广大农村教师在教学范式的引领下，在教学实践中不断进步和成长。

（三）试用期

在2020年年初新冠肺炎疫情防控"停课不停学"期间，为了让全区师生享受优质教学资源，清城区教师发展中心制定了《清城区小学英语线上教育资源建设实施方案》，成立了一个高效的组织机构和强大的资源创建团队，将线上教学资源创建与清城区"爱种子"课改实验项目结合起来，录制的微课资源植入"爱种子"教学模式的基因，并按照"爱种子"模式的"三环"即自主学习、互动探究和主题拓展进行设计，以"四得"为目标，以范式为导向，开启试用阶段。"爱种子"范式分为三个基本范式：①自主学习：唤醒预学—自主学习—技能操练—检测诊断—自主评价；②互动探究：复习唤醒—反馈突破—情境运用—合作创编—分享互评；③主题拓展：知识整理—绘本阅读—互动讨论—复述分享—创编绘本。这三个基本范式相互联系、相互补充、相辅相成、螺旋上升，实现教学的三维目标。该范式在知识目标方面,能突破单元重难点和强化练习、巩固知识,还充分提高学生在家学习的质量和效果;在能力目标方面,不仅能唤醒学生学习动机,为学生学习提供指导,还能培养学生的思维能力和激发学生的创造力;在情感态度目标方面,能端正学生学习态度和培养学生学习意志力。据调查,教师对三个基本范式准确理解率达96.38%,认为本次清城区线上资源教学范式环节设计好、操作性强,教和学的效果都好的达86.43%。资源创建团队创建了一系列以"爱种子"三个基本范式为导向的教学资源,包括学生导学案、教师导学案、课件资源、微课资源等。大批青年教师在资源创建过程中得到锻炼和提升,成长迅速。

(四)修正期

"爱种子"教学范式在线上教学发挥了重要的导向作用。"爱种子"的三个基本范式虽已基本成形,但仍需通过教学诊断、课堂评价、教师反馈、学生反馈等数据进行不断地验证和修正。教研室、导师团和实验教师团队开展"点点用—改改用—创创用"的精准教学实践和研讨,通过课堂观察和数据收集,在原来"点点用"的基本范式的基础上,结合课堂教学实际,突破"改改用",实现"创创用",衍生了三大基本范式下的具体课型范式。具体课型范式分别为:自主学习包括词汇教学范式、会话教学范式、词汇与会话教学范式;互动探究包括词汇与会话教学范式、单元复习教学范式;主题拓展包括语音教学范式、阅读写作教学范式、绘本教学范式、故事教学范式、戏剧教学范式。

第二节 小学英语"爱种子"教学范式构建的意义

小学英语"爱种子"教学范式,是在"爱种子"教学理念的引领下,广大一线导师和实验教师运用"爱种子"教学模式,在实践中摸索出来的一系列教学范式。范式的构建针对清城区农村英语师资薄弱、教学资源不足的现状,以"爱种子"教学理念为立足点,以"爱种子"教学平台作为支撑,将信息技术与英语课程高度融合,改善当前农村英语教学生态。范式的构建旨在总结经验,为广大教师提供"爱种子"模式下的各种课型的课堂教学基本环节和具体操作方式,转变教师教学观念和教学方式,有效提升课堂教学质量,其指导意义归纳起来为指导课堂教学开展—推动课堂教学改革—反思课堂教学实践。

一、课堂教学开展的指导作用

小学英语"爱种子"课堂教学范式是多样的,包括自主学习、互动探究、主题拓展这"三环"教学。"三环"教学涵盖词汇教学、句型教学、会话教学、复习教学、语音教学、阅读写作教学、绘本教学、戏剧教学等。教学范式剖析了各种课型的特质，提炼了各种课型在课堂教学中的基本环节和具体操作方式，为教师的教和学生的学提供了切实可行的指导方法。

（一）教师如何教

1. 教学目标的导向性

教学目标的定位是一节课的导向，它尤其重要，所以教师对课型的理解、目标的定位都要十分清晰。教学范式在教师进行教学目标定位时具有导向性。

2. 教学过程的导向性

教学过程是一节课的核心，包括各个教学环节的开展和实施。教学范式为各个教学环节之间的衔接性和梯度性提供了具有可操作性的建议。

3. 教学活动的导向性

学生的学习兴趣是提高课堂效率的关键，故活动设计的趣味性和有效性尤为重要。教学范式为广大教师提供了一系列有效的课堂教学活动，具有一定的参考价值。

（二）学生如何学

小学英语"爱种子"教学范式不仅为教师开展课堂教学提供了教学活动的建议，同时也为学生的学法指导提供了一定的指引，如自主学习、小组合作互动探究学习等，为引导学生建立学习共同体、开展自主学习活动提供了有效的方法指导。

二、课堂教学改革的推动作用

课堂教学是教育教学的主阵地。传统的课堂教学存在一定的局限性，如在教学中存在以教定教、教法单一、学法单一、目标单一、过程单一、评价单一的现象，学生也处于被动地接受教育和学习的状态。传统的教学方式限制了学生的思维发展。范式的构建，无疑为课堂教学的改革起到了很好的推动作用。

（一）转变教师教学观念

多年来，教师在课堂教学中总是按课前精心设计的教学程序，采用一系列的教学活动，牵着学生一步一步往前走。这使学生存在比较严重的依赖性，没有时间停下来进行思考和内化，可谓囫囵吞枣。这种"填鸭式"和"满堂灌"的教学观念在老师的思想中根深蒂固。为转变陈旧的教学观念，课堂教学的改革势在必行。小学英语"爱种子"教学范式对打破传统教学思想，转变教师教学观念，对建立以学定教、以生为本的课堂教学起到了积极的作用。

（二）转变学生学习方式

传统的课堂教学以教为中心，过分强调教师的"教"，"学"围绕"教"转，从而导致学生缺乏学习的自主性、针对性和创造性。小学英语"爱种子"教学范式的建立是一套以借助技术赋能进行精准教学，培养学生自主学习、互动探究学习、同伴协同学习的能力为指导思想的教学范式。其目的是转变学生学习行为和方式，发挥学生学习的主观能动性，激发学生思维，培养学生的创造力和终身学习的能力。

三、课堂教学实践的反思作用

基于"爱种子""三环四得"教学模式下的小学英语课堂教学实践，其目的是在课堂改革下，使教学目标、教学方式、学习方式、教学评价等从根本上得到改变，真正实现教师和学生角色的转变，实现从传统教育向新型教育的转变。教学范式的构建，是广大"爱种子"导师和实验教师对课堂教学实践的反思过程，包括反思教学行为、学习行为、教学效果、评价反馈，在反思中不断修正、不断进步。

第三节　小学英语"爱种子"教学范式构建原则和策略

一、教学范式构建的指导思想

范式构建，以"爱种子"理念为引领，以模式机理为基础，以课堂教学为中心，通过在课堂教学中践行，建立生本课堂，转变教师思维，使教师在教学中逐步形成以学生为中心，教为学服务的指导思想并以此开展教学。

二、教学范式构建的原则

（一）导向性原则

农村的小学英语教学资源匮乏，英语教师大多是转岗教师，年龄偏大，接受新事物需要较长时间，年轻的英语教师则流动较大，存在不稳定性。另外，教师的教学理念、教学方法和教学技能等方面相对薄弱。因此，范式应具有示范、指导、引领作用，具有详细的课型解读、明确的课型目标、清晰的操作方式、具体的操作步骤、前瞻性的注意事项，以及明确的课堂实施指引，让教师在一线课堂中实践。通过范式的学习和使用，让年轻教师快速成长，也让年长教师易学易用，从而促使农村的小学英语教师尽快适应改革，跟上课程改革的步伐。

（二）整体性原则

整体性，就是把研究对象看作由各个构成要素形成的有机整体。整体与部分相互依赖、相互制约。范式构建，以单元整体的"三环"为出发点，涵盖整个单元的各种课型，包括词汇、会话、语音、阅读写作、故事教学等，以"四得"为终点，以整体性、全面性为宗旨，全面构建单元整体范式。"三环"各自独立又互相关联，里面的各种课型是整体里的个体，相互依存。

（三）渐进性原则

人们对客观事物的认识，是一个由简到繁、由低级到高级、由直观到抽象的渐进过程，人们对任何事物都难以快速认识其本质。"爱种子""三环四得"具有递进和渐进性的特点。其指导思想为：教学内容、教学方法、教学形式等的顺序安排由易到难、由简到繁，逐步深化提高，使学生系统掌握基础知识、技能和科学的学习方法。因此，范式构建要以"爱种子""三环四得"中单元教学各个课时渐进式的特点为依据，遵循学生掌握知识的规律，坚持渐进性的原则，体现为自主学习以解决知识为目标，互动探究以语言迁移与应用为目标，主题拓展以延伸拓展为目标。

（四）实用性原则

实用性，是指构建的范式易于操作和使用，并且能够产生积极的效果。作为"爱种子"课堂改革的推手，范式不应该只是抽象的思维阶段的东西，而应该是能够在课堂教学上实施，具备可实施性、再现性、有益性。可实施性是指该范式能够在课堂教学上广泛应用，得到广大教师的认可和赞许。再现性是指范式能够不断重复使用，形成某一种课型教学的共性。有益性是指范式的使用对课堂教学有一定的影响作用，让老师、学生的思想和行为有一定的转变，能产生良好、积极的效果，促进课堂教学的实施和改革。

（五）合理性原则

范式构建应考虑从实际出发，坚持科学合理性的原则。范式构建的合理性问题是从清城区小学英语教育教学改革的视角探讨范式构建的目的、价值等相关问题，也即回答为什么需要范式的问题，这是清城区小学英语教育教学改革推进的前提性、根本性问题。"爱种子"课改实验是教育教学改革上的一场课堂革命，为我们研究范式合理性问题指明原则和方向。范式的合理性也不是永恒的，其合理性存在的基础和消失的根源在于课堂改革的状况。"爱种子"理念为课堂改革奠定了科学的前提和基础，具有重要而深远的理论指导意义。

三、教学范式构建的策略

（一）搭建"爱种子"理论基础

透彻理解"爱种子"理念是范式构建的前提。如果说范式是课堂实践的主干，那么"爱种子"理念就是范式的根。受长期固定的思维模式和按部就班的教学行为的影响，教师们对"爱种子"课改的理念、模式和具体操作有着种种的疑惑与焦虑。为了让教师们更容易、更快速地理解"爱种子"的理念，践行"爱种子"模式，加快范式构建，科学使用范式，清城区教研室统筹和规划，有计划地开展了各种"爱种子"理论培训，同时邀请叶惠文教授、林君芬博士等专家到清城区进行专题讲座，还组织导师和实验教师参加"爱种子"培训。例如，2019年1月全体英语导师到东莞松山湖小学参加"爱种子"培训，与广州市名师、从化区实验教师交流课改实验经验；2019年7月，导师和实验教师到从化区参加"爱种子"2.0培训会；2019年9月，导师和实验教师到从化区参加第四届中小学数字化教学研讨会暨"爱种子"教改专题论坛；2019年11月，教研室、导师团队进行"爱种子"专题培训。通过理论学习和培训，导师和实验教师明晰了"爱种子""三环四得"的模式和相关的教育教学理念，为课改实验指明了方向，为范式构建奠定了理论基础。

专家引领、名师导航是提高教育教学质量、促进教师专业发展的重要渠道。除了进行线下培训，我们还在线上进行学习。在2020年新冠肺炎疫情防控期间，教研室组织清城区学科领路人、骨干教师、部分实验教师通过微信和腾讯会议等方式，邀请原广东省小学英语教研员郭植梅老师和她的团队——广州胡瑛名师工作室，举行联合在线教研。通过专题讲座，教师的理论水平和专业水平可得到提高，教师们可明晰自主学习等范式的教学形式和策略。我们通过学习"翻转课堂"的10个热点问题及近期《中国教师报》刊登的"课堂教学改革的10大追问"，对"爱种子"教学实践进行了反思与总结，在探索中不断前行。

（二）建立"爱种子"研究共同体

1. 研究团队

为加快范式建设，我们建立了"叶惠文教授、林君芬博士专家团队+匡昱主任带领的广州名师团队+清城区英语教研员+清城区骨干教师导师团队+实验老师"的金字塔式研究团队。

2. 三级联动

在"爱种子"理念的引领下，研究共同体启动"广州名师—本地导师—实验教师"三级联动教研，通过校本教研和区域教研，全面促进教师教学理念、教学方式、教学行为的转变；促进学生学习态度、学习方式、学习方法的转变，更好地体现"以学生发展为本，以学为中心，素质教育在课堂，教为学服务"的教育思想。我们以"示范教学+同课异构+接力磨课+专题讲座+专家点评+互动答疑"的活动形式，进行区域教研，组织开展一系列教学示范研磨活动，加深教师们对"爱种子"教学模式的理解与实践能力。

（1）校本教研。飞来峡镇"爱种子"实验学校积极响应课改，每周进行校本教研，导师们隔周到驻点学校进行推门课指导。

（2）区域教研。广州名师团队和导师团队结合课例积极开展合作研究。2019年5月，广州市匡昱名师工作室成员和导师团的于亦涛老师、实验教师黄文静在飞来峡中心小学进行了三年级下册"How many Part A"互动探究同课异构活动。同年6月，广东省"爱种子"教学模式跨区教学研讨会在飞来峡中心小学举行，导师温小柔老师展示了"How many Part B"互动探究课例，实验教师江秀娟老师展示了"How many Part B"自主学习课例。课后，来自从化区的观摩指导老师对课例进行了分析和点评，肯定了导师的示范引领作用和实验教师的成长。叶惠文教授肯定了老师思维的转变和教学方式方法的转变。2019年12月20日，我们邀请广东省吴小兰名师工作室到清城区传经送宝。在同课异构中，于亦涛老师利用"爱种子"模式设计的"We love animals"复习课受到广东第二师范学院吴慧坚教授和广东省外语艺术职业学院徐苏燕教授等专家和同行的好评。2020年7月9～10日进行清城区小学英语"爱种子"课堂教学比赛，比赛选手潘文娇、张琳灵、黄思思等均展示了自主学习、互动探究、主题拓展课例。2020年3月～9月，长达半年的小学英语青年教师基本功比赛顺利落下帷幕，广东省实验区首席专家郭植梅老师和清远市教研院教研员何银英老师分别进行赛事点评和教学知识讲座。2020年10月30日，高州市、清远市清城区两地的教育同行进行"爱种子"课改交流，飞来峡中心小学"爱种子"实验教师陈伊湾老师进行授课，得到与会同行的一致认可。2020年11月26～27日，在清远市小学英语读写教学主题研讨活动中，导师郑雪贞和于亦涛老师分别做了"爱种子"写作教学专题讲座和课例展示，受到与会教师的一致好评。2020年12月10日，在传承、发展、创新2020年清城区小学英语"手牵手互助成长"课例、课题展示研讨会中，清城区小学英语教师陈洁洁、邓良芳、林间容等以精彩的课例展现了"爱种子"教学范式。2020年12月19日，清城区教师发展中心带领导师团赴中山参加互联网环境下教育教学改革实验区及种子学校经验交流与研讨会，导师张琳灵分享了主题拓展教学案例"My friends（Story time）"，受到与会同行的肯定和好评。

3. 立项课题

课题是有效推进教育教学改革的重要途径。在广东省基础教育与信息化研究院叶惠文教授的指导和清城区教研室的统筹下，清城区小学英语学科围绕"爱种子"课改实验研究，通过了两个省级课题和10个区级课题的立项，形成既独立又相辅相成的课题研究共同体。省级课题分别是"基于'爱种子'实验背景下小学英语'三环四得'教学模式优化与应用策略"和"基于'爱种子'实验背景下小学英语'三环四得'教学模式典型案例的实施与效果分析"，以及由导师和清城区小学英语骨干教师立项的10个区级课题；课题主持人和参与成员包括教研员、"爱种子"导师、城区骨干教师和"爱种子"实验教师，目的是以课题研究充分发挥导师和骨干教师的引领示范作用，更好地带动和帮扶实验教师，更有效地进行"爱种子"教学模式的深入研究与实践。课题的立项为研究和摸索教学范式奠定了一定的基础。

4. 构建范式

传统的英语教学注重机械性操练，学生总是被动地进行听、记；教师受传统教学模式的影响，在课堂上始终保持主导地位，因而学生不能充分发挥主观能动性。尽管教师不断学习新的教育教学理念，但由于客观和主观因素，教师们把理论内化为实践行为需要一个漫长的过程，且效果不明显。因此，构建"爱种子"小学英语课堂教学范式是深化"爱种子"课堂改革的需要。在"爱种子"理论的基础以及课堂实践的推动下，三个基本范式——"爱种子"教学模式下的自主学习教学范式、"爱种子"教学模式下的互动探究教学范式、"爱种子"教学模式下的主题拓展教学范式落地，后期的教学范式在此基础上，经过不断修正，才有了最终成型的教学范式。

（三）建设"爱种子"范式资源

为规范"爱种子"范式资源，保障"爱种子"教学改革的顺利进行，教研室统筹安排资源建设工作，组建了一支资源建设团队，专门打造高质、高效的课堂教学资源，包括课件、导学案、音像资源等，让资源规范化、系统化、完善化。在资源建设的过程中，锻炼了一批年轻骨干教师，使其迅速成长，达到以研促教师成长，以师促学生发展的效果。具体实施过程如下：

1. 组建资源建设团队

组建资源建设团队，首先是成立领导组织机构，确立团队成员。为保障团队师资力量，力求打造优质资源，团队成员均是清城区小学英语"爱种子"导师、清城区小学英语骨干教师。为了提高团队的核心凝聚力，我们建立了相关的规则，如职责、权利的界定，团队成员沟通、交流方式等，保证发挥团队成员的主动性、积极性和创造性，推进资源建设工作，明确团队目标。

2. 撰写资源建设方案

资源建设方案是保障资源建设强有力的抓手，涵盖指导思想、资源建设目标、资源制作分工及具体细节要求等。每个年级均设有一个负责人，撰写该年级的资源建设方案，统筹策划整个年级课程资源的编制，负责分工和跟踪，让每个实验教师都明晰操作。为了保证资源库中资源的质量，负责资源制作的学校组建资源研制团队，进行集体备课、资源整合和二次审核，保证资源质量。充分发挥领头羊学校和教师对薄弱学校和青年教师进行传、帮、带作用，指导实验学校制作优质资源。

3. 建立资源库

为了把资源进行归类存放，资源团队在百度网盘建立了"爱种子"资源库。年级负责人把制作好的资源按年级和类别存放，并共享给全区的英语教师使用。

（四）深入"爱种子"课堂实践

为深入了解"爱种子"课堂教学实践的情况，清城区教研室组织教研团队开展了一系列的分点教研活动，通过课堂观察，及时收集课堂教学数据；根据数据反馈的情况进行案例分析，分析教学行为和学习行为，制定点点用、改改用和创创用的标准，为下一步的研究提供依据，并提供可参考的教学建议，推进项目研究进程。

1. 分点教研

首先，我们在飞来峡镇和石角镇实验区分别设立教研点，立足实验学校，给每间实验学校派驻导师。其次，教研室组织导师分时段、分小组进行听课和评课活动，授课教师根据自己的授课情况进行教学反思和心得分享。最后，导师共同商议，总结归纳实验教师教学情况和学生学习效果，指出不足，提出建议，并为实验教师在"爱种子"课堂实践中存在的困惑和困难进行答疑解惑和提供帮助。

2. 课堂观察

导师在听课过程中，采用课堂观察量表对教师的课堂教学进行记录和量化评分。我们采取实验前期、中期、后期的三个阶段，分别对教师教学行为、学生学习行为、课程性质、课程文化等进行观察，并对教师关于"爱种子"课型的理解、角色的定位、教学方式、提问技巧、学生学习方式、小组合作等进行检测。课堂观察的起点和归属都是指向学生课堂学习。课堂观察主要是关注学生如何学习、会不会学习和学得怎么样，这与传统的听评课主要关注教师单方的行为有很大的不同，课堂观察最终是检验学生学习是否有效。在课堂观察过程中，通过观察表记录某个具体的观察点，从而获取数据，并对这些数据进行研究分析，作为判断教师的教学、学生的学习是否有效的依据。

【附件 2-1】

清城区小学英语"爱种子"课堂观察记录见表 2-3-1。

表 2-3-1　清城区小学英语"爱种子"课堂观察记录

研究问题：实验　　　　期课堂教学现状是怎样的？

观察学校：　　　　班级：　　　观察对象：　　　观察者：　　　观察日期：　　　

	观察视角		观察框架	观察记录
教师教学行为	1	对"爱种子"课型教学范式的理解及运用	1. 教学中是否紧扣"爱种子"范式要求？ 2. 该课型由哪些环节构成，是否围绕教学目标展开？ 3. 每个教学环节的时间是多少？ 4. 每个教学环节的时间是否合理分配？ 5. 教学中能否完全达成教学目标？ 6. 预设哪些方法（讲授/讨论/活动/探究/互动）？对学习目标达成的成效如何？	
	2	角色定位	课堂教学时以学生自主、合作、探究学习，教师做适当的启发、点拨和引导为主，还是以教师课堂讲授为主？	
	3	教学方式	1. 围绕学生自主、合作、探究的学习方式有哪些具体形式（如围绕问题自主阅读思考，完成学习单，小组合作解决问题并汇报合作成果，全班交流，边读边思边记录等）？效果如何？ 2. 教师的指导有哪些形式（分析、讲解、启发、点拨、先自学后指导、先指导后自学、顺学而导）？做怎样的启发、点拨、引导？采取的指导形式效果如何？ 3. 板书怎样呈现？是否为学生学习提供了帮助？ 4. 信息技术的运用形式有哪些（如文字、图文、动画、声音等）？效果如何？	
	4	提问的价值	1. 是否紧扣教学目标、教学重难点提出问题？所提问题对教学目标的达成是否具有必要性？ 2. 提出的问题对于培养正确的情感态度、语言的建构与运用思维的发展是否有价值？效果如何？ 3. 提出的问题是否考虑到大部分学生的认知水平和理解能力，处于学生的最近发展区？ 4. 要求同伴合作解决的问题是否有同伴合作才能解决？	

(续表 2-3-1)

		观察视角	观察框架	观察记录
教师教学行为	5	课堂问题的指向性	1. 提问的时机是否合适？所提问题是否具有明确的目的？ 2. 所提问题是否具体、清晰、明确，让学生理解要求，并知道要做什么？ 3. 提问的时机是否合适？	
	6	对学情的关注	1. 教师教学过程是否面向全体学生？是否恰当处理个别与全体之间的关系？（如在个别学生回答或汇报学习结果时，教师是否同时有给其他学生相应的学习任务并注意了解他们完成任务的情况？） 2. 对于学习过程中遇到的问题，教师如何处理？ 3. 教师课堂提问的学生分布、次数、候答时间怎样？ 4. 特殊（学习困难、疾病）学生的学习是否得到关注？ 5. 教师对学生的学习结果（观点、作业）考查是否有梯度？	
	7	对学习小组的重视	1. 小组长能否认真履行职责，组织好小组成员合作学习，看出教师平时有没有重视小组合作的组织和指导 2. 从小组成员参与小组合作的态度看出教师是否重视对成员参与小组学习的引导 3. 小组合作学习期间，教师是否巡视小组合作情况，并适时组织开展合作学习？ 4. 小组合作完毕，是否有组织好小组汇报学习结果？	
	8	对学生的激励性评价	1. 重视利用资源平台评价工具激励学生，评价工具使用的数量和时机是否合适？ 2. 有没有经常采用真诚、富有激励性的评价语言激发学生积极主动参与学习活动？ 3. 是否有关注学生（尤其是学困生）学习的闪光点？	

(续表 2-3-1)

观察视角			观察框架	观察记录
教师教学行为	9	对教学资源的使用	1. 有没有熟练使用教学资源（导学案资源、平台资源及其他资源）？ 2. 对资源的理解和把握是否到位？在教学过程中有没有根据导学案，进行有效的教学预设（如备课时对学情的预估并制定相应的应对策略）？资源使用效果如何？	
	10	教学目标达成度	本节课提出的教学目标的达成情况如何？从学生学习状况进行观察（包括回答问题的质量、任务单的完成情况、课堂上练习题的完成情况）	
学生学习行为	1	参与度	1. 整节课学生参与学习的人数有多少？占全班学生的百分比是多少？ 2. 一节课中，全班学生带着学习任务并参与学习的时间是多少？	
	2	学习方式	整节课全班学生参与自主、合作、探究的学习时间有多少分钟（含学生回答问题、讨论交流、汇报学习结果的时间）？	
	3	学习态度	整节课认真参与学习全过程的人数有多少？占全班人数百分比是多少？	
	4	学习习惯	1. 学生认真倾听、自学和交流的人数是多少？占全班人数百分比是多少？ 2. 学生先举手后发言、坐姿、写字姿势、小组合作的组织与交流等方面的习惯如何？	
	5	学习小组	1. 学习小组的构建是否合理（如人员构成、人数、座位的安排）？ 2. 小组长组织是否得力（包括组员分工是否合理、互教互学是否有效果、组织交流是否流畅、流程安排是否合理）？	

（续表 2-3-1）

	观察视角		观察框架	观察记录
课程性质	1	教学过程的英语性	教学过程是否引导学生学习英语语言运用？是否用英语的手段（如英语阅读课中的画关键词句、各种形式的读、组织对语言的积累和理解、交际运用和评价活动）解决英语的问题（如围绕语言的建构与运用确定的教学目标、语言学习中的思维品质的培养、语言学习中的情感态度价值观的渗透）？	
	2	工具性与人文性	是否做到工具性与人文性的统一？在进行人文性教育时，是否注意把人文教育渗透于英语语言的学习过程中？	
	3	英语实践	是否重视英语实践活动（如语言积累、各种形式的听、朗读、口头表达、练笔、仿写等）？	
	4	思维的发展	是否在学习英语语言的同时注重思维能力的发展？	
	5	教材处理	1. 是否紧扣教学目标、教学重难点处理教材？ 2. 教材处理是否恰当？拓展的课外学习材料对教学目标的达成是否有效？	
课堂文化	1	师生关系	1. 教师是否尊重学生个性化的选择、思考和表达？对学生学习中出现的错误，教师是否进行耐心的启发、点拨和引导？ 2. 对学生的发言，教师是否认真聆听？ 3. 学生是否认真聆听教师的发言？学生向老师提出自己的不同看法时，态度是否诚恳？	
	2	生生关系	1. 学生有没有随意中断同学的发言？ 2. 在合作学习中，学生是否彼此认真倾听？互帮互学？ 3. 在学习过程中，学生是否互相尊重？	
	3	课堂气氛	1. 师生之间、生生之间是否展开良好互动与交流？ 2. 课堂学习气氛是否浓郁？ 3. 是否营造了民主和平等的课堂氛围？	

3. 数据反馈

根据英语"爱种子""三用"评定标准及进阶条件，通过数据的收集和反馈，界定哪些教师需要"点点用"，哪些教师需要"改改用"或"创创用"。

点点用：观察教师"点点用"课例。凡各项指标不能达 B 等级以上均需"点点用"。凡"点点用"案例各项指标评定均达 B 等级以上，可申请"改改用"。

改改用：观察教师"改改用"课例。有关课例各项指标达 B 等级以上，可"改改用"。各项指标达 A 等级，可申请"创创用"。

创创用：观察"创创用"案例。各项指标达 B 等级以上。

说明：本表提及的课堂观察，是指使用"清城区小学语、数、英'爱种子'课堂观察表"（综合表）进行的课堂观察。

（五）修正"爱种子"教学范式

研究团队通过一系列的观察、实践、研究、讨论、探索，对范式进行反复修改，在共同努力下，终于形成了一系列建立在理论和实践基础上的适合教师和学生的课堂教学范式。修正后的"爱种子"课堂范式具有以下特点。

1. 转变思想，范式理念化

转变教师的教学行为和学生的学习行为，首先要转变教师和学生的思想和观念，因此，"爱种子"理论的指导意义深远。范式正是在农村小学英语教学现状的基础上，在"爱种子"理论的导向下诞生的。据飞来峡实验地区教学试点数据的反馈，教师和学生都发生了"不一样"的变化，教师的教学观念、教学方式不一样了，学生的学习方式也就不一样了。

2. 钻研教材，范式体系化

英语新课程标准的实施、学科核心素养的培养，是"爱种子"项目研究的重要内容。深刻理解新课标、研读教材、结合学生的实际、整合教材资源，是进行"爱种子"课堂改革的重要路径。要切实提高课堂效果，首先要钻研教材、吃透教材、灵活处理教材，让教材与生活密切联系起来。修正后的范式正是在深刻理解教材的基础上建立起来的，根据教材编排的特点进行分课时，教学内容编排围绕话题、功能进行灵活整合和分割。因此，范式具有系统性、科学性、体系化的特点。

3. 聚焦学生，范式实际化

学生是课堂教学的主人。课堂教学要从学生发展出发，培养学生核心素养；课堂中应为学服务，以学定教、以学评教、以学促教；课堂教学中要相信学生，解放学生，培养学生自主学习的能力。一切的教学活动最终都是回归于学生学习能力的培养、学习习惯的养成以及效果评价的鉴定。范式所提供的教学活动建议均从实际出发，以学生为中心，体现学生的主体地位。

4. 着眼教师，范式本土化

自"爱种子"课堂改革实施以来，教师已从根本上深刻认识到只有与时俱进，活到老学到老，方能改变教学现状。因此，为扭转固化的教学模式，"爱种子"教学范式着眼于教师，从改变本地区教师开始，为教师注入新血液，如"爱种子"教学理念、新型师生关系、发展思维性教学活动等，引导教师在课堂教学中发生

"从教到学、个人学习到协同学习、教案到学案"的转变。

5. 立足课堂，范式可行化

课堂是教育的主战场，课堂一端连接学生，另一端连接着民族的未来。教育改革只有深入课堂的层面，才真正进入了深水区，课堂不变，教育就不变，教育不变，学生就不变。课堂是教育发展的核心地带，只有抓住课堂这个核心地带，教育才能真正发展。"爱种子"教学范式正是立足于课堂，具有可实施性，促使教师思维方式的改变和教学行为的改变，从而促使学生思想、行为和学习方式发生改变。

（六）使用"爱种子"教学范式

2020年，我们完善了PEP小学英语三至六年级上、下册资源，其中，三年级90套、四年级90套、五年级90套、六年级80套。录播课422节，线上录播课216节，微课75节。这些"爱种子"教学范式资源通过互联网平台共享给清城区的所有英语教师。使用资源的同时，我们不断收集反馈意见，并进行资源优化。目前，我们已经进行了两次资源优化。经过前期和后期课堂观察数据的对比，我们发现使用"爱种子"教学范式资源的课堂均具有以下明显的特点。

1. 学习自主性

学生利用互联网共享的学习资源如导学案、微课、音像资料等进行课前自主学习、课中合作学习、课后巩固复习和课外拓展学习，学生在学习上显得更自主、更积极。

2. 教学精准性

教学的精准性体现在数据的即时反馈，有两个方面：一是课堂练习数据，反馈学生知识掌握程度，数据分析方便教师梳理和研读，挖掘知识薄弱点，使教师更快地调整教学方法和策略；二是线上评价数据，反馈学生学习行为和学习表现，研判学生的发展趋势，有利于教师为学生量身定制更为有效的方法和措施，以保障学生的个性化发展。

3. 学习协同性

在课堂中我们可以看到教师在班上组织全体学生进行协同学习，实现高品质课堂互动学习情景。此时的教师扮演乐团指挥师的角色，组织引领学生实现研讨会式的协同学习，如同桌对话、小组讨论、小组表演、小组汇报、小组写作等。

使用"爱种子"范式后师生均有不同程度的成长，例如，2020年7月，温小柔、潘文娇、黄思思、张琳灵老师的自主学习、互动探究、主题拓展优秀课例在全省进行推广。2020年11月，黄笑月老师的"爱种子"课例在清远市基本功比赛中表现得淋漓尽致，最终获一等奖。2020年12月，潘文娇老师根据"爱种子"范式制作的两个微课作品，分别获广东省教育"双融双创"行动暨2020年教育教学信息化交流展示活动一等奖和三等奖，其中，"He and she 的用法"还获第二十四届全国教师教育教学信息化交流活动"创新作品"奖。另外，飞来峡镇试验地区全体学生受益，学生学习方式变了，学习态度变了，学习风貌变了。2018年（实验前）与2020年（实验后）飞来峡镇试验地区期末检测成绩与清城区对比，对比值增幅10.00%。从各项数据显示，学生学业水平得到整体的提高。

可见，范式的使用，引领教师转变了教与学的观念，以生为本、以学定教。学生的学习方式也从鹦鹉学舌到注重自主学习能力、合作学习能力、思维能力和语言综合运用能力的培养。范式的使用和资源的共享更好地给予教师有力的资源支撑。

第四节 小学英语"爱种子"教学范式构建体系

一、基本教学范式

自主学习教学范式、互动探究教学范式和主题拓展教学范式是"爱种子"三大基本范式。此三大范式是"爱种子"课改项目重要成果之一，也是教师继续深入课堂教学实践的拐杖。每个范式的内容涵盖理论支撑、教学基本流程、课堂教学具体实施建议、实施注意事项等。范式体现了"爱种子"核心理念和指导思想，为下一步的浸泡式研究奠定了基础。以下是三大基本范式。

【附件2-2】
"爱种子"教学模式的自主学习教学范式
（适用于会话、词汇教学）

一、自主学习的意义

"爱种子"教学模式的自主学习环节，让学生"学得"，注重培养学生"会学"的能力；具体是指学生在教师指导下开展多种形式的自主学习，学生自主获取和掌握基本知识，同时通过信息技术强化学习策略，逐步培养学生的自主、协同学习能力。学生在学习过程中开展mind-map、guess、listen、read、act、game、chant等多种形式的集体学习、个性化学习和小组合作学习。教学平台根据资源创设要求，融入信息技术，即时采集学生学习过程中反馈的信息数据，把学习中暴露出来的问题即时推送给教师，让教师根据问题开展针对性指导教学。

二、自主学习的教学基本流程（四大步骤）

Task 1 Let's talk（唤醒预学）；Task 2 Let's learn（自主学习）；Task 3 Let's play（技能操练）；Task 4 Let's check（检测诊断）。

三、自主学习的具体操作建议

（一）课前（Pre-class）

1. 教师制作"预习任务单"，提前发给学生进行预习活动。
2. "预习任务单"的设计参考（按需选择）。

必做：①学生找录音材料（或由老师推送），听音学读目标词汇和句型____次，模仿语音语调；②学生画出新单词和句子，或标记自己难以理解的部分；③教师制作思维导图；④教师提出要思考的问题，让学生独立思考或小组讨论寻找答案。教师可以用预测、设计悬念的方式（如谜语、图片）让学生猜猜即将学习的内容。

选做：①学生把自学课文的语音或小视频发到微信群或钉钉群；②学生自主搜寻关于新课主题的资源来观看学习（或由老师推送）；③如果新课是关于水果的，教师可以让学生搜索关于水果的英语视频来提前观看。

（二）课中（While-class）

导语：教师通过电脑读播的方式呈现本节课的教学目标，例如，同学们，通过这一课的学习，我们将学会以下知识和技能：①能听、说、读、写单词；②能用下列句型进行会话；③能理解课文，并流利朗读课文；④培养学生学习能力。

Task 1 Let's talk（唤醒预学）

教师通过歌谣吟唱、师生互问、生生互问等方式完成歌谣、问答、思维导图、游戏、头脑风暴、火眼金睛等热身活动，达到唤醒预学、激发学生的兴趣、活跃气氛等目的。

Task 2 Let's learn（自主学习）

教师创设情境引出文本，整体感知语言，理解任务，以任务为驱动。学生在师生问答、生生问答、小组讨论、小组朗读等互动方式中，学会学习策略，培养学生自主学习的能力。教师在实施过程中可按"猜—听—说—读—学—帮"步骤进行（可灵活选用，小任务的设置应是层层递进的，由浅入深，从易到难）。

猜一猜：教师设置问题或悬念（如呈现图片），让学生猜猜接下来要学习什么。自然进入主题。

听一听：教师呈现问题，第1次，播放录音，学生以听的方式初次感知文本，画出关键词或不会的单词和句子，回答问题。

说一说：教师呈现问题，观看视频1～2次，完整呈现文本，学生两两讨论或小组讨论，找出答案，解决问题。

读一读：学生跟读录音，注意对语音语调的模仿。

学一学：教师播放微课，学生学习单词和自然拼读法。

帮一帮：学生组内互相帮助厘清不会读的单词或句子、语法点等。

Task 3 Let's play（技能操练）

教师通过思维导图、歌曲吟唱、歌曲改编、游戏比赛、两两朗读、小组朗读、配音活动等方式，让学生在自主学习新知的过程中，从互联网中获取数据，老师根据学生所暴露的问题，再一次引导学习，关注全体学生，做到精准教学。

Task 4 Let's check（检测诊断）

教师通过应答器完成听力练习或笔头练习、会话问答等活动，检测诊断学生自主学习的情况。

Self-assessment（自我反思）

通过个人自评、两两互评、小组互评、集体评价等方式，反思整节课的表现，促进学生再学习，为下一节课的互动探究提供数据。

（三）课后（Post-class）

1. 布置课后作业（按需选择）。

建议：①听录音跟读＿＿＿次，注意模仿语音语调；②上传朗读课文的录音或视频到微信群或钉钉群；③按正确的格式抄写单词或句子；④仿写句子；⑤制作思维导图；⑥制作小小手抄报；⑦制作单词卡。

2. 布置下一课时互动探究的"预习任务单"。

四、具体实施注意事项

1. 任务驱动，问题引领。教师让学生有明确的学习目标，以问题引领，设置具有可行性、趣味性、科学性的学习任务，驱动学生在完成任务的过程中习得语言。

2. 小组互助互学互评。教师科学建立学习小组，充分发挥"兵教兵"同伴互助互学的作用；在学习、检测、评价等环节可以充分利用小组开展活动。

3. 营造课堂趣味氛围。保持学生的兴趣是促使学生进行自主学习的基础，所以，教师需要努力创设多种符合学生趣味和生活经验的教学方法，保持学生轻松愉悦的学习氛围，使学生上课时沉浸在欢乐的海洋中。

4. 设置恰当的评价机制。教师结合学习实际以及学生的学习态度，对学生展开综合评价，激发学生的学习热情，鼓励学生主动学习，内化学习的内驱力。首先，要立好评价的项目（可从学习态度、学习策略、学习效果等出发）；然后，给出评价的标准；最后，教给学生评价的方法。

5. 保证学生的自主学习空间。教师设置学习任务，留给学生充足的自主学习空间，引导学生学习。教师需要留意学生在自学时所暴露的问题，及时调整教学方法，做到参与主动、交往互动、思维启动。

6. 养成课前预习的习惯。教师可以设计一些导学案，让学生在导学案的指导下进行预习。学生在预习的过程中，需标示出自己不懂的地方，对于单词和句子的学习，可利用光盘录音、网络资源、微信录音等工具进行模仿学习，或用描绘思维导图的方法进行课文的理解。

7. 提供有效学法指导，形成学习策略。教师教会学生自主学习的方法是使学生能够自主学习的保证，培养学生终身学习的能力，要把学法指导细化到教学的各个环节之中。例如，对课前预习、课中学习和思考、课后归纳总结知识点、思维导图总结、自然拼读法、写作的技巧指导等。

8. 收集数据精准施教。教师在课堂上基于学生学情数据的收集，建构系统化的评价标准体系，细化各类课堂评价要求，使评价数据可视化，以实现精准评价和客观评价，真正落实"评促教、评促学、评促进"，关注每一位学生。

【附件2-3】
"爱种子"教学模式的互动探究教学范式

一、互动探究的意义界定

"爱种子"的互动探究教学模式，指通过多元的互动方式和多维的探究模式，让学生"习得"语言技能，提升语言素养。互动方式有师生、生生、小组、集体、人机等。探究形式有 listen, talk, act, make a dialogue/survey/story/poster/report 等。教师通过任务驱动的方式，创编语言情景，在较为真实的语境中给学生布置任务以达到探究的目的。互动探究注重的是习得和培养学生的语言交际能力。

二、互动探究的教学基本流程（四大步骤）

Task 1 Let's review（复习唤醒），Task 2 Let's act（反馈突破），Task 3 Let's practice（情景运用），Task 4 Let's make（合作创编）。

三、互动探究的具体实施建议

（一）课前（Pre-class）

1. 制作"课前预习任务单"，提前发给学生进行预习活动。
2. "课前预习任务单"的设计参考（按需选择）。

必做：①学生找录音材料（或由老师推送），听录音学读目标词汇和句型____次，模仿语音语调；②背诵单词和课文；③尝试默写单词；④根据教学内容让学生进行收集、调查等活动；⑤提出要思考的问题，让学生独立思考或通过小组讨论等形式寻找答案。

选做：①学生把朗读（或背诵）课文的语音或小视频发到微信群或钉钉群；②学生自主搜寻（或由老师推送）关于新课主题的资源来学习；③如果主题是节日，则让学生搜索关于介绍中西方节日的资源进行观看或阅读。

（二）课中（While-class）

导语： 通过电脑读播的方式呈现本节课的教学目标，例如，同学们，通过本课的学习，我们将学会以下知识和技能：①熟练地在情景中运用下列单词……②在情景中运用下列句型……③熟练地朗读和表演会话；④培养学生……能力。

Task 1 Let's review（复习唤醒）

通过歌谣吟唱、游戏、师生互问、生生互问、思维导图、火眼金睛等活动进行热身和唤醒旧知，激发学生的学习兴趣，活跃气氛。我们建议用应答器设置相关的练习，以获取上一节课自主学习的情况反馈，并做出相应的教学安排。

Task 2 Let's act（反馈突破）

通过师生配音、生生配音、师生表演、生生表演、会话改编等学生喜欢的方式创造性地表演课文内容，学生在情景中表演，初步应用原课文的语言，突破重点。

Task 3 Let's practice（情景运用）

教师通过在情景中对知识进行重构，创编文本，开展针对性的教学，让学生在听音回答、师生问答、小组讨论、文本填空、两两朗读、小组朗读、配音活动、角色表演等互动中探究知识，学会交流与合作，掌握和运用知识，培养学生解决问题、分析问题的能力。建议教师在原课文会话的基础上创编语境，或向真实生活的语境迁移而创编会话、故事等；以任务驱动的形式，由浅入深，层层递进，对"创编的语境内容"进行探究性学习，让学生从中习得语言技能。

猜一猜： 在呈现创编文本之前，教师先提出问题，或设置悬念，让学生对内容进行预测（猜一猜），激发其好奇心，发展思维能力。

听一听： 以听的方式呈现文本，教师让学生带着问题听，然后在文本里找出答案，或小组讨论，培养学生听的能力。

说一说： 听取文本之后，教师由浅入深地设问，提取文本里的关键信息，让学生小组讨论，口头说一说。

写一写： 听完整文本，补充文本。教师把文本挖空，挖空内容为目标词汇，让学生加深对目标词汇音、形的记忆。

演一演： 整个文本都得到呈现以后，教师可以让学生表演课文、分角色配音等，把文本"吃透"。

Task 4 Let's make（合作创编）

通过延续 Task 3 里面的情境，由教师提供语言支架，学生设计创编或进行小制作活动，培养学生知识迁移运用的能力，让他们享受成功的喜悦，内化为学习动力的环节。可灵活选择如下方式进行操作：①结合自己的生活和想象力，创编会话、歌谣、故事等；②制作思维导图、贺卡、海报、画册、相册、调查表、单词句型卡等；③在小组内或在全班进行分享展示。

Self-assessment（自我评价）

通过组织小组互评、集体互评或者学生利用应答器进行互评等方式评价学生的学习成果，达到反思、再学习的效果，并获取本节课学生学习情况的数据。例如，①What do we learn? Do you have any questions? ②可以利用思维导图小结目标词汇、句型或语法点；③结合评价机制，学生评价自己本节课的表现。

（三）课后（Post-class）

1. 布置课后作业（按需选择）。

建议：①听录音跟读____次，注意模仿语音语调；②尝试背诵和表演会话；③上传朗读（背诵或表演）会话的录音或视频到微信群或钉钉群；④改编（会话、歌谣、故事等）；⑤小制作（思维导图、海报、手抄报、调查表、画册、相册、单词句型卡等）；⑥分享作品；⑦练习题（填空、选择、仿写、问答、阅读理解、中英互译、连词成句等）。

2. 布置下一课时主题拓展的"课前预习任务单"。

四、具体实施注意事项

1. 以任务驱动。给学生布置任务，让学生带着任务去进行探究式学习。

2. 注意语言的情境性。整节课最好在同一个语境当中，让学生在真实的语境中"习得"语言技能。

3. 建议教师在评价中强调"互动探究"环节，该环节主要是解决三个学习目标：①知识巩固，主要是对自主学习环节所学的新知识通过场景性激发达到温故和巩固的作用。②知识深化理解，就是创设互动或探究的实际应用实践情境（场景）案例，让学生在其示范过程中加深对知识和技能的理解。③知识应用能力，是参照深化理解案例创设自我或合作实践应用任务（或项目），让学生去习得演练，提升知识的应用能力；也根据知识学习和教学实际适当创设一些具有培养知识迁移应用的场景。

4. 互动探究环节有着承上启下的作用，在教学设计中教师创设的任务或场景也可以嵌入这种思维或思考。教师可围绕"互动探究"的三个教学目标进行设计教学活动和创建学与教场景。在课堂教学中，教师可以很好地围绕这些目标设计课堂评价的观察点，使采集到的反馈数据得到较好的分析。

5. 为了让学生达到深度学习的目的，建议互动探究课型创设清晰明了的情境主线，环环相扣，避免教学内容碎片化、缺乏整体感、逻辑感、层次感；教学活动的设计要以学生为中心，让学生真正参与课堂，做学习的主人。

6. 教师在设计互动探究课型时，要考虑情感教育的适切性，情感渗透要做到润物无声，切忌流于形式、贴标签，要让学生有真正的情感熏陶和体验。

7. 教师在小组互助、互学、互评时，科学建立学习小组，充分发挥"兵教兵"同伴互助互学的作用；在学习、检测、评价等环节都可以充分利用小组开展活动。

8. 精准教学。在课堂上，教师基于学生学情数据的收集构建系统化的评价标准体系，细化各类课堂评价要求，令评价数据可视化，以实现精准评价和客观评价，真正落实"评促教、评促学、评促进"，关注每一位学生。

【附件2-4】

"爱种子"教学模式的主题拓展教学范式
（适用于绘本阅读、阅读与写作、语法、语音等教学）

一、主题拓展的意义界定

"爱种子"的主题拓展环节是指在提升应用能力和思维基础上，通过创设综合性项目（任务）式实践，夯实实践应用能力，培养学生创新与拓展思维和文化素养能力。

互动形式有师生、生生、小组、集体、人机等，主题拓展的形式有 brainstorm, listen, read, guess, discuss, retell, make a dialogue/survey/story/share /report 等。教师根据单元主题（模块）创设问题式、任务式或项目式等主题活动，创设语言情境，在较为真实的语境中给学生布置各种类型的任务，促使学生自我反思，培养学生创新思维能力。

二、主题拓展的教学基本流程（五大步骤）

Task 1 Let's build（知识整理），Task 2 Let's read（绘本阅读或文本阅读），Task 3 Let's discuss（互动讨论），Task 4 Let's retell（复述分享），Task 5 Let's create（创编成果）。

（备注：语音课，可视具体教学内容适当在 Let's retell 后增加 Let's spell 的任务或删除 Let's retell 环节。通过师生、生生、人机、小组等操作方式，设置拼读单词、句子，朗读文本的任务，来达到巩固语音规律、掌握自然拼读策略的效果。）

三、主题拓展的具体操作建议

（一）课前（Pre-class）

1. 制作"预习任务单"，提前发给学生进行预习活动。

2. "预习任务单"的设计参考（按需选择）。

必做：①学生听读与模块主题相关的绘本故事或歌曲等（老师推送）____次，模仿语音语调；②画出新单词和句子，或标记自己难以理解的部分；③制作思维导图/阅读卡；④提出要思考理解故事的问题，让学生独立思考或小组讨论寻找答案。可以用预测、悬念的方式（如谜语、图片）让学生猜猜即将学习的内容。

选做：①学生把预习朗读的语音或小视频发到微信群或钉钉群；②学生自主搜寻或收集与模块主题的绘本阅读，并把好词、好句摘录在笔记本上。

（二）课中（While-class）

导语：通过电脑读播的方式让学生知道本节课的目标语言，初次感知本节课的重难点。例如，同学们，通过这一课的学习，我们将会实现如下目标：①学生能够复习巩固本单元所学的语言，增加学生语言的输入；②学生能够理解故事内容，并用自己喜欢的方式表现故事内容；③通过阅读，学会……策略；④根据阅读文本，能仿写或创编……⑤培养学生……能力。

Task 1 Let's build **（知识整理）**

通过师生互问、生生互问等形式，开展关键词联想、歌曲、头脑风暴、游戏、思维导图、火眼金睛、应答器设计相关练习等活动，达到活跃课堂、激活思维、复习巩固单元主题相关的知识、帮助学生对单元主题进行系统性梳理的目的。

Task 2 Let's read **（绘本阅读或文本阅读）**

创设一个真实的阅读情境，以单元主题为核心，开展绘本阅读、故事或会话等阅读活动，设计协同性探究式学习任务，让学生在师生问答、生生问答、两两讨论、小组讨论、小组朗读等互动中渗透文化意识、学习策略，从而拓展学生的思维能力，培养学生的合作、探究精神。具体操作如下所示：

猜一猜：在文本呈现之前，先做预测（猜一猜），培养学生的预测能力。

听一听：以听的方式呈现内容，降低难度，培养听的能力。

答一答：听取内容之后，由浅入深设问，提取篇章关键信息；让学生口头回答，培养学生解决问题、辨析问题的能力。

读一读：视文本内容难易程度决定，可自由阅读内容，或观看故事视频，可整体呈现，也可分段。在引导学生阅读时，渗透适当的学习策略，如画出关键词、看图片猜信息等，围绕教师设置的学习任务去阅读，如回答问题、填写表格等，帮助学生理解文本，培养学生运用语言的能力。

Task 3 Let's discuss（互动讨论）

围绕阅读文本设计问题、填写表格、填空文本、总结规律、归纳思维导图等活动，让学生讨论本课的主题（如语音、语法课，总结规律、注意事项等），从而培养学生的辨析能力、判断能力、评价能力。

Task 4 Let's retell（复述分享）

通过思维导图、文本挖空、表格等多种形式的设置，引导学生进行文本的复述，让学生再一次深入理解文本，巩固本课的主题，促进学生反思和再学习，培养学生综合运用语言的能力。

Task 5 Let's create（创编成果）

通过创编文本或表演等方式，拓展主题知识，开展针对性的教学，我们可以通过多种形式来进行，例如，create a song/chant/survey/report/postcard/story/dialogue 等（视文本内容和教学设计而定），分享成果。在创编、表演、整合知识的过程中，培养学生学会交流与合作，学会知识迁移运用，学会展示创编成果，享受成功的喜悦。在整个过程中，促进学生反思，再学习，再评价。

Self-assessment（自我评价）

通过思维导图、表格等形式来总结本节课的知识，在个人自评、两两互评、小组互评、集体评价的过程中，让学生学会归纳总结，培养反思评价能力。

（三）课后（Post-class）

1. 布置课后作业（按需选择）。

建议：①听录音跟读____次，注意模仿语音语调；②上传朗读文本的录音或视频到微信群或钉钉群；③仿写文本；④制作思维导图/手抄报/单词卡；⑤摘抄好词好句在笔记本上；⑥完成阅读卡。

2. 布置下一课时互动探究的"预习任务单"。

四、具体实施注意事项

1. 单元整体设计。主题拓展的设计围绕章节知识单元和知识模块设计探究式、协同任务或项目式活动场景。它是较自主学习、互动探究课型更深一层地培养学生的思维能力而展开的教学活动。以任务驱动，给学生布置主题拓展学习任务，让学生带着任务去学习。

2. 情境化。注意情境创设要贴近生活，教学活动的设计要符合学生的认知特点，设计时要考虑前后知识的衔接、过渡，注重知识的完整性及对主题意义的挖掘。

3. 评价化。根据各主题内容设置评价方式，注重小组合作时学生的自评、互评，让学生在议一议、评一评的过程中反思，再学习，培养学生解决问题、辨析问题的能力。

4. 任务式或项目式。以任务驱动，给学生布置主题拓展学习任务，让学生带着任务进行探究性学习，活动层次要循序渐进，培养学生知识迁移能力、创新能力。

5. 学习策略指导。给学生提供具体、清晰的学法指导，培养学生终身学习的能力。

6. 小组互助、互学、互评。科学建立学习小组，充分发挥"兵教兵"同伴互助、互学的作用。在学习、检测、评价等环节都可以开展小组活动。

7. 精准教学。在课堂上基于对学生学情数据的收集，建构系统化的评价标准体系，细化各类课堂评价要求，使评价数据可视化，以实现精准评价和客观评价，真正落实"评促教、评促学、评促进"，关注每一位学生。

二、范式构建体系

为了让更多教师受益，研究团队把范式进行梳理和提炼，建立范式构建体系，在理论的基础上结合实际，完善"爱种子"课堂范式。每个范式涵盖理论指导、主旨目标、教学流程、活动建议、教学指导、注意事项等。

完善后的范式体系分别有：①自主学习会话教学范式；②自主学习词汇教学范式；③自主学习会话&词汇教学范式；④互动探究会话&词汇教学范式；⑤互动探究复习教学范式；⑥主题拓展语音教学范式；⑦主题拓展读写教学范式；⑧主题拓展故事教学范式；⑨主题拓展绘本教学范式；⑩主题拓展戏剧教学范式。范式构建系统如图2-4-1所示。

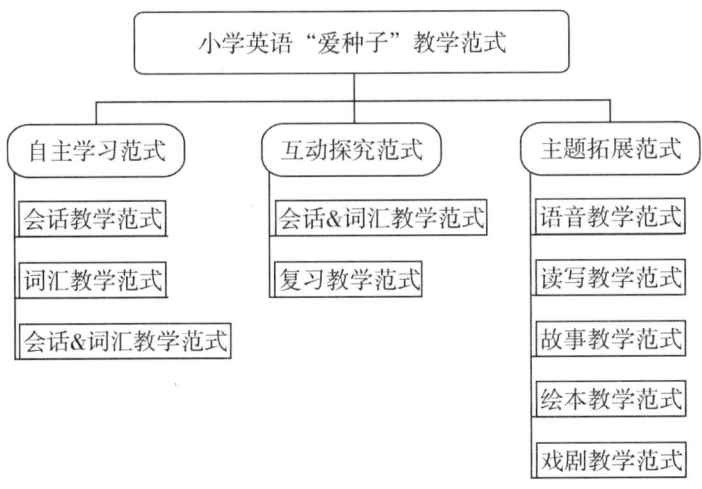

图2-4-1 小学英语"爱种子"教学范式构建系统

第三章

基于小学英语"爱种子"教学范式的单元整体教学设计

第一节　单元整体教学设计原则

"爱种子""三环四得"教学模式在课堂上体现学生的主体地位和教师的主导作用。"爱种子"理念的小学英语单元整体教学,通过将单元内的知识进行合理整合,实现个性与共性的统一,将学生知识与生活建立联系,有助于提升学生的语用能力,是发展学生核心素养的有效途径。

一、小学英语单元整体教学设计的内涵概述

小学英语单元整体教学设计,需要教师认真研读每单元的教材内容,围绕单元话题,突出单元各个知识点之间的内在联系,把握教材内容及课时特点,对单元内容进行整合和再构,螺旋式地推进教学,促进学生对语言知识及技能的整体理解,提升学生的语言综合运用能力。基于"爱种子"实验背景下的单元整体教学以培养学生的综合语言运用能力为目标,需要教师理清教学脉络、明晰教学主线,从而达到整合、优化资源,切实提高教学效率的目的。在小学英语单元整体教学实践中,教师可遵循整体性、情境性、递进性和主体性四大原则。

二、小学英语单元整体教学设计的原则

(一)整体性原则

学习英语的过程应该是完整的,教师不应碎片化地教授语法、词汇、语音等语言知识,而应更多地关注学生听、说、读、写、看能力的综合提升。教师应以单元话题为中心,定好单元教学总目标及每课时的分层目标,注重各教学课时的衔接,利用教学资源,联系学生实际进行合理优化,使得每课时的内容环环相扣、循序渐进,为单元教学目标的达成奠定基础。小学英语单元整体教学设计不仅注重学生知识技能的提升,而且注重学生语言能力的培养,同时还体现学科核心素养。这就需要教师认真研究教材,分析学情,对单元整体教学进行深入思考、合理设计。

(二)情境性原则

良好的语境离不开情境的创设,教师在进行单元整体教学设计时,要遵循情境性原则。在教学设计的过程中,教师应尽可能地设计与学生生活息息相关、生动有趣的教学情境,让学生深入理解和掌握所学内容。创设情境的目的是为学生提供真

实的语言环境，促使学生在实践中运用语言。情境越真实，学生建构知识就能越清晰、牢固，学习效果也就越好。

（三）递进性原则

新课标提出教师在备课时应整体设计教学目标，充分考虑语言学习的渐进性和持续性，重视语言学习的实践性。在单元整体教学设计中，课时目标与单元目标是统一的，课时目标应遵循单元目标，各课时目标前后连接，呈递进螺旋式上升；后一个课时是前面课时的语言知识能力的巩固和提升，每一课时都有相对独立的教学目标，同时又梯度式推进单元整体目标。教师在备课时，应科学地把握单元话题内容和总目标，分析具体学情，合理制定层层递进的课时目标，确定适合学生的学习内容，有效设计梯度课堂教学活动，帮助学生从易到难逐步内化教学重难点，构建知识框架，最终实现目标语言的顺利输出。

（四）主体性原则

在进行小学英语单元整体教学设计时，教师应遵循主体性原则。教师须体现学生的主体地位，以学生为中心。教师应做课堂的组织者、观察者、引导者。小学英语教师应站在学生的角度设计课堂教学活动，立足于学情、教情，让学生主动建构知识，培养学生的自主、合作学习能力，发挥好学习共同体的作用。

综上所述，小学英语单元整体教学设计对英语教师的"教"及学生的"学"都有良好的促进作用，有助于发展学生的核心素养。当然，基于"爱种子"实验背景下的小学英语单元整体教学设计有一定的原则，但在具体的设计与实施的过程中，还需要英语教师勇于实践、善于反思、不断创新，多角度、全方位提升小学英语单元整体教学设计的有效性。

第二节　单元整体教学设计策略

基于"爱种子"实验背景下的单元整体教学以培养学生的综合语言运用能力为目标，以理清教学脉络，明晰教学主线，整合、优化资源，切实提高教学效率，通过对单元内的知识进行有效整合，实现个性与共性的统一，帮助学生建立知识与生活的联系，提升学生的语用能力，发展学生核心素养。我们在遵循教学设计整体性、情境性、递进性和主体性四大原则的基础上，探索出"爱种子"理念下的小学英语单元整体教学策略。

一、整体研读教材，梳理单元内容

教材是教学的重要内容与标准。实施单元整体设计，要解读教材、吃透教材，对教材本身的认真研读是必不可少的，这样才能把握好单元设计的方向。人教版教材涉及小学生生活和学习中的众多话题，如学校、家庭、朋友、动物、饮食、爱好、活动、颜色、数字等。每一个单元为一个大情境，即单元主题。每个单元主题根据学生认知规律和认知水平，按照递进性的原则分布在八册课本中。人教版教材的知识编排特点是螺旋式、递进式、滚动式，教师在备课过程中可以采用表格的形式对各个主题的教学内容分布情况进行梳理，这样有利于教师统筹教材，让学生有一个整体的感知。通过梳理，教师可以清晰地了解该单元的主要内容和各单元知识点的联系，包括哪些旧短语需要滚动复习处理、哪些新句型需要对比学习，通过梳理可一目了然，为接下来制定教学目标提供更充分的参考，从而有利于教师更全面地把握该话题的所有教学内容。

二、统筹单元目标，确立课时目标

教学目标设计是教师把握教材、统筹整节课的基础。不同的教学范式有不同的教学目标。教师在范式的指导下能较准确地把握教学目标，避免出现目标偏离的现象。有了明确的教学目标之后，教师就能明晰教学思路、设计教学环节、整合教材。单元教学目标整体设计要注意按照语言学习的规律，由初步认识到整体感知，再到熟练运用和语言输出。在知识目标方面，注意对所教授内容进行整体的知识划分，如词汇、句型、语法、语音等；在能力目标方面，注意培养学生自主学习能力、合作探究能力等核心素养；在情感态度、文化意识和学习策略方面，注意培养学生的学习技能和终身学习能力；在分课时目标设计方面，每个课时均从语言技能、语言知识、语言运用、情感态度和学习策略五个维度进行设计。

三、分析重组板块，灵活再构文本

1. 重组教学板块

以往的教学多为单课教学，而且大部分教师习惯先教单词，再教会话，这样就会出现知识脱离情境的教学现象。为了让学生能综合运用语言，教师要整合单元内容，进行整体情境教学。为了促使单元各课时教学取得良好的效果，教师要从整体语言教学观出发，融语言知识、语言技能和语言运用能力为一体，结合实际，对教材各个板块的内容进行优化组合，以"自主学习—互动探究—主题拓展"的递进式规律进行重组，使教材的内容更加符合学生需要，更加贴近学生的实际，从而提高学生的学习兴趣和学习效率，促进学生学习能力的提升。整合重组教学板块后的单元整体教学设计按课时、教学内容、课型进行划分，例如，人教版五年级下册 Unit 1 My day 单元的课时划分见表 3-2-1。

表 3-2-1 人教版五年级下册 Unit 1 My day 单元课时划分

话题	课时	教学内容	课型
My day	第 1 课时	Part A Let's talk & Let's learn	自主学习（会话、词汇教学）
	第 2 课时	Part A Let's talk & Let's learn	互动探究（会话、词汇教学）
	第 3 课时	Part A Let's spell	主题拓展（语音教学）
	第 4 课时	Part B Let's talk & Let's learn	自主学习（会话、词汇教学）
	第 5 课时	Part B Let's talk & Let's learn	互动探究（会话、词汇教学）
	第 6 课时	Part B Read and write & Let's check	主题拓展（读写教学）
	第 7 课时	Part C Story time	主题拓展（绘本故事教学）

2. 再构教学内容

传统的单课设计的教学内容不够连贯，学生学习词汇、句子脱离语境，且存在学了不会用的现象。通过对教学板块进行整合后，语言的系统性、整体性与情境性凸显出来。教师通过文本再构，在单元整体与单课教学的体系内合理安排学生所需要学习的内容，将分散的知识点按照语境、话题、层次等逻辑顺序重新排列，使之符合学生的认知规律——从旧到新、从易到难、从学到用，螺旋式上升，既学习新内容，又联系旧知识；既学习教材文本，又整合文化内涵与生活实际。

四、确定"三环"课型，促使学生"四得"

人教版教材编排结构一般为"功能—结构—话题—任务"，注重从整体上培养学生学习英语的听、说、读、写四种基本技能。在英语"爱种子"模式的单元整体教学中，根据"爱种子""三环四得"的"自主学习""互动探究""主题拓展"三种课型的递进特点，教师按课型和教学内容选择合适的教学方法和教学策略使学生获得"四得"。

1. 自主学习课型

教师可以结合学生已有的认知基础，通过导语和思维导图导入新授的单词和功能句型；再从整体上感知对话，把握相关话题，解决知识性问题，培养学生自主学习的能力和习惯，主要体现习得、教得和评得。

2. 互动探究课型

教师在活动和情景中练习和巩固本课时重点的单词和功能句型；设置接近真实

生活的情景和任务，让学生运用本课所学的单词和功能句型谈论相关话题，从而实现语言知识到语用的过渡，达到知识的综合运用，培养学生语用能力和合作学习、探究能力，主要体现学得和评得。

3. 主题拓展课型

在主题拓展课中，教师主要让学生从整体上获取材料中的信息，培养一些简单的学习策略；教师还可以将听和读、读和说、读和写等结合起来，同时在教学中实现单元教学目标的螺旋式上升，培养学生的综合语言运用能力和创新能力，主要体现学得和评得。

教师在设计各课型的教学过程时，要正确处理好各课时的逻辑关系，体现各课时的独特性、课时之间的延续性以及层次性，做到单元内各课时有侧重、相互融合、循序渐进，从而有效达成单元的总体教学目标。

第三节　单元整体教学设计范例

一、教材分析及学情分析

1. 教材分析

本单元是人教版三年级下册 Unit 1 Welcome back to school！主要是认识不同国家的名称以及初次见面向别人介绍自己和他人的表达方法。本单元要求学生能根据自己的实际情况，在设定的情境中介绍自己的国籍等信息，要求学生能在语境中运用核心句型"Where are you from？""I'm from…"询问他人的籍贯和回答他人的提问。需要掌握的词汇有 China、the UK、the USA、Canada、she、he、student、teacher、pupil，需要掌握的句型有"Where are you from？""I'm from…"，需要掌握元音字母"a"在单词中的短音发音 /æ/。本单元通过创设情境交流活动，培养学生的综合语言运用能力。

2. 学情分析

三年级的学生活泼好动，求知欲强，容易被新鲜事物所吸引，但注意力容易分散，以形象思维为主，逐步过渡发展抽象思维。在学习本单元之前，学生们已比较熟悉人名的表达法，并学会用"I'm…"或"My name's…"介绍自己的姓名，但对国家名称和地方名称的表达仍不熟悉。他们在一、二年级学习的基础上已经会唱较多的英语儿歌，通过三年级上学期系统的学习，已经熟练掌握了26个字母，掌握了一定的主题单词、简单句型和简单语法，对学习英语有浓厚的兴趣。

二、单元整体目标

单元整体目标见表 3-3-1。

表 3-3-1　单元整体目标

类别	教学目标
知识目标	句型： 1. 能够听懂、会说句型"Where are you from?""I'm from…""He/She is…" 2. 能够认读句子"Where are you from?""I'm…" 词汇： 能够听、说、认读单词 China、Canada、the UK、the USA、he、she、teacher、student（pupil） 字母与语音： 知道元音字母"a"在单词中的短音发音/æ/
能力目标	1. 能够在真实或模拟的情景中运用句型"I'm from…""He's/ She's a…"等简单介绍自己以及他人 2. 能够在情景中运用句型"Where are you from?""I'm from…"询问他人的国籍或籍贯并回答； 3. 能够正确说出元音字母 a 在单词中的短音发音/æ/，并能够根据其发音规律拼读学过的语音例词
情感态度、 文化意识、 学习策略	1. 学会与人沟通、交流个人信息 2. 学习对人有礼貌的好行为 3. 通过学习国家名称，了解中国和主要英语国家的国旗以及标志性的建筑物 4. 能够逐步做到见到符合发音规律的词能拼读，听到符合发音规律的词能拼写

三、课时、教学内容、课型

课时、教学内容、课型见表 3-3-2。

表 3-3-2　课时、教学内容、课型

课时	教学内容	课型
第1课时	Part A Let's talk & Let's learn	自主学习（会话、词汇教学）
第2课时	Part A Let's talk & Let's learn	互动探究（会话、词汇教学）
第3课时	Part A Let's spell	主题拓展（语音教学）
第4课时	Part B Let's talk & Let's learn	自主学习（会话、词汇教学）
第5课时	Part B Let's talk & Let's learn	互动探究（会话、词汇教学）
第6课时	Part B Start to read & Let's check	主题拓展（读写教学）
第7课时	Part C Story time	主题拓展（故事教学）

四、单元整体教学设计范例

人教版三年级下册 Unit 1 Welcome back to school! 第一课时
Part A Let's talk & Let's learn
——"爱种子"模式下的小学英语自主学习教学设计

一、教学目标

①能听、说、读、写 the UK, Canada, the USA, China；②能用下列句型进行自我介绍："I'm…""I'm from…"；③能理解课文，并流利朗读课文；④培养乐观交友的人文情怀，树立热爱祖国、热爱家乡的思想感情；⑤基于"爱种子""三环四得"教学模式，让学生在创编的语言情景中自然"习得"语言知识和技能。

二、教学重点、难点

重点：①能听、说、读、写 the UK, Canada, the USA, China；②能用"I'm…""I'm from…"句型进行自我介绍。

难点：能用"I'm…""I'm from…"句型进行自我介绍。

三、设计思路与教学方法

基于"爱种子""三环四得"教学模式，教师让学生在真实情景中自然习得重点句型和相关的单词，通过引导学生开展自我反思式评价，培养学生自主学习的习惯。

设计思路：旧知唤醒—自主答疑—趣味巩固—评价反馈；

教学方法：自主学习法、游戏法、交际法、练习法。

四、教学过程

Task 1　Let's talk.

1. Free talk.

T：Boys and girls, I'm your new teacher today. And I'm your new friend. Do you want to know something about me? I like…What about you? Now I'd like to play puzzle games. Would you like to join me? OK, let's go!

【设计意图】自由交谈，拉近师生关系，缓解紧张气氛。

2. Play a puzzle game.

T：Wow, it's a map of China. What about this? It's a map of the world. There are many countries all over the world. Now let's enjoy a video about countries.

【设计意图】用拼图游戏激发学生的学习兴趣。

3. Enjoy a video.

T：Wow, so amazing! Children, what countries do you know? Now let's try to complete the mind map and talk about it.

【设计意图】通过观看视频了解世界各国的风光和特色，唤起学生的好奇心，开阔学生的视野，激发学生学习内驱力。

4. Complete the mind map.（如图3-3-1所示）

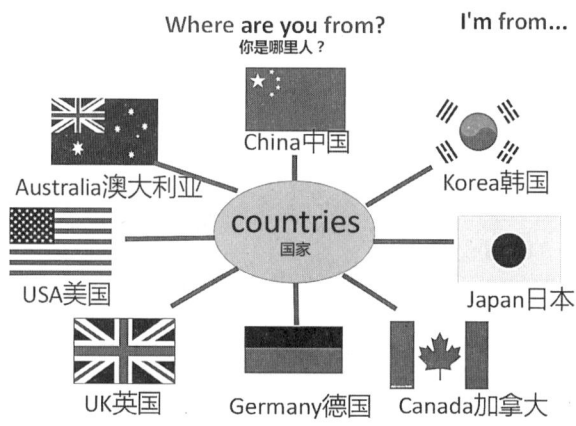

图3-3-1　Mind map

5. Talk about the mind map："Where are you from?" "I'm from…"

【设计意图】感知和掌握本节课的国家单词，适当拓展课外知识。

Task 2　Let's learn the text.

1. Let's learn the text.

Q1：Who are our new friends?

T：Well, boys and girls. It's a new term. Welcome back to school. At school, we can meet our friends again. Look, do you remember them? They are… Today we have two new friends. Who are they? Let's watch and answer.

（1）Watch the video.

（2）Answer the question.

T：Children, can you tell me your answer? Who are our new friends? Yes, Amy and Zhang Peng. They are our new friends. We have two new friends. Follow me, new friend, two new friends. Amy is a girl, Zhang Peng is a boy.

（3）Learn the words：boy, girl, new, friend, today, and.

（4）Read the dialogue for 3 times.（小组评价）

T：Well, Amy and Zhang Peng are our new friends. Where are they from? Where is Amy from? Where is Zhang Peng from? Read and underline the key sentences and new words.

（5）Answer the questions. Listen and answer.（如图 3-3-2 所示）

Q2：Where is Amy from? She is from the UK.

Q3：Where is Zhang Peng from? He is from Shandong.

图 3-3-2　Listen and answer

（6）Moral education.

T：As we know, Shandong is a province in China. There are beautiful cities, like Qingdao and Jinan. Also, Wuhan, Beijing, Shanghai, Shenzhen,

Guangzhou and Qingyuan are in China, too. China is our motherland. We all love her.

(7) Let's read. （如图3-3-3所示）

①Listen and repeat.

T：Just now you understood the dialogue well. Now let's practise reading. First, listen and repeat. Here are the learning tips. Listen and imitate.

②Read in roles. （师生分角色）

T：Next, read in roles. You are Amy. Ready? Go!

③Read and fill in the blanks. （自主评价）

T：This time let's read and fill in the blanks.

【设计意图】通过谈论老朋友，让学生自主理解friend的含义，并理解老师提出的问题，主动参与到学习中。然后让学生理解"I'm from…"句型除了可以接国家外，还可以接城市或省份，这个由学生自主发现并总结规律，体现以学生为主体的学习理念。

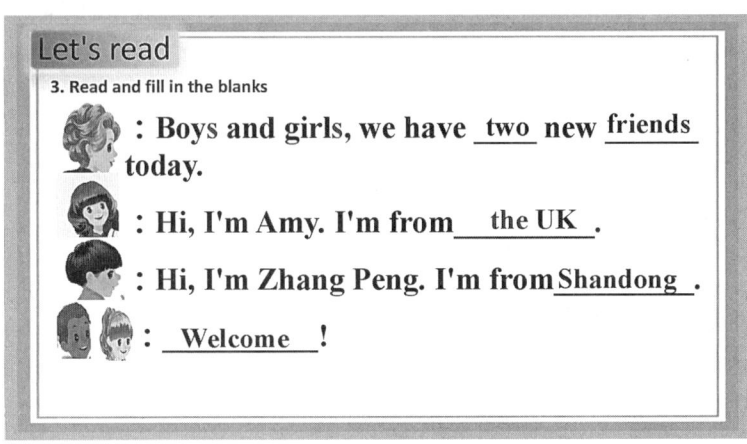

图3-3-3　Let's read

2. Let's learn the difficult points. （自主评价）

Watch the video.

本课知识点："What's your name?" "I'm…/I am…" "Where are you from?" "I'm from…/I am from…"

3. Sight words.

【设计意图】自主观看重难点视频，让学生边看边思考，并发现语言规律。观看单词微课，让学生自主学习新单词，培养学生见词能拼、见词能读的能力。

Task 3　Let's play.

1. Listen and repeat.
2. Can you answer?（自主评价）（如图3－3－4所示）

A：Hi, I'm Mike. I'm from Canada. What about you?　　　B：…
A：Hi, I'm Sarah. I'm from the USA. What about you?　　　B：…
A：Hi, I'm Amy. I'm from the UK. What about you?　　　　B：…
A：Hi, I'm Zhang Peng. I'm from China. What about you?　 B：…

图3－3－4　Can you answer

【设计意图】通过游戏的方式让学生主动参与学习，并提供学习方法以培养学生自主学习的能力。采用奖励机制，学生能回答出问题就奖励一个英语币，而且英语币值随着问题的增加而增大，游戏趣味性激发了学生的主动参与性。

Task 4　Let's check.

1. Read and tick or cross.（学生用应答器作答）
2. Ask and answer.（小组评价）
3. Summary：What do we learn today?

【设计意图】通过练习和自评表检测学生知识的掌握情况，老师进行查漏补缺。

人教版三年级下册 Unit 1 Welcome back to school! 第二课时
Part A　Let's talk & Let's learn
——"爱种子"模式下小学英语互动探究教学设计

一、教学目标

1. 知识目标：①熟练掌握本课的新单词 China，the UK，the USA，Canada；②熟练掌握句子"Hello，I'm from…"，并能进行交际运用。

2. 能力目标：学生能够将语言知识和技能迁移到不同的语境中。学生能够结合自己的生活经验，用本课的知识和技能创编会话。

3. 情感态度和学习策略目标：学生通过介绍自己或朋友来自不同的地方，渗透跨国际友谊并热爱家乡的思想教育。

二、教学重点、难点

重点：熟练掌握本课的新单词 China，the UK，the USA，Canada 和句型"Hello，I'm from…"。

难点：综合运用本课的句子进行会话。

三、设计思路与教学方法

设计思路：本节课是基于"爱种子""三环四得"教学模式，以任务驱动的方式让学生在真实的情境中完成任务，同时扎实地掌握本课的句型和词汇。根据上课前—上课时—上课后，为学生提供不同的语言情境，教师并以介绍自己家乡的方式，拉近师生之间的距离，让学生更融于情境中，大胆运用语言。在教学中引导学生开展自我反思式评价，调动学生探究学习的积极性。

教学方法：情境教学法、任务型教学法、多媒体辅助法。

四、教学过程

Task 1 Let's review.

1. Free talk.

T：Hello，boys and girls. Nice to meet you. How are you today? Are you happy today? Yes，I'm happy，too. Now，let's enjoy a song.

【设计意图】该任务通过歌谣、游戏、看图说话等活动，活跃课堂气氛，激发学生的学习兴趣。

2. Enjoy a song.

Students listen to the song and find out the words about countries.

T：What countries do you know from the song?

T & Ss：Canada，Korea，Italy…

T：Wow，we know so many countries from the song. We also learned some countries before the class. Do you remember? Let's review.

3. Let's read.

Students read the words loudly.

T: Good, you read very well! Now, let's play a game together!

4. Let's play a game.

Students see the balloons and read the words on the balloons.

5. Let's choose.

Students choose the best answer and pay attention to the tips.

【设计意图】对本单元学过的单词以及句型进行复习。

Task 2 Let's act.

Ring Ring Ring! It's time to go to school. Here they are!

(Teacher will ask students some questions about the new scene. Eg: Who are they? Are they from China?)

【设计意图】设计情境，让学生懂得在情境中运用语言。

1. Let's read.

Review the words and sentence patterns.

By reading the sentences, we should know that although we are from different counties, we are friends. We are a family.

It's time for class.

【设计意图】观看课本视频，跟读录音，有利于学生自主感知语音语调，养成良好的朗读习惯。

2. Let's watch and repeat.

(It's a dialogue about the first class of a new term. They have some new friends.)

3. Let's act out the dialogue.

【设计意图】对课本会话进行复习。通过跟读、自由读、角色扮演等方式，再现课文内容。

Task 3 Let's practice.

Class is over. Boys and girls are meeting new friends.

1. Listen and answer.

T: Who are they?

Ss: They are…

【设计意图】该任务主要通过创编会话，给学生创设更丰富的会话情境。

2. Listen again and find the answer.

T: Where are they from? Please match and say.

Ss: Mike is from…/John is from…/Amy is from…/ Chen Jie is from…

【设计意图】通过听力训练，让学生再次复习重点单词和句型。

3. Let's read.

Students try to read the new dialogue after the teacher.

4. Let's act out the dialogue.

5. Practise more words about the provinces.（Show the map of China.）

T：Hello, I'm Miss Zhang. I'm from China. I'm from Guangdong. What about you? Try to introduce yourself.

Ss：Hello, I'm…/ I'm from China. / I'm from…（省份名称）

【设计意图】教师通过介绍自己的家乡，拉近师生之间的距离；通过对句子的改写，巩固所学句型。

6. Practise more words about the cities.（Show the map of Guangdong.）

T：Hello, I'm Miss Zheng. I'm from Guangdong, too. I'm from Qingyuan.

T：Qingyuan is a beautiful city. Let's enjoy a video.

Students try to introduce themselves.

Ss：Hello, I'm…/ I'm from…（省份名称）/I'm from…（城市名称）

【设计意图】通过观看视频直观地让学生感受到家乡的魅力所在。让学生更融入创设的情境中。再次通过句子的改写巩固所学句型。

7. Summary.

I'm from…（可接国家名称、省份名称和城市名称）

Task 4 Let's make.

1. Show two examples of the name cards.

2. Let's make.

Students try to make the name cards by themselves.

3. Assessment.

4. Homework.

【设计意图】该任务的目的是通过制作名片，引导学生自主整理所学知识，并检测学生掌握知识的程度。通过自我评价、反思整节课的表现，让学生调控自己的学习行为，成为学习的主人。

人教版三年级下册 Unit 1 Welcome back to school! 第三课时
Part A Let's spell
——"爱种子"模式下小学英语主题拓展教学设计

一、教学目标

①能理解、读懂故事"My magic cat";②能根据故事里的押韵词,拼读"a"发 /æ/ 音的单词,如 cat, rat, bat, bag, fat 等;③能拼读并创造更多含有"a"发 /æ/ 音的单词。

二、教学重点、难点

重点:①能根据"a"发 /æ/ 音的发音规律,准确地拼读含有字母"a"发 /æ/ 音的单词;②能够理解故事的大意。

难点:①能根据发音规律,创造更多含有"a"发 /æ/ 音的单词;②能准确、流利地阅读故事"My magic cat"。

三、教学过程

Task 1 Let's build.

1. Greetings.

T:Hello, boys and girls! How are you today? …Today we'll learn the sound of letter "A". Here we go!

2. Sing a song.

T:First, let's sing a song – How are you. After that, please tell me:"What animals can you hear in the song?"

3. Lead in the story.

I have a cat. It is fat. It is a black. It is a fat, black cat. It has a hat. It has a bag. It has a hat and a bag. What is in the hat? It is a bat. What is in the bag? It is a rat. I love my cat. It is a magic cat.

4. Answer the questions.

T:Lead in the story…Wow! What animal can you hear in the song? …Now let's enjoy a story about cat—*My magic cat*.

【设计意图】通过与学生打招呼,拉近师生距离,并通过歌曲引出故事"My magic cat"。

Task 2 Let's read.

1. Listen to the story and answer the questions.

Qs:What colour is the cat? What is in the hat? What is in the bag? How is the cat?

2. Watch and follow.

T:Children, let's watch the video and follow it.

3. Practice and sum up.

T: Let's read… Now let's clap our hands and read… The short vowel "a", /æ/, ①let's say, ②sum up: the "a" says /æ/.

T: Now, let's take a look at these words. What's in common? …What's the sound of letter "a"?

【设计意图】通过故事引入，激发学生学习的兴趣，故事采用平衡句式、押韵词，让学生读起来朗朗上口。通过提炼故事中的押韵词，自然过渡，引出"a"发/æ/的语音教学。学生通过观察，找出押韵词的发音规律。

Task 3 Let's discuss.

1. Let's practice: Can you read?

T: Now let's do some practice. Can you read?

2. Let's read

T: Wow! All of you did a good job. Now let's read the words in 30 seconds.

3. Let's make words.

T: OK, children. Now let's make words with letter "a".

【设计意图】通过设计梯度的练习，让学生充分熟练单词的发音。通过PPT翻日历练读，增加活动的趣味性。通过自主练读新词，培养学生自主拼词的能力。

Task 4 Let's create.

1. Look and read.

T: Children. You can make so many words with letter "a". Now let's listen and choose the words with "a" /æ/.

2. Listen and write.

T: Wonderful. More difficult for you. Listen and write the words with "a" /æ/.

3. Assessment.

T: Excellent! All of you did a good job! Let's see which team is the winner?

4. Homework.

①Find the words with letter "a" /æ/. ②Read the story. ③Make a calendar.

【设计意图】培养学生的观察能力，从词到句的学习能力。锻炼学生运用自然拼读法"听音能写"的能力。通过自我评价、反思整节课的表现，让学生监控自己的学习行为，成为学习的主人，并巩固所学，为下节课的学习做铺垫。

人教版三年级下册 Unit 1 Welcome back to school! 第四课时 Part B Let's talk & Let's learn
——"爱种子"模式下小学英语自主学习教学设计

一、教学目标

①能听、说、认读单词 she, student, pupil, he, teacher; ②能用下列句型询问他人的籍贯和回答他人的提问:"Where are you from?""I'm from..."③能理解课文,并流利朗读课文;④了解各国代表性动物。

二、教学重点、难点

重点:①听、说、认读单词 she, student, pupil, he, teacher; ②认读句型"Where are you from?""I'm from..."。

难点:①student, pupil 的发音;②认读句型"Where are you from?"。

三、教学过程

Task 1 Let's talk.

1. Free talk.

T:Hello, boys and girls. I'm Miss Huang. I am a teacher. I'm from Qingyuan. Where are you from?

2. Complete the mind map.

T:Look! There are so many teachers and students. Who are they? Where are they from? Let's complete the mind map and talk about them.

3. Talk about the mind map.

"This is..." "He/She is from..."(如图 3-3-5 所示)

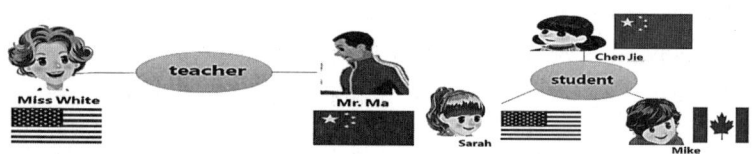

图 3-3-5 Free talk

【设计意图】通过交谈,让学生初步感知本课核心句型"Where are you from?",帮助学生复习 A 部分核心句型"I'm from..."。通过完成并谈论思维导图、介绍人物,让学生在梳理旧知的同时初步感知本课新词 he, she, teacher, student。

Task 2 Let's learn.

1. Let's learn the text.

T:(The bell rings.) Boys and girls, it's time for class. The teacher comes to the classroom. Let's listen to the tape and answer the question.

Q1: Who is the teacher?

(1) Listen to the tape.

(2) Answer the question.

T: Children, can you tell me your answer? Who is the teacher?

Yes, Mr Jones is the teacher. But who is the new student? Where is the new student from? Let's watch the video, underline the new words, answer and discuss in groups.

Q2: Who is the new student?

Q3: Where is the new student from?

(3) Discuss in groups and answer the questions.

(4) Listen and repeat.

T: You can understand the text well. Let's practice reading. Please listen and repeat. Pay attention to the intonation.

(5) Read aloud in groups.

T: Please read the text in groups and help each other.

(6) Show time.

T: Which group can read the text in front of the class?

(7) Assessment.

T: How many stars can they get? Please mark with your answering machine.

【设计意图】通过听录音回答问题，让学生整体感知课文，同时训练听音获取信息的能力。通过观看课文视频、小组讨论回答问题，帮助学生理解课文，提高合作学习的能力。通过跟读模仿、小组共读、朗读展示，提高学生的朗读准确度和流畅度。通过学生评价学生的活动，引导学生关注朗读评价的标准（见图3-3-6），以评促学。

评价标准	星星数
能基本准确朗读课文。	★★★
能用正确的语音语调、大声流利地朗读课文。	★★★★
能用正确的语音语调、大声流利地表演课文，并加入运作。	★★★★★

图3-3-6 评价标准

2. Let's learn the new words.

(1) Watch the video.

T: Let's watch the video and learn the new words (she, he, student, teacher, pupil).

(2) Read and spell in groups.

T: Please read and spell the words in groups.

(3) Choose the difficult words.

T: Show me which word is difficult for you with your answering machine.

(4) Be a little teacher.

T: So, these words are difficult for most of you. Who can be the little teacher?

【设计意图】通过观看单词微课和语言点微课、小组读词拼词、自主归纳词句用法等活动,培养学生自主学习、合作学习的习惯与能力。通过应答器选难词、小老师教难词等活动,及时收集学生的学习数据,精准施教,突破难点。

3. Let's learn the difficult points.

(1) Watch the video.

(2) Guide students to summarize the usage of "he""she" and the key sentences. ("Where are you from?""I am from…")

【设计意图】通过观看微课,让学生自学难点;再通过教师点拨,引导学生进行知识总结,培养学生的归纳反思能力。

4. Look and say.

T: As we know, Wu Yifan is from China. Pandas are from China, too. How about these animals? Where are they from?

【设计意图】通过引导学生谈论各国的代表性动物(如图3-3-7所示),提高学生的文化意识与素养。

图3-3-7 Look and say

Task 3　Let's play.

1. Game：Smash the golden eggs.（如图 3-3-8 所示）

图 3-3-8　Let's read

2. Let's chant.（如图 3-3-9 所示）

图 3-3-9　Let's chant

【设计意图】通过游戏和歌谣及时巩固本课所学。

Task 4 Let's check.

1. Fill in the blanks.

(1) s_e　　　　A. h　　　B. y　　　C. l

(2) t__cher　　A. ae　　　B. ee　　　C. ea

(3) p_p_l　　　A. i, u　　　B. u, i　　　C. u, e

(4) s_ud_nt　　A. t, u　　　B. d, e　　　C. t, e

2. Choose the right answers.

(1) —Where are you from?　—_____

A. I am a student.　　　B. I am from China.

(2) —Hi, I am Amy. —＿＿＿＿＿＿＿
A. Hi, this is Mike.　　B. Hi, I am Mike.

【设计意图】通过应答器和教学平台，即时收集并反馈学生的学习数据，查漏补缺，精准施教。

Self-Assessment

Today I have learned：

5 new words：＿＿＿＿＿＿＿＿＿；2 new sentences：＿＿＿＿＿＿＿＿＿；
1 question：＿＿＿＿＿＿＿＿＿＿＿＿＿＿．

【设计意图】通过自我评价、反思整节课的表现，让学生监控自己的学习行为，成为学习的主人。

Homework

必做：

(1) 听录音跟读7-8页课文三次，注意模仿语音语调。

(2) 用思维导图归纳学过的国家名称、国旗、代表性动物及地标建筑。

(3) 完成下一课时预习任务单。

选做：查阅资料，了解各国的代表性动物。

【设计意图】巩固所学，并为下节课的学习做铺垫。

人教版三年级下册 Unit 1 Welcome back to school! 第五课时
Part B Let's talk & Let's learn
——"爱种子"模式下小学英语互动探究教学设计

一、教学目标

①能在模拟情境中运用句型，并应用生活实际，介绍他人："This is…""He's/She's a boy/girl.""He's/She's a teacher/student/pupil.""He's/She's from China/Canada/the USA/the UK."；②能看懂、理解课文，流利朗读课文，并进行角色扮演；③培养乐观交友情怀和分享的精神。

二、教学重点、难点

重点：①能熟练运用性别（boy/girl）、职业（teacher/student/pupil）、国籍（China/Canada/the USA/the UK）等四会词汇；②能活用"This is…""He's/She's（a）…""He's/She's from…"句型介绍他人。

难点：灵活运用句型介绍他人。

三、设计思路和教学方法

设计思路：本节课基于"爱种子"的互动教学模式，围绕"认识朋友、介绍朋友"的主线进行互动交流学习，让学生在语言情境中进行词汇和句型的复习和训练，通过自由交谈、玩游戏、角色扮演、制作名片卡等多种学习方式，为学生的语言运用架构提供锻炼和思维拓展的训练，以达到运用语言、促进交流的目标，培养乐于交友、乐于分享的习惯。

教学方法：情景教学法、游戏法、角色扮演、互动交流等。

四、教学过程

Task 1　Let's review.

1. Free talk.

T：Hello, boys and girls, I'm Miss Liang. I'm your new friend. I'm a teacher. I'm from China. How about you?

T：What' your name?　　　Ss：I'm/My name's…

T：Where are you from?　　Ss：I'm from…

T：Nice to meet you.　　　Ss：Nice to meet you, too.

T：Let's be friends.　　　Ss：Great! /OK! …

T：Well, children, we are friends. Today, let's learn and play, OK? Let's go!

【设计意图】通过自由交谈，拉近师生关系，缓和教学气氛，为课程开展做好准备。

2. Play a game.（Use spot light to play a guessing game.）

T：Look, who's the boy/girl?

Ss：This is…(name). He is boy. /She is a girl.

【设计意图】游戏激趣，提高学生学习动力，活跃学习氛围。

3. Let's chant.（如图 3-3-9 所示）

T：Children, we have so many friends today. Let's chant together. Are you ready?

【设计意图】通过有韵律的 chant，帮助学生回顾知识（如性别 he and she、boy and girl，职业 teacher and student），并唤起学生的学习热情，激发学生的学习内驱力。

4. Let's say.（Use the sentence patterns.）

This is…(name). He is a boy. /She is a girl. He's/She's a teacher/student（pupil）.

【设计意图】复习本单元的重点词句，并适当拓展课外知识。

Task 2　Let's act.

1. Watch and answer.（如图 3-3-10 所示）

T：School is over. Wu Yifan is leaving school. What happened? Let's watch and answer.

Q1：Who's the girl?

Ss：She's…

图 3-3-10　Let's watch and answer

Q2：Where is she from?

Ss：She's from…

T：Now, Let's follow the video and repeat. OK?

Ss：Yes!

【设计意图】通过观察视频，理解和回答老师提出的问题，随后通过跟读熟悉课文，回顾知识，同时逐步让学生主动参与学习。

2. Role play.

T：Boys, you are Wu Yifan. Girls, you are Amy. I'm Mr Jones. Let's read in roles, OK?

【设计意图】通过角色朗读，熟悉课文，培养学生感知语言的能力。

3. Let's act.

T：You are so great. Now, who wants to be Amy? And who wants to be Wu Yifan? And Mr Jones?

Ss：Let me try.

【设计意图】通过角色扮演，内化课本知识。

4. Self-assessment.

T：Well done, children! How many stars do you get?

【设计意图】自我评价，激励自主学习。

Task 3　Let's practice.

1. Listen and answer.

Dingdong dingdong.（Bell rings.）

T：Class begins. Wu Yifan's friends are coming. Who are they? Let's listen and answer.

Q1：Who are Wu Yifan's friends?

A. Zhang Peng　　B. Mike　　C. Amy　　D. John

Can you choose the answer?

Listening materials：

Wu Yifan：Zhang Peng. This is Mr Jones. He's a teacher.

Zheng Peng：Hi, Mr Jones. I'm Zhang Peng. I'm a new student. I'm from Shandong.

Mike：Hello, Zhang Peng. Nice to meet you.

Zhang Peng：Nice to meet you, too.

Amy：I'm Amy, from the UK. I'm new, too.

Zheng Peng：Nice to meet you, Amy.

Mike：Good afternoon, Mr Jones. I'm Mike. I'm from Canada.

Mr Jones：Nice to meet you, Mike. How about you, boy?

John：I'm John. I'm from the USA. Nice to meet you, Mr Jones.

Mr Jones：Nice to meet you, John.

Zhang Peng：We are friends. We like to play.

Amy：Great! Let's go!

【设计意图】通过听音辨识，学生能根据材料进行知识转换，感知语言。

2. Let's read and match.

Q2：Read and match.

Read the materials and match. （如图3－3－11所示）

图3－3－11　Read and match

【设计意图】通过朗读听力材料，让学生主动参与学习，运用语言，梳理知识，培养学生自主学习能力和思维能力。

3. Let's talk.

T：Now, can you use the sentence patterns to talk about a friend of you? This is…; He's a boy/She's a girl; He's/She's a student （pupil） /teacher;

He's/She's from... (the USA/the UK/Canada/China/ Australia...) (Guangdong/Hunan...) (Qingyuan/Guangzhou...)

【设计意图】通过句型，让学生巩固训练介绍他人的句式，从中领会语言知识。

4. Pair work.

T: OK! Now, let's use the sentence patterns to introduce your friend.

【设计意图】通过同桌互相分享，检查所学。

5. Group work.

T: Wonderful! So, can you introduce a teacher? Let's do it in groups. OK? Look, this is Miss Liang. She's from China. She's a teacher. Now, let's try!

【设计意图】通过小组合作互动，分享所学，提高表达能力。

6. Do a peer-assessment.

How many stars does your group mate get?

【设计意图】通过互动评价机制，增加趣味性，提高学生主动参与学习的积极性。

Task 4 Let's make.

1. Summary: How to introduce others?

This is... （姓名）; He's/ She's... （性别、职业、国籍等）

2. Let's make.

Make a name card for your friend.

T: Take out our work sheets, let's make a name card for your friend. （如图 3 - 3 - 12 所示）

图 3 - 3 - 12 Name card

3. Share your friend cards with your classmates.

Teacher invites some students to show their name cards and introduce their friends.

【设计意图】总结所学，内化知识；通过练习检测知识；通过个人分享，锻炼学生的语言运用能力，在分享中帮助学生提升自信；通过自评表检测学生知识的掌握情况，使老师能及时进行查漏补缺。

4. Self-Assessment.

Summarize what we have learned in this class. Today I have learned：
5 new words：_____；2 new sentences：_____；1 question：_____．

【设计意图】通过自我评价、反思整节课的表现，让学生综合评价自己的学习行为和学习效果，成为学习的主人。

5. Homework.

①Finish the self-assessment after class；②Listen and repeat pages 7 – 8 for three times；③Try to write and talk about your friends with the sentence patterns：This is… He/ She's…

【设计意图】巩固所学，为下节课的学习做铺垫。

人教版三年级下册 Unit 1 Welcome back to school! 第六课时
Part B Start to read & Let's check
——"爱种子"模式下小学英语主题拓展教学设计

一、教学目标

①能用"My name is…""I'm a…"来描述自己；②能用"This is…""He's/ She's from…""He's/ She's a…"来描述老师或朋友，并在情境中进行运用；③能运用所学词汇、句子简单描述熟悉的老师或朋友；④培养学生珍惜友谊、热爱集体的好品质。

二、教学重点、难点

重点：①能准确朗读课文句子，并完成相应的练习；②能使用句型对老师或朋友进行简单描述。

难点：区分"He's…"和"She's…"的用法。

三、教学过程

Task 1 Let's build.

1. Assessment.

T：Good morning, everyone. I am happy to have an English class with you. There are some pieces of the photo. Can you help me to collect them and complete this photo?

【设计意图】以收集相片碎片的方式进行课堂评价，既为创设大情境做好铺垫，也为进一步激趣打好基础。

2. Sing a song.

T：Are you ready? Let's sing a song together.

【设计意图】通过歌曲帮助学生回忆旧知。

3. Make an introduction.

T：My name is Miss Liu. I'm a woman. You are a girl. Firstly, please talk with your partner. And then introduce yourself.

【设计意图】以同桌互助的方式，根据句型提示练习如何介绍朋友。

4. Listen and say.

T：There are some friends in our book. Listen carefully, and then introduce them.

(1) This is _____.　　He's/She's from _____.

(2) This is _____.　　_____ from _____.

(3) This is _____.　　_____.

【设计意图】通过听音练习，进一步操练介绍朋友的方式。

5. Self-assessment.

T：You did a great job. There is a piece of the photo for you.

【设计意图】通过应答器收集学生自评数据，及时调整教学。

Task 2　Let's read.

1. Read and tick.

T：Do you want to make more friends? There are some other new friends. Please read it by yourselves and tick the answer.

【设计意图】培养学生自主学习的能力，通过自主阅读找出正确答案。

2. Check the answer.

【设计意图】鼓励学生说出答案。

3. Read and find.

T：Let's read these sentences. Can you find some rules here?

【设计意图】培养学生总结规律的能力。

4. Let's chant together.

【设计意图】学生通过说唱的方式巩固语法规律。

5. There are some friends in our school. Can you introduce them?

This is _____.　　He's/She's a _____.

【设计意图】联系实际生活，让学生使用句型描述朋友。

6. Moral education.

T：Do you like your friends? Of course. Friends are the treasures in our life.

【设计意图】情感教育，让学生体会朋友的重要性。

7. Self-assessment.

T：Well done. There is another piece of the photo.

【设计意图】通过应答器收集学生自评数据，及时调整教学。

Task 3　Let's discuss.

1. Let's check.

T：Open your book, please. Listen and number. Now, please look and match.

【设计意图】通过书本的听力和连线练习，进一步巩固句型的综合运用。

2. Group work.

T：Please show me the picture of your friend. It's the time to talk about your teacher and your friends. (Teacher shows an example.)

This is Lily. She's my friend. She's a girl. She's a student.

【设计意图】通过小组活动，达到"兵教兵"的目的。

3. Let students talk about their friends.

【设计意图】学生从易到难，逐步实现完整输出。

4. Self-assessment.

T：Excellent. There is another piece of the photo for you.

【设计意图】通过应答器收集学生自评数据，及时调整教学。

Task 4　Let's retell.

1. Retell the passage.

T：Look at this mind map. Try to introduce Mike's friends.

【设计意图】培养学生的观察能力，鼓励学生根据思维导图进行文本复述。

2. Pair work.

T：Practice with your partner.

【设计意图】通过同伴互助合作，完成口语输出。

3. Retell the passage together.

【设计意图】通过复述短篇，训练学生记忆力和口语表达能力。

4. Self-assessment.

T：Super. There is another piece of the photo.

【设计意图】通过应答器的信息收集，了解学生学习的情况，教师及时调整教学。

Task 5　Let's create.

1. Make a report：Talk about your teacher or your friends.

【设计意图】以介绍班级合照里的朋友为话题，能更好地调动学生说的积极性。

2. Teacher makes an example.

T：You can choose A or B to make a report.

My name is Miss Liu. I'm from China. This is Lily. She's a student. You can also choose B. My name is Miss Liu. I'm from China. This is Lily. She's a girl. She's a student. This is Ben. He's a boy. He's a student too.

【设计意图】学生有了足够的语言输入，输出便会顺理成章。

3. Self-assessment.

T：Wonderful! There is the last piece of the photo. Do you know what it is? It's our class' photo. We took this picture on the playground.

T：Here is the homework.

必做：①听录音跟读课本第9页三次，注意模仿语音语调，并上传录音到钉钉群；②跟小伙伴们描述身边的老师或朋友；③完成下一课时的预习任务单。

选做：查阅资料，尝试描述更多的人物。

【设计意图】应答器收集学生自评数据，教师及时调整教学。

人教版三年级下册 Unit 1 Welcome back to school! 第七课时 Part C Story time
——"爱种子"模式下小学英语主题拓展教学设计

一、教学目标

① 学生掌握和运用句型"I'm a teacher""I'm a student"；②学生能理解故事大意，准确朗读故事并进行表演；③学生能形成积极思考的好习惯。

二、教学重点、难点

重点：通过故事复习本单元的重点单词和句型。

难点：培养学生自主阅读和积极思考的能力。

三、设计思路和教学方法

设计思路：通过对文本的研究，教师把本节课 story 当成了一个小绘本，采用了图片环游法，通过选择题、问答题、排序题、填空题等各种方式来布置任务，激发学生的求知欲，帮助其了解故事大意。教师使用同学们熟悉的"超级玛丽"闯关游戏作为评价机制衔接各个教学环节，这个评价机制应该是比较创新的，也是同学们喜闻乐见的。

教学方法：游戏教学法、故事教学法、任务型教学法。

四、教学过程

Task 1 Let's build.

1. Free talk：Introduce myself and get to know each other.

2. Play a game：Super jumper.

【设计意图】教师用自我介绍拉近与学生的距离，并用"I like playing games.""Do you like playing games?"过渡到"超级跳跃者"的游戏和评价机制。

Task 2 Let's read.

Sharp eyes：Read the words or sentences as fast as possible.

【设计意图】热身，复习以前学过的又在本节课出现的重点单词和句子。

Task 3 Let's discuss.

1. Play the video and ask：What game are they playing?

【设计意图】先给学生观看整个故事视频，让学生有个整体印象。选择题的任务较为简单，让学生首先获得学习的成功感。

2. Play the recording of Picture 1.

3. Show picture 2 and ask：What do they want to be? Teacher or student?

【设计意图】问答题的任务是先出现问题再让学生观看视频，有利于学生集中注意力，形成积极思考的好习惯。

4. Explain the new word：clever.

5. Play the chant of picture 2.

【设计意图】Chant 活跃课堂气氛。

6. Show the pictures 3 – 5 and give students two assignments：①Who will be the teacher? ②Put the pictures in order.

【设计意图】排序题的设置有利于学生了解故事的发展，理解故事大意。

7. Play the video of pictures 3 – 5 and explain some sentences.

8. Ask a question：Why did Zip become a teacher?

【设计意图】以填空题的形式进行回答，既降低了回答的难度，也有利于学生运用巩固本课的新单词"clever"。

9. Show the moral education：Wisdom is the source of happiness!

【设计意图】首次提出本节课的思想教育——智慧是快乐的源泉。

10. Play the recording of pictures 3 – 5.

11. Play the video of pictures 1 – 5.

【设计意图】再次总体感知文本。

Task 4 Let's retell.

Show the pictures of the dialogue and give some tips of the text, lead students to retell the story.

【设计意图】出示图片和提示,降低复述难度。

Task 5 Let's do a project.

1. Give students three scenes and let students choose one of them to act it out.

【设计意图】让学生选择场景进行表演,既降低了表演难度,又体现了学生的自主性,使学生乐于参与。

2. Share the videos of role play.

【设计意图】欣赏一位学生用三种不同方式表演故事的优秀视频,激发学生的表演欲望。

3. Ask an extensional problem: If you were Zip, would you have any other ideas to be a teacher?

【设计意图】对文本进行简单改编,激发学生的想象力,拓展思维。

4. Moral education: Wisdom will not come to us, only if we think again, again, and again.

【设计意图】再次引出思想教育——智慧来源于思考。

Step 5 Summary.

1. Self-Assessment.

Today I have learned: _____; 3 new words: _____ _____; 2 new sentences: _____; 1 question: _____ _____.

【设计意图】自我评价、反思整节课的表现。

2. Homework.

①Finish the self-assessment after class; ②Act out the story and share it with your family.

【设计意图】帮助学生巩固本节课所学的知识,促其形成自我反思的习惯。

第四章
基于小学英语"爱种子"教学范式与案例

第一节　自主学习教学范式与案例

一、自主学习会话教学范式

人教版小学英语教材在每个单元都设置了两个"Let's talk"板块，旨向学生自主表达能力的培养，提高学生的语用能力。"爱种子"教学模式带来的新教学理念、学习策略对发展学生的英语核心素养、培养全面发展的人才等方面都具有十分重要的意义。要让学生实现自主表达，教师需在用心解读教材的基础上，充分渗透"爱种子"理念，明确会话课的定义、目标、教学步骤，运用多种方式输入、多策略渗透、多渠道拓展等途径，扎实开展四个任务的学习，发展学生的语言综合运用能力。

（一）会话教学的定义

会话教学的内容包括人教版英语（三年级起点）每单元 A、B 部分"Let's talk"的会话教学部分，旨在将单元的核心句型和词汇融入有意义的会话语篇中，让学生整体体验词汇和句型的语用情境，提升语用能力。会话教学注重培养学生运用单元核心句型进行口头表达的能力，教学的重点是"说"。教师应善于创设语境、情境，将学生带到有意义的语言学习活动中，通过让学生参与跟读、模仿及表演会话等活动，将语言知识转化为语言能力，从而有效提升学生的英语学科核心素养。

"爱种子"实验背景下的小学英语自主学习会话教学，是"爱种子""三环四得"中自主学习的一个课型，注重学生"学得"，旨在培养学生"会学""自主学习"的能力。人教版英语（三年级起点）"Let's talk"板块注重对学生听、说能力的培养，关注学生的生活实际，鼓励学生进行真实、自然的表达。"Let's talk"板块是基于单元话题开展的会话教学，教师可以利用这一板块对学生进行听、说能力的训练，如听音标号、配对、听音回答问题、听音填表、看图复述等教学活动。

（二）会话教学的目标

《普通高中英语课程标准（2017年版）》倡导提升学生的英语学科核心素养，英语学科核心素养主要包括语言能力、文化意识、思维品质和学习能力。对一节课教学目标的设定，要以英语学科核心素养为导向，不同的课型，教学目标的侧重点也不一样。会话教学注重学生听、说能力的培养，教学目标侧重于语言能力、学习能力的培养。语言的交流是在特定的语境中进行的,语言的表意通常依赖语境去完成,语言习得也只有在真实的语境中才能发生。因此,教师应创设话题语境,激活学生的生活及学习经验,教师设定的自主学习会话教学的目标应紧紧围绕英语学科核心素养,发展学生的英语综合能力。

(三)会话教学的范式

结合"爱种子""三环四得"教学模式,人教版英语(三年级起点)"Let's talk"板块,应充分体现学生的自主学习,注重学生学习策略的培养。我们以任务驱动的方式,每单元安排两节自主学习会话教学的课时,以听促说,循序渐进,构建小学英语自主学习会话教学范式。此范式的基本流程为以学定教—创设情境—学以致用—学练结合,包含四个任务,任务设计由易到难,充分关注学习者的不同特点和个性差异。

1. 以学定教,以教导学——Task 1　Let's talk

此环节属于热身活动环节。本环节旨在激发学生的学习兴趣,唤醒预学,激活旧知,活跃课堂氛围。此环节是为接下来的会话教学奠定基础的,教师应注重各教学环节之间的内在联系,设计的教学活动应体现循序性、渐进性、实践性。"Let's talk"部分活动的效果将直接影响下一环节学生的学习,活动的设计应充分考虑学情,以学定教,以教导学。

活动要集知识性、趣味性为一体,活动形式多样化,可以是歌谣、游戏、思维导图、头脑风暴、猜谜语、抢答、听说训练。活动应紧扣教学目标,做到充分激活学生的思维。互动形式建议为师生、生生、全体等。

2. 创设情境,习得语言——Task 2　Let's learn

此环节是自主学习课型的核心环节。英语学习是需要意义来驱动的,意义来源于语境、情境。教师应在本环节创设情境,以情境为主线,遵循学生的心理、年龄、认知特点,让学生在情境中自然习得语言,通过情境创设,促进学生理解语言、增强语感、带动语用。本环节可通过设定丰富有趣的活动任务来调动学生的参与积极性。活动任务的设置应做到层层递进、由易到难,可以按照如下步骤来设计任务。

(1)猜。以问题为导向,抛出问题,让学生看图猜测要学的内容,自然过渡到要学的会话文本。

(2)听。呈现问题,听音1次,让学生整体感知文本内容,回答一个简单的问题;听音第2次,看视频,在会话文本中画出关键词、句,回答问题。

(3)说。学生组内讨论、检查,并核对答案是否正确。组内互帮互助,培养学生的小组合作能力。

(4)读。跟读录音,模仿语音、语调,注意语言的准确性、流利性。

(5)学。播放微课小动画,学习会话部分的重点、难点。

(6) 助。组内同伴互助，采取组长组织的方式，合作学习难读的单词及句子，加深对会话文本的理解。

在此活动环节中，学生可通过听音圈出关键词、画出关键句、进行小组合作学习、看图预测、观看视频、听音回答问题、模仿语气朗读、连线、复述、完成表格或者思维导图。通过小组表演、角色表演等活动，让学生理解会话内容，培养学生良好的学习策略，提升学生的自主学习及小组合作学习的能力。

3. 学以致用，因材施评——Task 3　Let's play

此环节属于学后运用环节。教师可充分利用信息技术、"爱种子"平台，促使学生走向"合作学习""深度学习"，根据学生自主学习新知的情况以及互联网反馈的学情数据，给予学生有针对性的评价，做到面向全体、关注个体、精准教学、因材施评，发现学生存在的问题，并及时解决。此环节的活动设计应指向教学目标，学生通过玩中练的方式巩固、运用语言，进一步提升学生的语言表达能力。

活动形式建议为思维导图、歌曲吟唱、创编、游戏、小组朗读、配音、角色扮演等。

4. 学练结合，巩固拓展——Task 4　Let's check

此环节是学后练习环节。教师基于会话的文本内容，设计有针对性的练习题，巩固拓展所学的知识点，突破重点、难点，让学生学练结合，检测、诊断学生的学习情况。教师可根据平台反馈的数据，及时掌握学情，有助于教师进行反思式教学，有助于培养学生的自我评价与反思能力。在此环节中，教师应渗透解题策略，教会学生如何答题、如何提取题目的关键词、如何检查等，注重对学生自主学习能力的培养。教师可通过学生互评、集体评价或者教师评价的方式，对学生的练习完成情况进行评价。活动形式建议为听力练习、听音判断、口头回答问题、纸质练习等。

（四）注意事项

在会话教学中要注意激发学生学习兴趣，活动形式要多样化，注重情境创设的真实性，注重小组合作的实效性，注重学生自主学习能力的培养，注重评价的多元化，注重数据的及时收集与反馈。活动的设计应紧扣教学目标，教学目标应符合学生的学情，目标不宜过多、过大，关注学生学习过程的趣味性、梯度性、渐进性，充分体现教师的主导作用、学生的主体地位，让学生做课堂的主人。

综上所述，"爱种子"教学模式理念符合新课改和素质教育的要求，让学生成为课堂的主人，能够激活课堂学习氛围，提高学生学习效率，培养学生的英语学科核心素养。在小学英语教学中，践行"自主学习会话课"教学模式，教师须巧妙运用任务型教学法、情景教学法等，遵循学生的身心发展特点，结合学生的"最近发展区"及认知结构，让学生在教学中不断探究，高效开展课堂教学。只有这样，"自主学习会话教学"才能更有效地促进深度学习，最终提升教学质量。

【附件 4-1】
人教版四年级下册 Unit 6 Shopping Part A Let's talk 教学设计
——"爱种子"模式下的小学英语自主学习会话教学

一、教学分析
（一）教材分析

本节课选自《义务教育教科书 英语（三年级起点）》四年级下册Unit 6 Shopping Part A Let's talk 部分。本单元学习的主题是购物，主要学习询问衣物价格并作简略评价，同时简单描述衣物的大小、颜色和款式。A 部分核心词汇为 gloves，scarf，sunglasses，umbrella，核心句型为 "Can I help you？" "Yes. These shoes are nice." "Can I try them on?" "Size 6, please." "They're too small."，即简单描述某物品、请求试穿某件衣物并告知尺码，为 B 部分学习询问价格并作评价做铺垫。学生们在第五单元刚学完服装的名称，也已经学过颜色和大小等形容词，教师在导入新课时要以旧带新，充分激活学生的语言储备。

（二）学情分析

本课教学的对象为广东省清远市清城区小学四年级的学生，这个年龄段的学生活泼好动，有效注意力时间不长，但思维发散，联想能力强，胜负欲强，热衷于小组竞赛，有一定的英语表达能力。本节课是四年级下册第六单元的第一课时，学生在四年级下册第五单元中已学过 hat，dress，skirt，shirt，coat，sweater，pants，socks 等服装名称，为本课请求试穿衣物奠定了基础。

二、教学目标

①能听、说、认读 try on，size，of course，too，just；②能用下列句型进行会话："Can I help you?" "Yes. Can I try it/them on?" "Of course." "It's/They're too.../just right."；③能理解课文，并流利朗读课文；④形成注重仪表、热爱生活的情感态度；⑤提高自主学习和合作学习能力。

三、教学重点、难点

重点：理解课文并流利朗读课文。

难点：对物品进行简要描述并请求试用。

四、设计思路与教学方法

本节课是基于"爱种子""三环四得"教学模式的自主学习环节，注重"以生为本"，让学生"学得"，掌握基本的知识与技能，注重培养学生的学习能力，让学生在教师指导下开展多种形式的自主学习。根据自主学习环节中的四大步骤——Let's talk、Let's learn、Let's play、Let's check 展开教学，综合运用情境教学法、任务型教学法、自然拼读教学法等，通过集体学习、个性化学习和小组合作学习等活动，让学生在自主获取和掌握基本知识的同时，强化学习策略，提高自主学、反思学和合作学的能力。

五、教学过程

1. 师生问候。

T：Good morning, children. I'm Miss Huang. Today we are going to have a fashion show just like this.（走秀示范）Look at my hat. It is orange. It's nice. Look at my dress. It's…（引导学生描述）Look at my shoes. They're…（引导学生描述）

【设计意图】通过引导学生描述老师身上的物品，吸引学生注意并激活与描述衣物相关的语言储备。

2. 创设情境，明确任务及评价机制：分成两个小组，到商店采购时装秀需要的衣物，每完成一个任务可以进入一间商店，看谁最先完成采购到达秀场。

T：What are you going to wear at the fashion show? Let's go shopping and get ready for the show, OK?

【设计意图】通过时装秀采购任务和小组竞赛机制激发学生的兴趣。

3. 播放导语。

【设计意图】通过导语，让学生明确本课学习目标。

Task 1 Let's talk

1. 检查学生预习情况，投影两位学生的思维导图，并让全班同学读出思维导图中的单词（服装的名称及描述服装的形容词）。

【设计意图】通过检查预习单（思维导图），引导学生养成课前自主预习和使用思维导图梳理知识的习惯。

2. 小组讨论：What do you want to wear at the show? How is it（are they）?

【设计意图】通过会话复习服装的名称及描述服装的形容词。

3. 呈现第一间商店场景（shoes shop）。

T：Well done! Here we are at the first shop!

Shop assistant：Can I help you?

S：These shoes are nice. Can I try them on?

Shop assistant：Of course. Here you are.

S：Thank you.

【设计意图】通过让学生选购商品，了解学生对本单元核心句型的课前自主预习情况。

Task 2 Let's learn

1. 呈现"Let's talk"课文图片,播放"Let's talk"课文录音,引导学生画出自己不懂的词句。

T: Look! John and his mother are at the shoe shop, too. What are they talking about? Please listen and underline the new words and sentences.

【设计意图】通过文本的整体呈现,让学生在课文所提供的语境中整体感知语言。通过让学生画出不懂的词句,培养学生的自主学习能力。

2. 让学生看视频,独立圈出关键词,再经过小组讨论后回答问题。

T: Here are 3 questions for you. Please watch the video, circle the key words and discuss in groups.

(1) What does John want to try on?　　　　Shoes.
(2) Is size 6 OK for John?　　　　　　　　No. They're too small.
(3) What size is just right?　　　　　　　　Size 7.

【设计意图】通过小组讨论、回答问题,检测学生对文本的理解情况,培养合作学习的能力。

3. 播放语言知识点微课,引导学生自学知识点。

4. 引导学生归纳重点句型的用法。

询问别人是否需要帮忙时,我们可以说:＿＿＿＿＿＿＿

请求试用某物时,我们可以说:＿＿＿＿＿＿＿

当物品刚好合适时,我们可以说:＿＿＿＿＿＿＿

当物品不合适时,我们可以说:＿＿＿＿＿＿＿

【设计意图】通过自学微课和自主归纳重点句型的用法,培养学生的自主学习能力;通过学生的归纳反馈,了解其对语言点的掌握情况。

5. 用实物操练句型:"Can I try it/them on?""It's/They're too…/just right."

【设计意图】通过意义训练巩固,运用所学,突破难点。

6. 让学生跟读模仿课文录音。

7. 让学生自读课文,按键选出难读的句子。

8. 教师根据学生反馈,邀请小老师进行指导教学。

【设计意图】通过应答器收集学生学习难点,再通过"兵教兵"的方式,培养学生合作学习的能力,照顾不同层次的学生。

9. 让学生以小组为单位,分角色练读课文并上台展示;给出具体的评价标准,由学生按键评价展示小组的表现。

T: Please read in groups, help each other and have a role play.

10. 学生按键自评本环节的表现。

【设计意图】通过小组齐读和表演课文会话,提高学生对课文朗读的流利度并加深学生对课文的理解。让学生在自主评价、生生评价中及时反思和监控自己的学习行为，成为学习的主人。

11. 呈现第二间商店场景（pant shop），操练会话。

T：Good job! Here we are at the second shop!

Girls：Can I help you?

Boys：These pants are nice. Can I try them on?

Girls：Of course. Here you are.

Boys：Thank you. Oh, they're too short.

【设计意图】串联任务情景，巩固操练核心句型。

Task 3 Let's play

1. 让学生分小组进行角色扮演，组长扮演售货员（A），组员扮演顾客（B/C/D/E）。

A：Welcome to our shop. Can I help you?

B/C/D/E：Yes. This/These _____ is/are _____. Can I try it/them on?

A：Of course/Sure. Here you are.

B/C/D/E：Thank you. It's/They're too _____/just right.

2. 让学生按键评价展示小组的表现。

3. 让学生按键自评本环节的表现。

4. 呈现第三间商店场景（hat shop）。

T：Good job! Here we are at the third shop!

Boys：Can I help you?

Girls：This hat is nice. Can I try it on?

Boys：Of course. Here you are.

Girls：Thank you. It's just right.

【设计意图】创设情境让学生在语境中运用所学，引导学生开展合作学习和生生评价，让学生成为学习和评价的主体。

Task 4 Let's check

1. 让学生按键完成练习并根据学生完成情况精讲习题。

T：Look! There is an award-winning quiz in the shop. Let's try!

Ⅰ. Look and match.

看图选词：try on, size, of course, too, just

Ⅱ. Complete the dialogue.

Shop assistant：_____1_____

John：Yes. These shoes are nice. _____2_____ Size 6, please.

Shop assistant：Of course. Here you are.

Mother: John, are they OK?

John: ____3____

Mother: Hmm. OK. Let's try size 7.

John: ____4____

Mother: Good!

A. No. They're too small. B. They're just right!
C. Can I try them on? D. Can I try it on?
E. Can I help you?

【设计意图】即时检测并收集数据，了解学生自主学习成效，查漏补缺。

Self-Assessment.

1. 教师引导学生总结出今天所学习的内容。

Today I have learned:

5 new words: _____

4 new sentences: _____

1 question: _____

【设计意图】通过自我评价，让学生自主归纳本课所学，培养学生反思学习的能力。

2. 宣布竞赛结果，并邀请学生上台用采购的服装完成时装秀。

3. 情感教育。

Dressing well is a good manner.

【设计意图】通过小组竞赛评价机制和情感教育，培养学生积极参与小组合作学习的习惯和注重仪表、热爱生活的情感态度。

Homework.

1. 必做：①听录音跟读 58 页课文内容 3 次，注意模仿语音语调；②跟同学们练习购物会话；③完成下一课时预习任务单。

2. 选做：查阅资料，了解服装尺码的不同标准及表达。

【设计意图】及时巩固所学，并为下节课的学习做铺垫。

【附件 4-2】

任务驱动自主探究，数据指导精准施教
——以人教版四年级下册 Unit 6 Shopping Part A Let's talk 自主学习会话教学为例

一、"爱种子"模式下的自主学习环节

"爱种子""三环四得"教学模式以"学生为主体，教师为主导"，主要通过自主学习、互动探究和主题拓展三个教学环节，实现学得、习

得、教得和评得四大目标，鼓励学生自主、协同学习。

"爱种子"模式下的自主学习环节目标是引领学生开展自主和协同学习，领会和掌握知识与技能及学习方法，培养学生自主学习、反思学习和合作学习能力。教师要指导学生广泛开展集体学习、个性化学习和小组合作等多种形式的自主学习，并运用信息技术及时采集学生学习过程中反馈的信息数据，以此了解学生们的学习成效与存在的问题，进而及时调整教学，对学生开展针对性指导。在这个过程中，教师不再是传统教学的知识讲授者，而是学生自主学习的引路人和帮助者。学生角色也从传统的聆听者、参与者，转换为知识的探索者和自主学习者。

自主学习环节的教学基本流程包括五大步骤：Let's talk，Let's learn，Let's play，Let's check 和 Self-assessment。这五个步骤的作用是唤醒预学、自主学习、技能操练、检测诊断和自主评价。

二、典型案例

本课选自《义务教育教科书英语（三年级起点）》四年级下册 Unit 6 Shopping Part A Let's talk 部分。本单元学习的主题是购物，主要学习询问衣物价格并作简略评价，同时简单描述衣物的大小、颜色和款式。学生们在第五单元刚学完服装的名称，颜色和大小等形容词也已经学过，教师在导入新课时要以旧带新，充分激活学生的语言储备。本课为 A 部分第一课时"Let's talk"自主学习，重点学习句型"Can I help you？""Yes. These shoes are nice.""Can I try them on？""Size 6，please.""They're too small."，并实现对课文会话的理解与运用。

（一）平台课例分析

"爱种子"备课平台提供的推荐课例按照自主学习范式展开，以获取服饰图片装饰商店为任务驱动学习。在"Let's talk"环节，教师通过让学生完成思维导图并与同伴谈论"What's in the shop？""How are they？"来激活相关知识储备与生活经验。在"Let's learn"环节，学生通过听音画生词、个人读、同伴互读、回答问题、小组读来自学课文；通过观看单词微课、小组拼词练习选出难词、抽查易错难读单词，在自主学、合作学中发现规律，学会拼词；通过观看微课，自学重难点知识。在"Let's play"环节，让学生两两一组，就图片内容进行购物问答，以此操练所学句型。在"Let's check"中检测单词拼写、句型理解及重难点。在"Self-assessment"环节中让学生自我评价、反思整节课的表现。

原课例活动设计围绕教学目标和重难点循序渐进，教师给予学生充足的时间开展自主学习、合作学习和反思学习，做到了以学生为主体，提升学生自主学习能力的目的，但在实际教学中发现了以下问题。

（1）教学目标设置与本地区学生学情不适应。按照课例要求，学生需要在第一课时就能听、说、读、写本单元 A 部分的所有"三会"和"四会"词，掌握核心句型并流利朗读课文。本地区大多数学生无法达成这个目标，这挫伤了学生的积极性。

（2）赢取服装图片装饰商店的任务对学生而言不够真实和吸引，且主线不够清晰，环节之间的联系不够密切。

（3）一开始就以纯文字的 mind map 让学生凭空想象商店里有什么以及里面的物品是怎样的，会稍显突兀，无法激起学生真正的交际意愿。

（4）在学生观看完重难点知识微课后，原设计只是让学生按键反馈是否能看懂微课，但学生是不是真懂，具体掌握到何种程度，教师无从知晓。

（5）在"Let's play"操练巩固环节中，原设计只是看图说话的意义操练，未能激起学生的交际意愿。

（6）练习部分题量偏多。

（7）缺乏文化意识引导。

（二）优化设计

根据上述问题，实验教师对原课例进行了优化设计。

（1）针对授课地区的学生水平，把本课教学内容从第六单元整个 A 部分调整为第六单元 A 部分的"Let's talk"，重点处理课文会话及相关核心句型的理解与初步运用。

（2）针对原设计导入和任务评价不够直观吸引的问题，实验教师穿着夸张的服饰，以走秀形式出场，吸引学生的注意力，并引导学生描述教师的着装。接着，明确任务情景及评价机制：分组到商店采购时装秀需要的服饰，每完成一个任务可以进入下一间商店，看哪个小组最先完成采购，到达秀场走秀。

（3）把原设计中纯文字的 mind map 改为图文并茂的 mind map，并前置到预习任务单中，给学生以充足的时间激活整理相关旧知识。课堂上以即时投屏的方式呈现优秀作品，并让全班同学读出思维导图中的单词（服装的名称及描述服装的形容词），再让学生在小组中讨论自己打算在服装秀上穿戴什么服饰（"What do you want to wear at the show?""How is it/are they?"）。

（4）在"Let's learn"环节中，实验教师删除了 A 部分词汇教学的内容，把更多的时间用在对 A 部分课文会话和核心句型的处理上，增加了会话语调图示、学生自读后选出难句、邀请小老师教难句、自主归纳句型用法、运用实物对核心句型进行意义操练、小组表演会话及由学生对表演做出评价等活动。

（5）在语言知识点学习部分，学生自学完微课后，教师通过提问

（例如，询问别人是否需要帮忙时，我们可以说……请求试用某物时，我们可以说……当物品刚好合适时，我们可以说……当物品不合适时，我们可以说……）引导学生归纳重点句型的用法，同时检测对微课知识点的掌握情况。紧接着，教师用实物进行意义操练"Can I try it/them on?"。随后，教师让学生在跟读模仿后，以小组为单位分角色练读课文并上台展示，同时给出具体的评价标准，由学生按键评价展示小组的表现。如此一来，学生在练习时便有了更明确的努力方向，同时成了学习和评价的主体。

（6）在"Let's play"操练运用环节中，针对原设计只有意义操练、缺乏交际训练的问题，实验教师把意义操练分散前置到了每个 Task 结束后进入商店的会话练习中，既是任务评价的一部分，又是对新授词句的意义操练。有了之前的意义操练做铺垫后，在"Let's play"环节中就可以顺利进入交际训练了。教师为学生提供了 word bank 和单复数会话模板作为语言支架，让学生以小组为单位进行购物会话，小组长为售货员，组员为顾客，选购自己喜欢的物品，为最后的时装秀做准备。课堂最后的时装秀让学生们有了真实的选购需求和交际意愿，让语言交际运用得以发生。

（7）针对原设计中习题量偏多的情况，实验教师重新设计了习题，重点考查学生对课文会话的理解，检验本课教学重点的掌握情况，根据数据反馈，及时查漏补缺。同时为了保持任务情景的连贯性，实验教师把习题环节设计成了商场里的有奖问答，让单调的习题变得趣味横生。

（8）结合本课主题和任务情景，实验教师在本课增加了"穿着得体也是一种礼仪"的情感教育和"形成注重仪表、热爱生活的情感态度"的文化意识引导。

三、总结

本书优化后自主学习课例的设计要点在于巧设情景、任务驱动、充分赋能、以评促学及数据指导教学。

（一）巧设情景

好的情景能唤醒学生已有的生活体验，激活学生与话题相关的认知图式，并在此基础上更好地实现对新知识的构建。在尽可能真实的情景中学习和操练语言，能帮助学生在现实生活中更自如地迁移和运用语言。情景的创设要以课文原有情景为主，必要时可联系学生的生活经验以适当延伸，如本课例始终围绕课本中的商店购物情景展开教学活动设计，并在习题环节把情景延伸至商场有奖问答和最后的服装秀。

（二）任务驱动

一个有意义的、能引起学生兴趣的任务能很好地调动学生的学习积极性。任务的设置要贴合教学内容主题，形成主线，贯穿各个教学环节，如本课例中实验老师设置了为服装秀采购服饰的任务，并以此为主线，串联起各个教学环节。例如，学生每完成一个学习环节就进入一家商店采购服饰，最终穿戴采购到的服饰完成走秀。

（三）充分赋能

自主学习课型必须给予学生充分的时间和机会去主动学习、探究、反思自己的学习，让学生走在教师的前面，而不是被教师牵着走；教师更多的是作为课堂的观察者和教学活动的组织者，负责收集分析学情数据，提供必要的帮助指导。以本课为例，教师通过预习任务单让学生在课前开展自主预习；通过自学微课、自主归纳句型用法、小老师教难句、小组讨论找答案、小组共学读课文、小组互动演情境等活动，让学生在课中开展自主学习和合作学习；通过自主查阅资料，完成下一课时任务单等作业，让学生在课后继续开展自主学习与预习。

（四）以评促学

教学评价对学生的学习行为有着很强的导向作用。评价的设计必须充分考虑教学目标的达成及学生的个体差异，设置多元的评价标准、方式及主体，让不同的学生都能在学习中找到努力的方向，体验成就感。当学生从评价对象变成评价者时，他们就能从一个更客观、更全面的视角去审视自己和他人的学习行为，从而更好地调控自己的学习策略。本课综合运用了师评、生生互评和学生自评，并在每次评价前给出具体的评价标准。

（五）数据指导教学

"爱种子"平台的一大优势是学习数据的即时采集与分析，帮助教师及时了解学情，开展针对性教学，提高课堂效率。本课例通过让学生用应答器自评、互评、选出难句和答题，使教师能及时收集学生的学习数据，以便查漏补缺。

综上所述，自主学习课型的重点不在于教师如何教，而在于学生如何学。因此，教师必须转换观念，转换角色，相信学生，充分赋能，引导学生进行多种形式的自主学习，并以数据为指导，开展针对性指导教学，从而让学生真正成为学习的主体、课堂的主角。

二、自主学习词汇教学范式

（一）词汇教学的定义

英语词汇是英语的基本要素。在小学英语学习过程中，英语词汇教学是教与学的一大难题，学生们想学好英语，就必须过好词汇这一关。"爱种子"实验背景下的小学英语词汇教学，是"爱种子""三环四得"中自主学习的一个课型，是基于人教版教材中的"Let's learn"板块而进行单词音、形、义、用的教学。在人教版教材的"Let's learn"中出现的单词，都是围绕各单元话题集中归类出现的，一般是由若干词汇或词组、一个到两个的主句型和相关任务活动组成。教师指导学生扎实掌握这些词汇，为单元会话教学奠定基础。根据年龄特点及课程标准等级，学生需达到听、说、读、写不同层次的要求并初步感知、理解主句型。

（二）词汇教学的目标

小学英语课程标准规定的小学英语词汇的学习目标是：知道单词是由字母组成的，知道要根据单词的音、义、形来学习词汇；学习有关本级话题范围的 600～700 个单词和 50 个左右的习惯用语，并能初步运用 400 个左右的单词表达二级规定的相应话题。教师在词汇教学的目标为学习词汇、识别词汇、运用词汇。在词汇教学过程中达成的教学目标是音（教材中的基本读音）、形（教材中的基本词形）、义（教材中的基本语义、常见语义）、用（教材中的基本用法）。因此，在词汇教学中，教师应在语境中完整呈现词形、读音、语义、语法行为、语用功能等。

（三）词汇教学范式

"爱种子"自主学习词汇教学是教师在词汇教学过程中，根据教学资源创设要求，课前借鉴"翻转课堂"，运用"预习任务单"，对即将要学的词汇进行音、形、义教学和语用的初步感知。课中贯彻课堂学习评价，通过播放导语明确课堂教学目标，在教学平台设置情境，融入信息技术，让学生在教师的指导下，使用优质资源，开展微课、微视频等多种形式的词汇自主学习与同伴互助协同学习。教师通过即时采集学生在学习过程中反馈的信息数据，对学生在学习中暴露出来的词汇学习存在问题进行知识重构示范及技能操练；通过信息技术强化学习策略，教师开展针对性指导学习，引导学生开展自我反思式评价，通过反思促进再学习，从而进一步提升学生的学习效果和效率。课后根据学生所需进行作业布置，对目标任务进行深度学习。"爱种子"自主学习词汇教学的具体实施建议如下：

1. **课前预习导学**（Pre-class）

设计"预习任务单"，根据学生能力、需求设计预习活动，让学生能通过 mind-map、guess、listen、read 这些自主学习形式，完成"预习任务单"，初步感知、理解即将要学的英语词汇的音、形、义。"预习任务单"包括必做预习项目及选做预习项目。

必做项目中包含听录音材料学读目标词汇，并模仿语音语调。制作词汇思维导图，让学生通过思维导图对预学词汇进行初步梳理和归类，提高对词汇的储备意识，寻找单词之间的关联。在预习过程中，画出新单词和句子，标记出自己难以理解的部分（读音、词形、语义、语用），让学生对即将学习的内容进行思考、猜测,激发学生自主学习的内驱力。

选做项目包含学生将学读相关词汇音频、视频分享到微信群或钉钉群,或是自主搜寻与新课主题相关的词汇进行观看学习。学生通过体验主动参与,启动思维。

2. 课中自主学习导学（While-class）

(1) 清晰明确,目标导向——导语。电脑读播,呈现本节课的教学目标。清晰明确的目标使师生双方在教学过程中有方向感。学生通过这一课的学习,将学会以下知识和技能：①能听、说、读、写单词；②能在下列句型中理解、记忆新学词汇；③能理解课文,并流利朗读课文,模仿课文录音学习语音；④培养学生在语境中理解、记忆、运用单词的能力。在导语中明确学生对所学新词在听、说、读、写技能上不同层面的要求,引导学生结合教学中出现的主句型来掌握目标语言。这种层级化目标基于教材而高于教材,能充分满足不同学生的不同学习需求,从而为个性化学习提供可能。

(2) 多元激趣,唤醒预学——Task 1 Let's talk。教师可以利用歌谣吟唱、师生互问、生生互问、思维导图、游戏（"火眼金睛""打地鼠"）、头脑风暴等活动进行相关词汇的听、说、玩、演、唱、TPR 热身,创设良好的英语氛围,温故知新,唤醒预学,激发学生的学习兴趣,活跃气氛,为新课学习做好铺垫,奠定基础。

(3) 创设情境,自主学习——Task 2 Let's learn。创设真实的情境,进入新课学习,以任务驱动的方式,让学生整体感知语言、理解任务,让学生听词、说词、读词、辩词、记词,在形式多样的学习活动中不断提升自己的观察力、分辨力、判断力以及想象力,学会学习策略,达到自主学习的效果,从以"教"为中心变成以"学"为中心。在这一环节中,教师使用预测或设置悬念的方式,布置小任务,层层递进、由浅入深、从易到难,按照"猜—听—说—读—学—帮"的步骤进行。

小任务 1（猜一猜）。通过图片、音频或实物等手段,设置问题或悬念,师生问答,让学生猜猜接下来要学习哪些内容、哪些词汇,自然进入主题。

小任务 2（听一听）。呈现问题,播放录音,让学生以听的方式初次接触文本,画出关键词或听、说、理解方面有障碍的单词和句子,回答问题。

小任务 3（说一说）。师生互动,推出新的问题,让学生观看"Let's learn"视频 1~2 次,将文本完整呈现出来。学生进行两两讨论或是小组讨论,找出答案,解决问题,并在情境中感知理解词汇的语用功能。

小任务 4（读一读）。学生跟读录音,模仿语音语调。让学生在读一读中体验语言拼读拼写规律。

小任务 5（学一学）。推送微课,学生跟着微课学习单词和自然拼读法,利用自然拼读法和视频,帮助学生建立语音和字形、词义之间的对应关系。

小任务 6（帮一帮）。观看微课后,同伴互记、互动交流新学词汇,组内互助解决不会读的单词,不能理解的语法点或词义、句意。教师要在教授知识的同时创造条件引导学生进行思考、讨论、解决问题,培养学生"会学"的能力。

（4）数据采集，技能操练——Task 3 Let's play。学生在教师指导下开展多种形式的自主学习，在自主获取和掌握基本知识的基础上，教师使用信息技术手段，进行投票易错、难记词汇数据采集，获取学生词汇学习实时数据。教师根据学生所暴露出来的问题，再一次通过延续情境进行引导学习。在这一环节中，教师可以使用思维导图、歌曲吟唱、歌曲改编、游戏比赛、两两朗读、小组朗读、配音活动、角色表演等活动进行新知巩固。这些活动可以帮助教师摆脱传统课堂重复机械操练的枯燥、乏味，关注全体学生，让评价数据可视化，进行精准教学，打开学生思维，给学生充分的平台拓展语用、提炼思维、协同学习，将思维由低阶水平推进到中、高阶水平，提升学生的思维品质。

（5）信息强化，检测诊断——Task 4 Let's check。在这一教学环节中，教师使用平台或课件，对本课中的易错、难记词汇进行检测、诊断。教师可以开展口头会话问答，或是布置听力练习或笔头练习来检测学生对词汇学习掌握的情况。通过信息技术强化学习策略，借助图片、实物、动作、情境等，帮助学生进一步总结、分析词汇，指导学生逐步养成自主和协同学习的能力。

（6）自我评价，反思提升——Self-assessment。学生开展自主评价，反思整节课的表现，进行个人自评、两两互评、小组互评、集体评价，形成诊断性评价。老师根据班级学况数据来指导、开展下一步教学，以学定教，让教学环节更加精确；针对学生的个体学况，因材施教，进行个性化指导，让教师"教得"和"评得"，真正落实"评促教、评促学、评促进"，关注每一个学生的成长与发展。

3. **课后（Post-class）**

（1）布置课后作业（按需选择）。建议：①听录音跟读____次，注意模仿语音语调；②上传朗读课文、单词的录音或视频到微信群或钉钉群；③按正确的格式抄写单词或句子；④制作思维导图；⑤制作单词卡或自制小词典。

（2）布置下一课时的"预习任务单"。

（四）具体实施注意事项

1. **定位清晰的目标导向**

教师基于教材，研究学生的学情，根据学情的真实面貌制定清晰明确的层次性目标，使师生双方在教学过程中有方向感。以问题为引领，设置具有可行性、趣味性、科学性的学习任务，驱动学生在完成任务的过程中习得语言，在教学结束时能获得达成目标的成就感。

2. **创设合适的语境开展词汇教学**

在"爱种子"自主学习词汇教学课上，教师要避免独立教授单词、填鸭式教学，片面注重词汇教学的听、说、读、写技能方面的教学。教师在语言环境中要把词汇的音、形、义、用结合起来进行词汇教学，词不离句，词不离境，让学生在运用中把握和理解单词，提升学生的综合语言运用能力。

3. 建立协同发展的学习共同体

"If you want to go fast, go alone. If you want to go far, go together."学习共同体使学生的学习由个体的单打独斗转变为团队成员的相互协作，由个体学习转变为团队合作。在学习共同体中，每名学生都能找到自己的位置，每名学生都能得到成长，使学习从被动学习转变为主动学习。在词汇学习、语音语义检测、评价等环节中，学生可以发挥"兵教兵、兵练兵、兵强兵"的同伴互助互学功能。让"先会"的学生充分发挥带领作用，进行示范、领读，让学生在示范中建立自信、互相帮助、分享学习。"迟会"的同学在老师和"先会"的同学协同发展下，在同学榜样的带领下模仿语音，反复练习掌握语音，在携手共进中收获知识、友谊和自信。

4. 发挥课堂评价积极作用

成功高效的课堂，离不开良好的评价机制。教师要在课堂上要根据学生课堂上的学习态度、学习策略及学习效果立好评价项目，并制定评价标准，教给学生评价的方法，对学生展开综合评价。在"爱种子"自主学习词汇教学课上，教师通过对学生的综合评价，使学生在评价的帮助下获得正确的语音、语调、语感，在评价的作用下推动学生进一步获取词汇的语用功能，提高学生的综合语言能力。教师要做到以评价激发学生学习兴趣、学习热情，强化和鼓励学生主动学习，内化学习的内驱力，以评价引发学生深度学习。

5. 信息技术采集、反馈词汇自主学习存在问题

对于检测诊断方面，教师需要达到以下要求：①检测必须紧贴教学目标，不能随意延伸，过多的延伸易让学生找不准方向；②检测题型可依据教学内容多样化，但需具有针对性、典型性，且量需适中；③检测难度需注意梯度分层进行，难度适中，面向全体，关注差异；④检测预设的学习目标达成度，生成新的学习目标（暴露出错点、疑点、难点、重点等问题）。教师需精心预设教学点拨释疑，把握好时间节点，不必急于纠正检测中存在的问题，可以先让学生互助解决，适时鼓励、启发、点拨，让学生乐于参与、积极展示、体验成功，进而乐于自学。

6. 细化学法指导

"爱种子"自主学习词汇教学不仅注重学生对词汇知识的"学得"，还注重培养学生"会学"的能力，教会学生自主学习的方法，使学生具备终身学习的能力。因此，在词汇教学的过程中，教师要在教学的各个环节中细化学法指导，课前需要进行预习学法指导、提问技巧指导；课中需要根据词汇教学需求，进行自然拼读法指导、思维导图记忆指导、记录课堂笔记指导、听课技巧指导；针对课后的知识点，提供整合归纳指导，单词读、背、用指导，如何把握考试中的词汇测试、猜词方法指导；等等。教师要兼顾授人以鱼和"渔"。

"爱种子"自主学习词汇教学范式赋予了英语词汇教学全新的思考和探索，丰富了词汇教学的内涵和外延，使课堂更具生命力。

【附件4-3】
人教版三年级上册 Unit 3 Look at me! Part B Let's learn 教学设计
——"爱种子"模式下的小学英语自主学习词汇教学

一、教学分析
（一）教材分析

本单元是人教版三年级上册 Unit 3 Look at me! 的内容，学习的主题是五官和身体部位，与学生生活密切相关。本课时是 Part B Let's learn 的教学内容，本单元学生在 Part A 学完五官单词 face, eye, ear, nose, mouth 的基础上继续学习有关身体部位的单词，如 arm, hand, head, body, leg, foot, 同时能在图片、实物或情境的帮助下运用句型"This is the…"。

（二）学情分析

作为三年级的学生，刚刚在学校正式接触英语，兴趣较浓。

二、教学目标
1. 能够听、说、认读单词 arm, hand, head, body, leg, foot。
2. 能听懂、会说"This is the…"，并能在实际情景中进行运用。
3. 帮助学生树立爱护五官和锻炼身体的情感意识。

三、教学重点、难点

重点：①能够听、说、认读单词 arm, hand, head, body, leg, foot；②能听懂、会说"This is the…"，并能在实际情景中进行运用。

难点：①能够正确认读并了解定冠词 the 在元音首字母单词与辅音首字母单词的不同读音；②区别 head 与 hand；③初步掌握单词的单复数概念。

四、设计思路与教学方法

设计思路：结合本课学习对象为刚刚正式学习英语的三年级学生的学情和"爱种子"教学模式，遵循以学生自主学习为主、教师的"导"为辅的理念。在学习本课前，学生已经在 Part A 学习过5个身体部位的单词，再学习另外6个身体部位的单词。这正是学生们熟悉的词汇，贴近学生生活，学生在认知上不会有太大的困难。教师可以紧扣课文 Sarah 和 Mike 准备 make a puppet 的语境，借助歌曲、TPR 活动、游戏操练、情境活动、小组合作等一系列的趣味活动，力求使教学活动符合学生的年龄认知特点和语言学习规律，逐步达到本课教学目标。

教学方法：情境教学法、任务型教学法、多媒体辅助法。

五、教学过程

Task 1　Let's talk.

1. Greeting：Hello, boys and girls. Good morning. How are you? Mm,

I'm fine, too. Today, we are going to learn "Unit 3 Look at me! Part B Let's learn". First of all, let's play a game.

2. Game: sharp eyes. (ear, eye, nose, mouth, face)

【设计意图】用 Part A 的问候语导入,并把 Part A 的单词制作成游戏,复习旧知识,激发学生学习的兴趣,活跃气氛。

Task 2 Let's learn.

1. Song: *Head and shoulders, knees and toes.*

2. Introduce Sarah, Mike and Zoom, let students say hello to them and guess what they will do.

3. Show the questions and play the recording.

4. Play the video twice and show the words.

5. Play the video again.

6. Play the micro-lesson about words.

7. Group discussing.

【设计意图】通过唱歌谣、玩游戏的形式,激发学生兴趣,让学生认识主要人物。播放"Let's learn"知识点视频,尝试让学生通过自学和小组讨论掌握知识点。

Task 3 Let's play.

1. Missing game.

2. Make a chant.

Body, body, shake your body.

Arm, arm, wave your arms.

Hand, hand, clap your hands.

Foot, foot, stamp your foot.

Head, head, touch your head.

Leg, leg, shake your legs.

"I say you do."

3. Practice the sentence of "This is the…" and the pronunciation of "the". (Teacher shows the picture and students say.)

【设计意图】通过游戏和说、听、做的形式,激发学生的积极性,再次学习巩固知识点。以词带句,让学生在熟悉单词的基础上,把所学新词运用在句子中。

Task 4 Let's check.

词汇、图片匹配练习。

【设计意图】通过总结再次回忆课堂内容和重点知识,检测学习成果。

Self-assessment.

对本课所学新词进行回顾，并查找存疑。

Homework.

布置课后作业。

①Read page 29 Part B Let's learn for 3 times.（读书本 29 页 Part B Let's learn 内容 3 次，尝试背诵单词）②Try to read the new dialogue.（尝试预习会话。）

【设计意图】给学生明确的学习任务，引导开展相关的朗读、预习等活动，并鼓励学生开展资源拓展自主学习，倡议泛在学习。

【附件 4-4】

构建自主学习平台，发挥小组合作功效
——以人教版三年级上册 Unit 3 Look at me! Part B Let's learn 自主学习词汇教学为例

一、案例背景

本节课是一节"爱种子""三环四得"教学模式的小学英语自主学习词汇教学。本课例出自 PEP 小学英语三年级上册 Unit 3 Look at me! 的 Part B。学习的主题是五官和身体部位，与学生生活密切相关。学生在 Part A 已学过了五官单词 face、eye、ear、nose、mouth，本课是在此基础上继续学习有关身体部位的单词，如 arm、hand、head、body、leg、foot，同时能在图片、实物或情境的帮助下运用句型"This is the…"介绍身体部位，并树立爱护五官和锻炼身体的情感意识，符合新课标的一级要求。

课例的教学环节和过程如下所示。

Task 1 Let's talk.

以导语的形式呈现本课目标：①能够听、说、认读单词 arm、hand、head、body、leg、foot；②能听懂、会说"This is the…"并能在实际情景中进行运用；③帮助学生树立爱护五官和锻炼身体的情感意识。学生初步感知本课的目标语言和重点、难点，利用 Part A 的功能句进行师生互动问候，并把 Part A 的单词制作成 sharp eyes，复习旧知识，激发学生继续学习的兴趣，活跃气氛。

【设计意图】明确目标任务，引导学生进行课前准备和探究，通过"sharp eyes"游戏巩固旧知识，引出新知识。

Task 2 Let's learn.

用歌曲 Head shoulders knees and toes 导入新课，认识主要人物 Sarah、Mike、Zoom，设疑"What are they doing?"带出"Let's learn"部分的视频，播放词汇微课学习新词，尝试通过自学和小组讨论的方式让学生掌握

知识点。

【设计意图】歌曲导入，提高学生对感受语言的能力，激发兴趣。问题创设，培养学生的思维能力；小组合作讨论，培养学生沟通合作的能力。

Task 3 Let's play.

通过游戏"missing game"和"chant""say and do"的形式，激发学生的积极性，再次学习巩固知识点。以词带句，让学生在熟悉单词的基础上，把新词运用在句子中。

【设计意图】设计游戏，让学生再一次巩固单词，并能听懂指令作出相应的反应，提高听、说、认、做的能力。

Task 4 Let's check.

本环节设计了两个练习：①听音选词练习；②词汇、图片匹配练习。学生通过练习回顾本课内容并总结，检测上课成果。

【设计意图】看图识字，提高学生对单词的认读能力。

二、案例分析

学生在课前通过听录音、学新词、做思维导图等进行预习，对新知识有了初步的感知，而思维导图的设计有利于教师以量化的形式检查学生是否把预习落到实处，是培养学生"自主学习"的好方法。持之有效的预习习惯必将大大提高教学的效率，学生也会养成终身学习的习惯。"翻转课堂"模式正是让学生在课外观看教学视频和学习材料，课上进行个人学习或小组讨论。在这种模式的教学下，教师可以更了解学生，采用更个性化的方式指导学生。所以，给学生提供有针对性的预习资料是非常有必要的。

本节课环节基本齐全，抓住词汇重点，教师围绕 Let's talk，Let's learn，Let's play 和 Let's check 四个环节逐步展开教学。Let's talk 环节为师生问候，是巩固 Part A 功能句"How are you？""I'm fine."。"Sharp eyes"则是巩固了 Part A 相关词汇，既达到了复习的效果，也活跃了气氛。Let's learn 环节借助词汇微课，指导学生自学词汇，有助于培养学生的自学能力。Let's play 环节中的 missing game，I say you do 和 chant 三个活动以轻松愉快的方式巩固新知识。Let's check 环节的"听音选词"和"连线"两个练习设计也是以词的操练为主。该课的教学设计有以下特点。

1. 创设情境，突出主线。由"歌曲过渡，进入制作 puppet 的情境"——"看视频，学习制作 puppet"——"观看微课加深掌握新词"——"小组合作制作（运用本课重点句型 This is the...）"——"把 puppet 当作生日礼物送给 Zoom"——"参加生日派对，玩游戏 I say you do（let's do）"——"继续游戏（Let's play & Let's check 部分）"。一个完整的情境贯穿始终，每个环节之间自然过渡。这样的设计，符合"情景性"的教学原则，能使抽象的语言更加形象化、更加直观。

2. 词句结合教学，做到词不离句、句不离境。如教学head，教师先在四线三格呈现head的正确书写，并呈现头部的图片，使用句型"This is the head.""Touch your head."。图、形、音、义结合教学，帮助学生理解新知，并运用于句型当中。本课的重点句型是"This is the…"，结合四年级学生的语言基础与能力，反复运用本句型呈现新词，在情景中重现和运用，达到牢固掌握的程度，达成教学目标。

3. 突破难点。在新词学习中教师帮助学生正确区分head和hand，把两个单词特别呈现，突出"ea"和"an"，让学生通过观察，比较两个词的不同，从而准确把握两个新词的发音，突破本课的难点。通过自然拼读法，教师在新词学习中帮助学生正确区分head和hand，可根据三年学生的能力特点，进行机械性操练，帮助正确认读。

4. 搭建自主学习平台，给学生足够的空间自主学习。教师充分发挥小组学习的作用，利用组长的带头作用，培养学生自我学习能力、合作能力及沟通能力。①观看微课，小组自查自学情况，自我评价；②充分利用手上的材料，如书本、文具、小组合作制作puppet，边做边运用本课的句型表述puppet的构成，发挥小组合作的作用；③小组合作操练"Let's do"，以竞赛的形式检查学生掌握的情况；④小组合作完成教师堂上布置的练习。练习设计要遵循"由易到难、层层递进"——"从机械化操练到意义性操练"的原则，达成词汇的语用功能学习。

5. 知识拓展。教师唤醒学生旧知识后可与学生谈论关于身体还有哪些部分，引起学生对自己身体部位的思考。通过游戏巩固知识后，可与学生利用mind map进行free talk，让学生畅所欲言说说身体还有哪些部位，如师生一起制作机器人puppet，总结归纳本课关于人体的各个部位并拓展延伸到其他部位。

6. 渗透情感教育。教师列举一些身残志坚的故事，渗透情感教育。这样设计可以使整节课都在一个情境中，环环相扣，学生在轻松愉快的情景中，从词到句由浅入深地探讨学习，培养了听、说、读、做方面的能力及小组合作学习的能力，既掌握了本课的重点词汇，突破了难点，还巩固了重点句型的操练，完成了本课的教学目标。

三、结束语

教师通过对教学设计的优化，本节课的整体感和情境性都增强了，各个环节有机地整合在一起，由浅入深、层层递进、过渡自然；通过游戏、活动、小组合作等形式，激活课堂气氛，让课堂变得有趣；通过创建自主学习平台，提高了学生主动学习的积极性，培养了学生良好的学习习惯及自主学习能力。

三、自主学习会话词汇教学范式

（一）会话词汇教学的定义

会话词汇教学，顾名思义，是既有会话教学，也有词汇教学的整合教学。但这个整合教学不是把这两种教学板块简单地叠加起来，而是要将两个教学板块相互融合、相互带动。在新版人教版小学英语教材中，A、B 部分均先出现 Let's talk，随后呈现 Let's learn 部分。Let's talk 是会话教学板块，该会话语篇是单元的核心内容，核心句型和词汇融入其中。Let's learn 是词汇教学板块。词汇教学的目标是要学生掌握词汇的音、义、形、用。教师在课堂上先进行 Let's talk 的学习，架构起有特定意义的语用环境，在会话语篇学习中整体感知词汇和句型，并在此基础上开展 Let's learn 的词汇、句型等语言知识学习，词不离句、句不离篇，增加核心句型的重复率。语言交流在特定的语境中开展，语言的表意依托语境去理解，语言习得在真实的语境中达成。教师以会话学习为载体，用会话带动词汇学习，这更能帮助学生巩固记忆，提高学生语言学习的系统性和有效性，形成学生语言运用的能力。

（二）会话词汇教学范式

基于"爱种子"实验背景下的小学英语自主学习会话词汇教学是根据"翻转课堂"教学原理，在课前设置"预习任务单"，让学生进行课前自主学习。课堂上教师借助平台，使用信息技术手段，创设有意义的情境、语境，培养学生运用单元的重点句型和表达法进行口头表达的能力。融会话教学于真实、自然的情境中进行意义学习，让单词学习体现出相对真实的语用功能；让学生能从课本走向生活实际，鼓励真实、自然的表达。教师结合课堂信息实时学情数据收集、反馈，指导学生开展多种形式的自主学习，并在教学的各个环节中细化学法指导，整节课通过运用得当的课堂评价机制，及时反馈，进一步深化教学，培养学生"会学"的能力，教会学生自主学习的方法，使学生具备终身学习的能力。"爱种子"自主学习会话词汇教学的具体实施建议如下。

1. **课前预习导学**（Pre-class）

（1）制作"预习任务单"，提前发给学生进行预习活动。

（2）"预习任务单"设计分为必做预习项目及选做预习项目。必做项目中包含让学生使用录音材料进行听音学读会话及目标词汇，并模仿语音语调；画出新单词和句子，或标记自己难以理解的部分；制作与该会话相关的句型思维导图或词汇思维导图，提高对句型、词汇的储备意识，培养语篇意识；教师提出要思考的问题，让学生独立思考或小组讨论寻找答案，可以用预测、设计悬念的方式（如谜语、图片），让学生猜猜即将学习的内容，激发学生的求知欲。

选做项目包含让学生把学读课文、词汇的语音音频或视频分享到微信群或钉钉群，或是让学生自主搜寻关于新课主题的资源来观看学习（或是由老师推送），让学生主动参与、启动思维。

2. **课中自主学习**（While-class）

（1）清晰明确，目标导向——导语。电脑读播，呈现本节课的教学目标。清晰明确的目标使师生双方在教学过程中有方向感。

同学们，通过本课的学习，我们将学会以下知识和技能：①能听、说、读、写单词……②能用下列句型进行会话……③能理解课文，并流利朗读课文，并能模仿课文录音的语音语调；④培养学生在语境中理解、记忆、运用单词的能力。

教师在课堂上使用导语，明确本课目标语言，让学生初步感知本节课的重难点。

（2）话题交流，导入新课——Task 1 Let's talk。教师可以利用歌谣吟唱、师生互问、生生互问、思维导图、游戏（"火眼金睛""打地鼠"）、头脑风暴等活动进行热身和唤醒旧知。通过热身活动能调动学生的情绪，激发学生的学习兴趣，创设良好的英语氛围，唤醒学生英语思维，巧妙呈现语言主线，让学生能在轻松愉快的环境下进入学习的最佳状态，为新课学习做好铺垫，奠定基础。

（3）创设情境，理解会话——Task 2 Let's learn。教师创设情境引出文本，以任务驱动的方式，让学生整体感知语言、理解任务、学会学习策略，达到自主学习的效果。根据文本内容，教师设置由浅入深、从易到难的小任务，按照"猜—听—说—读—学—帮"的步骤进行，层层递进，从以"教"为中心变成以"学"为中心。

小任务1（悬疑预测，温故知新）。教师通过借助图片、音频或实物等手段，设置问题或悬念，师生问答，让学生猜猜接下来要学习什么，自然进入主题。

小任务2（问题引领，整体感知）。教师针对文体内容提出问题，播放录音，让学生以听的方式初次接触文本，听完后学生需按要求画出关键词或听说、理解方面有障碍的单词和句子。问题可以通过选择、判断等形式作答。

小任务3（顺势追问，提取信息）。教师通过师生互动，推出新的问题，让学生观看"Let's talk"视频1～2次，将文本完整呈现出来。学生进行两两讨论或是小组讨论，找出答案，解决问题，并在情境中感知理解句型、词汇的语用功能。

小任务4（跟读录音，模仿语音）。学生跟读录音，模仿正确的语音语调。在模仿中，教师对学生进行跟读指导，帮助学生读准句子重音、连读、浊化、爆破音等重难点读音，逐步训练学生形成英语句感、语感。

小任务5（自学微课，拓展词汇）。教师推送微课，学生跟着微课学习"Let's learn"，利用自然拼读法和推送视频，帮助学生建立词汇音、义、形之间的对应关系，结合我们所学的"Let's talk"，让词汇的语用功能得以具体化、可视化。

小任务6（小组交流，互助共学）。学生观看微课后，通过同伴互记、互动交流新学的会话、词汇，组内互助解决不能理解的语法点或句意、词义和难读的单词。教师要在教授知识的同时创造条件引导学生进行思考、讨论、解决问题，培养学生"会学"的能力。

（4）活动运用，巩固新知——Task 3 Let's play。学生在教师的指导下开展多种形式的自主学习，在自主获取和掌握基本知识的基础上，教师使用信息技术手段，进行课文教学重难点视频推送；通过使用应答器，了解学生对会话文本重难点掌握的情况。教师根据学生所暴露出来的问题，再一次通过延续情境进行引导学习。在这一环节中，教师可以使用思维导图、歌曲吟唱、歌曲改编、游戏比赛、两两朗读、小组朗读、配音活动等进行新知识巩固，给学生提供了语言支架，摆脱了传统课堂重复机械操练的枯燥、乏味，让他们参与角色扮演、人机会话、虚拟现实等活动，打开学生思维，给学生充分的平台拓展语用，并能在真实情境中运用起来。

（5）检测诊断，任务落实——Task 4 Let's check。在这一教学环节中，教师使用平台或课件，对本课中的易错句型句式、难记词汇进行检测、诊断。教师开展口头会话问答，或是布置听力练习或笔头练习来检测学生对会话、词汇学习掌握的情况。通过信息技术强化学习策略，借助图片、实物、动作、情境等，帮助学生进一步总结、分析会话和词汇的学习、识别及语用，培养自主、合作和协同学习的能力。

（6）自我评价、情感升华——Self-assessment。学生开展自主评价，反思整节课的表现，进行个人自评、两两互评、小组互评、集体评价，形成诊断性评价。最后，在本课中，教师指导学生领会所学会话的情感意义、功能作用。

教师根据班级学况数据来指导、开展下一步教学，以学定教。

3. 课后分层拓展（Post-class）

（1）布置课后作业。（按需选择）建议：①听录音跟读＿＿＿次，注意模仿语音语调；②上传朗读课文、单词的录音或视频到微信群或钉钉群；③按正确的格式抄写单词或句子；④仿写句子；⑤制作思维导图；⑥制作小小手抄报；⑦制作单词卡。

（2）布置下一课时互动探究的"预习任务单"。

（三）具体实施注意事项

基于"爱种子"实验背景下的小学英语自主学习会话词汇教学在具体实施过程中需要关注"我们该如何在课堂教学中创造条件，引导学生思考、讨论、回答问题，从而进行自主学习"。

1. 会话、词汇教学的目标设定

"爱种子"自主学习会话词汇教学内容丰富，涉及课文的两个板块，因此，教师需要根据这两个板块的特点来制定教学目标。会话教学主要是培养学生语言交际的能力，理解插图的情境和内容的能力，结合插图及文字理解会话的能力，朗读、模仿或表演的能力，把握关键词核心句语音、语调的能力。因此，在会话情境教学中，教师首要强调并不是会话，而是听，使学生初步养成轻松愉悦的整体接受听觉信息的习惯。学生在这一环节能猜出新词、新句的意义，基本教学目标就已达成。然后，教师在此基础上提高说的能力，提供机会多说，如通过课前英语问候、热身，课中英语会话问答，课后交流汇报，创设语境吸引学生说。在掌握会话文本的基础上进行"Let's learn"的学习，教师需让学生在掌握词汇的音、义、形的基础上，再拓展词汇的语用理解。

2. 创设合适的情境开展会话、词汇的语用教学

"爱种子"理念下的教学模式是在每个环节中用信息技术强化学习和教学的策略和方法，引导和激发学生开展自主与协同式学习。教师易片面理解为使用教学视频、课件以及应答器收集数据等机械化学习来开展会话词汇教学。在"爱种子"自主学习会话词汇教学过程中，应贯彻交际性原则，尽量用英语教英语，融会话教学于真实、自然的情境中进行意义学习。整体感知语言为理解—习得—运用。教师需要在会话教学中创设基于教材的完整的教学情境、明确而具体的语境、有针对性的语境，将目标语言融入精心设计的情境中，引导学生在情境中思考、理解、习得、运用、表达。学生在情境中掌握会话，在句型、句式中领悟词汇的音、形、义、用。

3. 保证学生的自主学习空间

基于"爱种子"实验背景下的小学英语自主学习会话词汇教学中，教师在设置学习任务时，要留给学生充足的自主学习时间，让学生在教师的引导下学习。在学习任务分配上，教师发挥学习共同体的作用，让每个学生都有任务，使学习从被动学习转变为主动学习。在会话学习、朗读、角色配音、词汇学习等各个环节，借助平台的评价功能，发挥"兵教兵、兵练兵、兵强兵"的作用。

4. 把控教学热身环节的时间

基于"爱种子"实验背景下的小学英语自主学习会话词汇教学，教师将人教版小学英语单元内的"Let's talk"和"Let's learn"进行整合教学，在时间上是比较紧凑的。热身环节主要是以旧引新的语篇活动，让语言的意义先行。教师要避免过多地开展"热身活动"，导致教学节奏迟缓，使新课的教学迟迟不能开展。

5. 发挥课堂评价的积极作用

在"爱种子"自主学习会话词汇教学课上，教师通过对学生的综合评价，使学生在评价的帮助下获得正确的语音、语调、语感，在评价的作用下推动学生发挥词汇的语用功能，提高学生的综合语言运用能力；教师做到以评价激发学生的学习兴趣、学习热情，强化和鼓励学生主动学习，内化学习的内驱力，以评价引发学生的深度学习。

6. 指导学习策略在学习过程中的科学运用

在"爱种子"自主学习会话词汇教学的过程中，教师要在教学的各个环节中

进行学法指导，帮助学生科学运用有效的学习策略，如课前需要进行课前预习、预听音频，并在预习过程中尝试思考、提问；课中需要注意听、说技巧的运用，结合会话进行思维导图记忆，结合自然拼读法进行词汇学习，观察图片，提高对会话的理解，学会记录关键词句，做好课堂笔记；课后要做好知识点的整合归纳指导、单词学习指导。

【附件4-5】
人教版三年级上册 Unit 5 Let's eat Part A Let's talk & Let's learn 教学设计
——"爱种子"模式下的小学英语自主学习会话词汇教学

一、教学分析
（一）教材分析

本单元的话题紧紧围绕"eat"这个主题展开。本课为三年级上册 Unit 5 Let's eat 的 Let's talk 和 Let's learn 内容，主要句型为"Have some…""I'd like some…""Here you are."，主要的单词有 bread, juice, egg, milk。这一课学生要学习生活中的食物单词以及相关句型。在课堂上，教师将学会的单词和句子相结合，使学生能灵活表达、灵活运用到现实生活当中。关于食物的词汇，学生在一、二年级有所接触，但是 bread, milk 以及 I'd like 的发音较难把握准确，学生在朗读的时候有一定的难度。

（二）学情分析

本节课上课对象的学生为广东省清远市清城区三年级的学生，虽然在一、二年级的时候有接触过英语，但是他们的基础并不扎实。学生在三年级才真正开始学习英语，虽然已经学了大半个学期，对英语有了一定的了解，也逐渐知道该如何学习英语，但他们的理解能力仍然较弱，注意力不易集中，不喜欢单调重复的机械训练。即使学生平时能较多接触相关事物，但能够运用英语表达的机会非常少。若一味地要他们机械性地读单词、句子，会降低学生学习的积极性，教学难以达到预期效果。三年级学生开始正式接触英语，兴趣较大、求知欲和表现欲较强。

二、教学目标
1. 语言能力目标：①能够听、说、认读主要单词 bread, juice, egg, milk 以及主要句型"Have some…""I'd like some…""Here you are"；②能够有感情地朗读会话；③能够运用所学句型并在创设的情境中进行编创会话。

2. 学习能力目标：①能在情景中灵活运用词汇和句型，用英语介绍食物；②能够掌握"Have some…""I'd like some…""Here you are."的用法。

3. 思维品质目标：通过实物展示、创设准备早餐的情境，帮助学生学习文本中的单词与会话，并能根据角色表演会话。

4. 文化意识目标：①知道常见食物的英语表达，如 bread，juice，egg，milk；②知道早餐的重要性并能均衡饮食。

三、教学重点、难点

重点：①能掌握句型"Have some…""I'd like some…""Here you are."；②能掌握词汇 bread，juice，egg，milk；③能够运用所学句型，并在创设的情境中进行会话。

难点：①能够掌握单词和句子的读音和用法；②把单词和句子正确地运用到现实生活中。

四、设计思路与教学方法

本课运用情境教学法、任务驱动教学法，在教学上采取"爱种子"教学模式，以学生自主学习为主、教师的"导"为辅的方式，让学生在自主学习环节中掌握本课的基本知识，培养学生获取信息的能力、灵活地整合旧知识的能力和综合语言运用能力，增强学生说的能力，让学生学会合作、交流，提升学生的语用能力。

五、教学过程

1. 课前预习：①预习 48 页、49 页（必做）；②课前点读单词与句子（必做）；③寻找更多关于食物的单词（选做）。

2. 课中教学过程及课后作业布置。

Guide：Greeting.

T：Hello, boys and girls. Welcome to my class. Today, we will learn Unit 5 Let's eat Part A. Let's read the title. Now, are you ready? Let's go!

【设计意图】课题朗读，帮助学生找准学习的方向。

T：Here are the learning goals. Let's listen and have a look.

Learning goals：

同学们，通过这一课的学习，你将学会以下语言知识和技能。

（1）能听、说、读、写 bread，juice，egg，milk。

（2）能用下列句型进行会话："Have some…""I'd like some…""Here you are."

（3）能理解课文，并流利朗读课文。

【设计意图】清晰的学习目标，给学生的学习做出明确指引。

T：If you can finish the tasks, you will get stars. Let's see who can get more stars and be the super star.

【设计意图】布置任务及课堂自我评价标准。

T：Look, who is he? Yes, he is Mike. He needs to prepare some breakfast. What will he prepare? Let's go and see.

【设计意图】由 Mike 引出情境,引导学生进入情境进行学习。

T：Now, we have four tasks. If we finish the tasks, we can get stars and we can help Mike prepare more breakfast. Today we have two teams. Boys' team and girls' team. Ready? Go! Go! Go!

【设计意图】布置四个小任务,获得星星的任务驱动。通过明确的任务提高同学们的学习兴趣,加强师生互动。

Task 1 Let's talk.

1. Let's sing.

T：Boys and girls, let's sing a song and find what food and drink you can hear in the song.

【设计意图】歌曲可带动课堂的气氛,让气氛活跃起来,并让学生对本课知识有初步了解。

2. Complete the mind map.

T：Boys and girls, which one is a kind of food and which one is a kind of drink? Let's have a try.

【设计意图】思维导图的呈现方式,能有效帮助学生构建相关知识结构,提高学生自主学习和知识整合能力。

Task 2 Let's learn.

1. Let's say.

T：Children, Mike prepares some breakfast. What does he want to have? Let's have a look. (Show a picture that Mike wants to eat. Then show Mike's mum and she says："Have some…")

T：Mike wants to have these. What does his mum say? Have some…?

A：Eggs.

T：Yes, Mike's mum says："Have some eggs." (Guide students to use "Have some…?" to answer. Then teach "egg" and read the sentence.)

B：Have some bread. (Teach "bread" and read the sentence.)

T：Look! Mike wants to have these. What will he say? I'd like some…

C：I'd like some juice.

T：You're so clever. (Teach "juice" and read the sentence.) At this moment, Mike's mum says：Here you are. (Teach "Here you are" with a ctions.)

S：I'd like some milk. (Teach "milk" and read the sentence.)

T：What will Mike's mum say next?

S：Here you are.

T: Well done!

【设计意图】通过猜测图片内容引起学生兴趣并进行教学，通过多种读单词的方式让学生更好地掌握单词。

2. Watch and answer.

T: Look, so much delicious food on the table. Do you know what Mike and his mother will do? Let's watch and guess.

Q: What do Mike and his mum do? （使用应答器回答）

Have breakfast.

3. Watch again and answer.

T: You're clever! What do they have for breakfast? Let's watch again and answer the question. （使用应答器回答）

Apples and juice.

Juice and bread.

Eggs and noodles.

【设计意图】通过观看视频，回答问题，考察学生的理解能力和观察能力。

4. Let's read.

T: Wow, you're good listeners! Now, let's read the dialogue sentence by sentence. Please pay attention to your pronunciation and intonation. Ready? Here we go. （Read two times.）

T: All of you did a good job. Now, read the whole dialogue again according to the tips.

5. Let's dub.

T: You read very well. Now, let's have a race. Boys, you're Mike. Girls, you're Mike's mum. Who can be the good reader? Ready? Go!

T: You did so well!

【设计意图】鼓励学生自主跟读、仿读课文，有效提高学生的英语语感和语调，运用 learning tips，指导学生正确跟读、仿读。

6. Watch and learn.

T: Let's watch the video and learn new words and sentences.

7. Sum up.

讲解新句子的用法并带读新句。

8. 用应答器检查单词和句子的掌握情况，教师根据实际情况再次进行单词和句子的教学。

【设计意图】通过微课进行知识点概括，了解学生反馈和掌握情况后进行再次教学，能够让学生更好地掌握知识点。

Task 3　Let's play.

T：Children, let's play a game!

1. Sharp eyes.

T：Children, let's play sharp eyes. Who is the fastest to read the new words? Let's have a try.

【设计意图】通过火眼金睛的游戏，再次巩固学生所学单词。

2. Group work：let's play.

T：Who is the good actor or actress? Let's dub and find in pairs. One is Mike and the other is Mike's mum. You have 2 minutes to prepare the dialogue. Let's begin.（两人一组准备课文的表演，检查学生的发音和语音语调。）

【设计意图】通过小组表演会话，巩固学生所学知识点，在一定程度上锻炼了学生的胆量和提高了学生的口语能力。

Task 4　Let's check.

Let's practice.

1. Look and choose.

(　　)　　　(　　)　　　(　　)　　　(　　)

A. bread　　B. milk　　C. egg　　D. juice

2. Fill in the blanks.

I'd _____（like/likes）some juice, please. ____（OK. /Here you are.）Have some _____（egg/bread），too. Thanks.

3. Choose the right answer.

(　　)（1）Have some _____. A. egg　B. eggs

(　　)（2）我想要一些果汁。 A. I'd like some juice. B. I have some juice.

(　　)（3）Here _____ are. A. your　B. you

【设计意图】通过小结和练习，帮助学生对本节课知识点进行归纳、总结和巩固。

Self-assessment and homework.

Today I have learned：

New words：_____；New sentences：_____；1 question：_____.

Homework.

（1）Read page 48 and page 49 for 3 times.

（2）Prepare breakfast for parents.

【设计意图】给学生布置课后作业，使学生对课堂知识点掌握得更劳固。

【附件4-6】

话语自主学习　语境巧解语用
——人教版三年级上册 Unit 5 Let's eat

Part A　Let's talk & Let's learn 自主学习会话词汇课典型案例分析

一、案例背景

小学英语会话词汇教学需要将会话教学和词汇教学进行教学整合。在传统会话词汇教学中，许多教师喜欢先解决词汇部分 Let's learn，偏重于词汇音、形、义的学习和听、说、读、写技能的养成，对单词或短语逐个进行教学并通过大量的机械操练，让学生掌握好单词部分；然后，再开展 Let's talk 会话教学，该部分的教学教师把重心放在对会话语篇的理解和认读，容易忽略听力发展，更多的是让学生用眼睛读语言，把会话课上成阅读课。《英语课程标准》指出：要让学生在真实的情境中体验和学习语言。在英语教学中，创设情境是必不可少的。新编人教版小学英语教材以语篇教学理论为指导，注重语篇教学，将 Let's talk 会话板块放在 Let's learn 之前，通过创设情景引入核心句型，整体感知会话，词不离句、句不离篇，增加了核心句型的重复率，丰富了词汇语用功能的教学，且对学生的思维能力、观察能力、模仿能力、推理能力、综合语言运用能力等方面的发展提出了更高的要求。在大多数教师看来，从会话语篇学习之后过渡到词汇学习，是一种从难到易的过程，给教学设计及课堂实际教学效果都带来了难题。

二、案例描述

本课为三年级上册 Unit 5 Let's eat 的 Let's talk 和 Let's learn 内容，主要句型为 "Have some…" "I'd like some…" "Here you are."，主要单词有 bread, juice, egg, milk。这一课学生要学习食物单词以及相关的语言表达，并能够灵活运用到现实生活当中。三年级学生学习英语大半个学期，对英语积累少，理解能力较弱，注意力不易集中，不喜欢单调重复的机械训练，平时用英语表达的机会较少。关于食物的词汇，学生知之甚少。本课要求学生了解中西方饮食文化、餐桌礼仪上的差异，同时掌握就餐时的会话语篇，以及食物类的单词。

三、案例分析

在本节课中，教师课前布置了"预习学习单"，培养学生自主学习能力。其中必做项目为使用录音材料进行听音学读课文、目标词汇，并模仿语音语调；画出新单词和句子，使用互联网或书籍，查看中国人的餐桌礼仪和西方人的餐桌礼仪。选做项目为思考一下中西方餐桌礼仪有何相同之处和不同之处。课前倡导学生自主学习，让课堂教学目标更明确。

教师课上采用情境任务驱动。有价值的任务驱动的设计，可以使教学环境情境化、问题化。任务驱动必须源于具体情境而又能超越具体情境，达到融知识、技能、情感为一体。在课上，教师播放 learning goals，让学生明确学习目标。教师开展分组评价活动，设计情境，开展 Let's talk, Let's learn, Let's play, Let's check 四个任务板块的学习。通过这四个板块任务，把总体目标分解成有层次、有梯度的小任务，在每一个任务板块中，都运用恰当的评价方式、有效的信息收集，保证其顺利进行，收到效果。

Task 1 Let's talk 环节属于热身、激活话题任务的环节，主要目的是激活旧知识、激活思维、激活行为。在此环节中，教师创设了有趣的情境，进行歌曲演唱，在歌曲中找到食物类的词汇，完成思维导图，区分食物与饮料词汇，为会话教学做好词汇、词块铺垫。最后进行第一环节的自评、互评。(如图 4-1-1 所示)

图 4-1-1 Let's talk 环节

Task 2 Let's learn 环节根据文本内容，设置由浅入深、从易到难的小任务，按照"猜—听—说—读—学—帮"的步骤进行，层层递进。猜一猜，预测新课内容；听一听，初步感知会话；说一说，再次阅读会话；读一读，感受会话语音；学一学，利用信息技术，播放微课视频进行学习；帮一帮，开展互助协同学习。在协同学习后，使用应答器收集学情，用获得的数据进行反馈，从以"教"为中心变成以"学"为中心。(如图 4-1-2 所示)

图 4-1-2　Let's learn 环节

Task 3 Let's play 环节是教师根据学生所暴露出来的问题，再一次延续情境进行引导学习。在这一环节中，教师使用思维导图、歌曲吟唱、歌曲改编、游戏比赛、两两朗读、小组朗读、配音活动等多种方式，给学生提供语言支架，摆脱了传统课堂重复机械操练的枯燥、乏味，打破了学生的思维局限。(如图 4-1-3 所示)

图 4-1-3　Let's play 环节

在 Task 4 Let's check 环节中，教师使用平台或课件，对本课中的易错句型、难记词汇进行检测、诊断。教师开展口头会话问答，或是布置听力练习、笔头练习来检测学生对会话、词汇学习掌握的情况。通过信息技术强化学习策略，帮助学生进一步总结、分析会话和词汇。

四、结束语

在上述教学案例中，教师基于"爱种子""三环四得"教学理念，以任务驱动创设情境，借助信息技术赋能，及时收集数据和反馈，生成再学习，利用评价机制，结合"翻转课堂"，推进高效课堂，不仅培养了学生对英语会话、词汇交流的兴趣，还进一步提高了学生自主学习的能力。

第二节 互动探究教学范式与案例

一、互动探究会话词汇教学范式

（一）互动探究会话词汇教学的定义

"爱种子"的互动探究教学模式，是通过多元的互动方式和多维的探究模式，让学生"习得"语言技能，提升语言素养。"习得"是一个基于项目情境或场景的实践过程，结合学科知识和生活实际，引导学生在情境活动中通过互动习得达成教学目标。人教版小学英语教材（三年级起点）每个单元都有 A 和 B 两部分的新授课板块，两个部分的第一课时是"自主学习"，第二课时是"互动探究"，所以，互动探究是复习巩固会话和词汇、提升语言运用能力的课时。

（二）互动探究会话词汇教学的教学目标

互动探究环节需要用三个进程来驱动：知识巩固进程、深化知识理解进程、提升知识应用能力进程。因此，本环节需要达成以下三个学习目标。

1. **巩固知识技能目标**

让学生对自主学习环节所学的新知识与技能进行唤醒或激发记忆。

2. **深化知识理解目标**

创设互动或探究的实践应用情境或场景，让学生在实践中深化对知识的理解。

3. **提升知识应用能力**

给学生创设生活、人文、科学等现实场景，让其探究实践，提升知识迁移应用能力。

（三） 互动探究会话词汇教学范式

互动探究的教学范式包括课前、课中、课后三个部分。课前给学生布置"课前预习任务单"，让学生进行预习，为课中的学习内容进行铺垫；课中是语言习得的过程，学生通过四个环节（Tasks）巩固旧知，提升语言运用能力；课后布置各种形式的作业，让学生对知识进行更深入的学习。

1. 课前（Pre-class）

（1）制作"课前预习任务单"，提前发给学生进行预习。

（2）"课前预习任务单"的设计参考（按需选择）。①必做：学生找录音材料（或由老师推送）听音，学读目标词汇和句型＿＿次，模仿语音语调；背诵单词和课文；尝试默写单词；根据该课时的内容让学生进行收集、调查等活动；提出要思考的问题，让学生独立思考或小组讨论寻找答案。②选做：学生制作朗读（或背诵）课文的音频或小视频；学生自主搜寻（或由教师推送）关于新课主题的资源来观看学习，如主题是出行方式，则让学生搜索关于出行方式的资源来观看或阅读。

2. 课中（While-class）

（1）明确目标——播放导语。让学生知道本节课的教学目标，初次感知本节课的学习要求，可以通过电脑读播的形式来操作，如呈现本节课的教学目标。

同学们，通过这一课的学习，我们将学会以下知识和技能：①通过复习，能熟练地在情景中运用单词……②通过复习，能在情景中运用下列句型……③培养学生……能力。

（2）唤醒预学——Task 1 Let's review。本环节是复习旧知，唤醒学生知识记忆的一个环节，内容主要以上一课时自主学习学过的核心词汇和句型为主，但同时可以加入以前学过的符合主题的词句。目的是活跃气氛，让学生对旧知进行唤醒预学，并激活知识储备，为下一步的语言运用提供支撑。

此环节可采用歌曲、头脑风暴、思维导图、游戏、问答、测评等活动进行，互动方式可以采用师生互动、集体互动、人机互动（应答器答题）。

（3）反馈突破——Task 2 Let's act。本环节是基于文本检测学生语言运用能力的环节。我们以"Let's talk"的会话为基础，通过师生示范、小组练习、生生表演等互动形式来进行看着演、改着演和创着演等活动。①课文较难就用"看着演"，看稿朗读或角色配音。②课文难度中等可"改着演"，即更换一些词条，让学生操练到更多的词汇。③课文较容易则可以"创着演"，让学生根据剧情自由添加合适的句子，使篇章的内容更丰富，知识滚动的频率更高。

（4）情境延续——Task 3 Let's practice。此环节是互动探究课型的核心环节，学生将在此处进行多个维度的探究活动。老师基于情境对课文的主题内容进行会话或文本的创编，以任务驱动的形式让学生进行探究性学习，从中习得语言技能。操作方式如下：教师基于"创编的语境内容"给学生设置一系列梯度式的小任务，如"猜—听—说—写—演"。

小任务一（猜一猜）：呈现创编的文本之前，先提出问题，或设置悬念，让学生对内容进行预测，激发其好奇心，发展思维能力。

小任务二（听一听）：以听的方式呈现文本，带着问题听，然后在文本里画出答案，或小组讨论，培养听的能力。

小任务三（说一说）：听取文本之后，由浅入深设问，提取文本里的关键信息，让学生小组讨论，口头说一说。

小任务四（写一写）：听完整文本，补充完成文本。把文本挖空，挖空内容为目标词汇，让学生加深对目标词汇音、形的记忆。

小任务五（演一演）：整个文本呈现后，可以表演课文、分角色配音等，"吃透"文本。

这个小任务群必须符合认知规律，由浅入深、层层递进。在学习策略上，我们可以通过师生互动、生生互动、集体互动、小组互动、人机互动等多种互动方式引导学生开展合作学习和探究学习。

（5）合作创编——Task 4 Let's make。此处是知识输出、检验学习效果的环节。延续 Task 3 里面的情境，由老师提供语言支架，学生进行语言创编或小制作活动。通过此活动培养学生知识迁移运用能力和动手能力，并学会分享，从中享受成功的喜悦，内化为学习的动力。

活动可灵活选择：①结合自己的生活和想象力，创编会话、歌谣、故事等；②制作思维导图、贺卡、海报、画册、相册、调查表、单词句型卡等。

任务完成后学生可在小组内或在全班进行分享展示。

3. 课后（Post-class）

（1）布置课后作业（按需选择）。建议：①听录音跟读 Page...＿＿＿次，注意模仿语音语调；②尝试背诵和表演会话；③上传朗读（背诵或表演）会话的录音或视频；④改编（会话、歌谣、故事等）；⑤小制作（思维导图、海报、手抄报、调查表、画册、相册、单词句型卡等）；⑥分享作品；⑦练习题（填空、选择、仿写、问答、阅读理解、中英互译、连词成句等）。

（2）布置下一课时主题拓展的"课前预习任务单"。

（四）范式具体实施注意事项

1. 明晰主线，统一情境

基于学习语言的情境性原则，在设计教学活动的过程中，教师要注意情境的真实性。教师要巧妙地把四个任务都融合在同一个语境当中，前后要呼应，形成一条连贯的主线，贯彻于整节课，让学生在真实的语言环境中习得语言技能。教师切勿使用碎片化的情境，这会使学生思维跳脱，难以进行深度学习。

2. 多元互动，多维探究

"爱种子"的互动探究教学模式，教师通过多元的互动方式和多维的探究模式，让学生习得语言技能，提升语言素养。互动方式有师生互动、生生互动、小组互动、集体互动、人机互动（学生跟平台）等，教师按需在各环节安排合适的互动方式，建议使用递进式的结构，如"个人—两两—小组—集体"等。探究的形式有猜、听、说、写、演、动手制作等。教师通过创编语言情景，采取任务驱动的方式，在较为真实的语境中给学生布置梯式的任务来达到探究的目的，培养学生的语言交际能力。探究活动重点安排在 Task 3 Let's practice 和 Task 4 Let's make 部分，教师基于情境对课文的主题内容进行会话或文本的创编，以任务驱动的方式，让学生进行探究性学习，设置一系列梯度式的小任务，如"猜—听—说—写—演"，形成一条小任务链，由浅入深，环环紧扣。

3. 转变思维，重"学"弱"教"

传统课堂一直都强调教师怎样"教"，侧重点在于"教法"的研究，忽视了学生的"学"。而在"爱种子"理念中，教师的思维发生了转变，重视学生的"学"，弱化教师的"教"，教师给学生更多的学法指引，如自主学、合作学、探究学、拓展学等。在互动探究课堂里，教师重点引导学生进行合作学和探究学，创设合适的活动让学生进行小组学习、讨论，让他们自己发现问题，然后通过小组合作来解决问题。

4. 小组合作，互学互评

构建"学习共同体"是"爱种子"课堂的重要任务之一，我们要科学建立学习小组，注意组员的强弱搭配，充分发挥"兵教兵""兵带兵"的作用。在学习、探究、检测、评价等环节可以利用小组合作，互学、互帮、互评，让学生真正参与课堂，成为学习的主人。

【附件 4-7】
人教版四年级下册 Unit 4 At the farm Part B 教学设计
——"爱种子"模式下的小学英语互动探究

一、教学分析

（一）教材分析

本节课选自《义务教育教科书 英语（三年级起点）》四年级下册 Unit 4 At the farm Part B，是"爱种子"背景下互动探究模式的教学设计。Unit 4 的单元主题是参观农场，主要学习农场里的蔬菜和动物名词，以及询问复数物品名称的特殊疑问句和一般疑问句。而本课时是 Unit 4 Part B 的第二课时，属于互动探究课型。在第一课时，学生通过自主学习课，已经初步感知、学习了农场动物名词 cow, hen, horse, sheep；特殊疑问句"What are those?""They are…"和一般疑问句"Are they…?""Yes, they are. / No, they aren't."。在已掌握 Part A 知识技能的基础上,通过在情境下再构知识,设置梯级式的小任务链,让学生通过多元的互动方式进行探究式学习。

(二)学生情况分析

1. 本节课上课的学生为广东省清远市清城区四年级的学生,他们从学习英语有 1 年多的时间,在英语听、说、读、写方面已经有了一定的基础,但有些农村学校的学生还是比较羞于表达、害怕交流,学生小组合作进行探究学习的意识不强。

2. 四年级的学生好奇心、求知欲和好胜心都很强。他们勇于尝试、热衷评价、荣誉感强。

3. 学生在之前已学习了一部分关于农场动物的单词和一些蔬果类的单词,有了一定的知识储备。

二、教学目标

1. 语言能力目标:①能熟练运用动物单词 cow, hen, horse, sheep; ②能在情境中运用句型 "What are those?" "They are…" "Are they…?" "Yes, they are. / No, they aren't."; ③能熟练朗读和表演会话; ④培养学生自主、合作、探究和协同学习能力; ⑤基于"爱种子""三环四得"教学模式,让学生在创编的语言情景中自然习得语言知识和技能。

2. 文化意识目标:培养学生热爱小动物、热爱生活的情感。

3. 思维品质目标:通过本课的学习,让学生在活动中体验语言知识,在展示中感受学习的乐趣。

4. 学习能力目标:培养学生主动学习的习惯,敢于、善于用英语表达自己,以及与人交流的能力。

三、教学重点、难点

重点:①能熟练运用动物单词 cow, hen, horse, sheep; ②能在情境中运用句型 "What are those?" "They are…" "Are they…?" "Yes, they are. / No, they aren't."

难点:①区分 these 和 those; ②培养学生自主、合作、探究和协同学习能力。

四、设计思路与教学方法

基于"爱种子""三环四得"教学模式,让学生在真实情景中自然习得重点句型和相关的单词,通过引导学生开展自我反思、自我评价,调动学生探究学习的积极性。

在本节课的主体部分 Task 3 Let's practice 中,在创编的语言文本里设计了一个小任务链,共五个小任务,分别是"猜一猜""听一听""说一说""写一写""演一演"。这几个小任务由浅入深、层层递进,让学生带着任务进行探究，在探究中习得语言。

五、教学过程

Task 1 Let's review.

1. Sing a song：*Old McDonald had a farm.*

The teacher acts like Uncle Farmer. Sing the song *Old McDonald had a farm.*

T：Hello, boys and girls. Nice to meet you. I'm Uncle Farmer. Welcome to my farm. I have a big farm. Today our topic is "At the farm". Here are our learning goals. Listen, please.

【设计意图】师生互动演唱歌曲，渲染英语氛围，自然地带领学生进入农场的主题里。

2. 播放导语，明确学习目标。

3. 创设情境：学生们准备参观 Uncle Farmer 的农场。

（1）Make a mind map.

T：Children, come with me. I'll show you my farm. I have many animals and vegetables on my farm. Look, this is my vegetable garden. It's big. What's in my garden? Look!

（老师一边呈现菜园，一边利用菜园里的蔬果呈现本节课的评价机制。）

T：Children, I also have some animals on my farm. Can you guess what they are?

（学生一边猜猜说说，老师一边呈现农场动物的思维导图。）

【设计意图】思维导图能帮助学生总结归纳农场动物类的单词，复习唤醒旧知识，为下面的学习内容做铺垫。

4. Play a game：看脚印猜动物

T：What are those?

Ss：They're…

T：Are they…?

Ss：Yes, they are. / No, they aren't.

【设计意图】游戏激趣，吸引学生的注意，通过动物的脚印，引出 Uncle Farmer 农场的动物。

Task 2 Let's act.

情境：学生们进入到农场，看到马匹和鸭子。

1. Act out the dialogue.（Let's talk 部分的对话）（师生分角色）

T：Now I'm Uncle Farmer. Boys, you are Mike. Girls, you are Sarah. Let's act.

2. Dub the dialogue.（Let's talk 部分的对话）（小组分角色配音）

T: Now you try. Team 1, you are Mike. Team 2, you are Sarah. I'm Uncle Farmer. Let's dub the dialogue.

【设计意图】此环节先由师生互动示范引领,再由生生互动自主实践。

Task 3 Let's practice.

情境:学生们继续参观 Uncle Farmer 的农场,看到——

1. 小任务一:猜一猜

参观途中听到一些动物叫声,学生猜猜是什么动物。

T: Boys and girls. Let's go. Oh, listen! What animals are they? Can you guess?

2. 小任务二:听一听

创编对话,老师播放创编的对话音频,让学生通过听,找到正确的图片。

T: What animals are they? Now take out your answering machine. Let's choose the right picture. (学生使用应答器作答)

创编的对话内容:

Mike: Wow! You have a lot of cows. How many cows do you have?

Farmer: Twenty.

Mike: What are these?   Farmer: They are hens.

Mike: They are so big.   Sarah: What are those?

Farmer: They are pigs.   Sarah: They are so fat.

Mike: Are they sheep?   Farmer: Yes, they are.

Mike & Sarah: They are so cute!

3. 小任务三:说一说

呈现问题,播放对话视频,让学生通过观看,用应答器选出答案。

T: Now children. I have some questions for you. Let's watch the dialogue and answer.

Q1. How many cows? (配图)

Q2. What are those? (配图)

Q3. Are they sheep? (配图)

(学生使用应答器作答)

4. 小任务四:写一写

听对话音频,补充完整文本。

T: Now let's listen and complete the dialogue. Please take out your paper. And write the words down. Are you ready? Go!

5. 小任务五：演一演

小组分角色进行表演活动。

T：Now let's act out the dialogue.

【设计意图】创编语言情境，以任务驱动，设计一个小任务链，给学生设置探究任务"猜一猜""听一听""说一说""写一写""演一演"。小任务由浅入深、层层递进，培养学生知识迁移运用的能力，让学生在自然的语境中习得语言知识和技能。

6. 学生使用应答器给表演小组评星。

Task 4　Let's make.

情境：参观完农场后，学生小组合作制作一个相册。（每个小组制作一页，最后合成一个大相册。）

语言支架：

This is Uncle Farmer's farm.

I see many _____. These are _____. They are so _____. Those are _____. They are so _____. I like the farm.

①小组练习；②分享成果；③学生使用应答器给分享的小组评星；④情感教育：热爱小动物和热爱生活；⑤布置作业。

【设计意图】此环节为语言的输出，目的在于学生自查知识点掌握情况，并且通过小组合作培养学生的合作能力和协调学习的能力。

【附件4-8】
巧用互动探究范式，提升学生的语言运用能力
——人教版四年级上册 Unit 4 At the farm Part B 典型案例分析

一、引言

《义务教育英语课程标准（2011年版）》提倡教师创设接近真实生活的语境，设计循序渐进的语言实践活动，强调通过"用语言做事情"来培养学生的综合语言运用能力。

在平时的教学实践中，不少教师只注重语言知识的书面传授，而忽视语言的实践性和应用性。这就容易使学生缺少在真实语境中运用语言的机会，学生就很难体验语言的意义和实现交际功能。没有真实的体验、有效的互动，学生的综合语言运用能力就难以得到提升。

本文以人教版四年级下册 Unit 4 At the farm Part B 为例，介绍和分析教师如何运用"爱种子"互动探究教学范式，引导学生积极参与、主动体验、互动交流、合作探究来提升学生的综合语言运用能力，推动学生高效学习。

二、聚焦互动探究式教学的案例说明与分析

（一）案例背景

本案例是基于"爱种子"互动探究范式下的一个典型教学案例，曾获清城区"爱种子"实验案例比赛一等奖，并被收录为广东省"爱种子"示范教学案例。

本次的授课对象是清远市清城区四年级的学生，在英语听、说、读、写方面已经有了一定的基础，但有部分学生还是比较羞于表达、害怕交流，小组合作进行探究学习的意识不强。而授课教师则是清城区一名有着多年教学经验的优秀骨干教师。

（二）案例描述

本案例的单元主题是参观农场，主要学习农场里的蔬菜和动物名词，以及询问复数物品名称的特殊疑问句和一般疑问句。本课时是 Part B 的第二课时，属于互动探究课型，要求学生在第一课时的基础上进一步巩固和运用核心词汇及核心句型。通过让学生跟随 Mike 和 Sarah 去参观农场时不同场景的呈现与转换，帮助学生在创编的语言情境中完成任务，自然习得语言知识和技能，在互动探究中提升学生获取知识、运用知识的能力。具体教学过程如下：

Warm up.

教师扮演 Uncle Farmer 并自弹自唱歌曲 *Old McDonald had a farm*，自然呈现本课的学习主题，接着播放导语，让学生明确本课的学习目标。

Task 1 Let's review.

创设情境"让学生准备参观 Uncle Farmer 的农场"。教师一边呈现菜园，一边利用菜园里的蔬果呈现本节课的评价机制。

T：Children, come with me. I'll show you my farm. I have many animals and vegetables on my farm. Look, this is my vegetable garden. It's big. What are in my garden?

接着，教师在学生的猜、说中呈现农场动物的思维导图。在完成思维导图后，在课件上出示一些动物脚印，让学生看脚印猜动物。

T：What are those?

Ss：They're…

T：Are they…?

Ss：Yes, they are. / No, they aren't.

Task 2 Let's act.

延续情境"带领学生进入农场，并看到马匹和鸭子"，先是师生分角色表演 Let's talk 会话，接着分小组进行角色配音。

Task 3 Let's practice.

创编情境"学生继续参观 Uncle Farmer 的农场,并通过所获得的信息来完成任务"。

任务1:听音猜动物。

让学生根据所听到的动物叫声进行猜测。

T:Boy and girls. Let's go. Oh, Listen! What animals are they? Can you guess?

任务2:听音选图。

教师播放创编的会话音频,让学生通过听,找到正确的图片,并用应答器进行作答。

T:What animals are they? Now take out your answering machine. Let's choose the right picture.

任务3:说一说。

教师播放创编会话的视频,让学生带着问题观看,并用应答器选出正确答案。

T:Now children. I have some questions for you. Let's watch the dialogue and answer.

Q1. How many cows? Q2. What are those? Q3. Are they sheep?

任务4:听会话音频,补充完整文本。

T:Now let's listen and complete the dialogue. Please take out your pape, and write the words down. Are you ready? Go!

任务5:小组内分角色进行表演,并让学生用应答器给各小组的表演进行评价。

Task 4 Let's make.

在参观完农场后,教师让学生小组合作制作一个相册。每个小组负责制作一页,将自己的所见记录在相册上并与同学分享,最后合成一个大相册,借此渗透热爱小动物情感教育。

Self-assessment.

教师组织学生利用应答器进行自评。

(三)案例分析

从上述案例可以看出,"爱种子"互动探究范式的基本流程是 Task 1 Let's review—Task 2 Let's act—Task 3 Let's practice—Task 4 Let's make。整节课的教学都是围绕这四个任务递进式展开,体现出以学生为中心、教为学服务的宗旨。

作为一节语言实践课,教师在激发学生进行互动探究学习的思路上开展了积极的实践探索,不断深挖教材资源,延伸教学内容,创设情景,营造良好的听、说、演、讲的氛围，强化了学生的参与、体验、合作和探究能力。

（1）评价激励，积极参与。上课伊始，教师借助思维导图复习唤醒学生对蔬果动物词汇记忆的同时，又自然地呈现了本课的学习评价机制，激励学生积极参与课堂互动探究活动。除此之外，本节课还出现了两次使用应答器的同伴评价和自我评价，这不但有利于学生通过精准的数据分析来指导自己的学习行为，更有利于学生认识自我，保持对英语学习的兴趣和信心，积极参与到英语学习中来。

（2）精心设计，主动体验。从上述案例可以看出，教师基于学生的立场精心设计了很多教学活动，如歌曲导入、看脚印猜动物、角色表演、听音猜动物、听音选图、看视频回答问题、听音补全文本、小组分角色进行表演活动、制作相册等，这些活动设计充分考虑到小学生的身心特点，满足学生"游戏活动""角色扮演""手工制作"等需要，给予学生足够的体验空间，使教学过程更加趣味化、认知过程更加活动化、语言运用更加生活化，激发了学生主动体验、积极参与的热情。

（3）任务驱动，增强互动交流。教师在整节课中设置了多个呈梯级式的任务，希望通过"猜—听—说—写—演—创"来引发学生的积极思考与情感共鸣，激起表达的欲望，增强师生之间、生生之间、学生与任务之间的交流和互动。其中有两个角色表演的任务，分别通过师生合作、生生合作、小组合作的互动方式来进行基于文本的表演和改编文本的表演，让学生在实践探究中学会与人互动、交流和合作，更好地通过完成任务提高语言的综合运用能力。

（4）情境创设，促进合作探究。在该案例的教学过程推进中，教师创设了"参加 Uncle Farmer 的农场"这一情境，并以此为学习主线，展开了四个特定的场景，贯穿始终。从场景一"准备参观 Uncle Farmer 的农场"，到场景二"进入到农场，看到马匹和鸭子"，再到场景三"继续参观 Uncle Farmer 的农场，看到……"，最后到场景四参观完农场后，学生小组合作制作一个相册。教师将学习内容、文本语言、文本情感自然地渗透到情境中去，使学生和听课教师在不知不觉中完成了一趟"农场之旅"，这跳出了教学材料的局限。在 Let's make 环节中，要求学生制作农场相册并运用所学知识将所见向同伴汇报。这一活动在小组同伴合作中实现了真正的合作学习，从同伴对农场所见的汇报中，获取新的信息，补充丰满自己的思考与表达。这时，学生的知识是从同伴身上习得的，是在合作中生成的，这比单纯地从教师那"学得"更具价值。通过生生合作、师生互动，让学生在轻松、愉快的学习氛围中培养了合作精神，促进了合作探究，提升了语言运用能力。

三、反思与总结

实践表明,"爱种子"互动探究教学范式的运用对于引导学生积极参与、主动体验、互动交流和合作探究来提升学生运用语言的能力有着积极作用。在今后的教学实践中,我们实验教师如何更好地运用该范式来推动学生高效学习,让教为学服务呢?我认为要做好以下几点:

(1)深层次理解"爱种子"的教改作用,在践行过程中学会看数据、分析数据、使用数据,发挥数据在课堂教学、个性化教学、高效教学、高效学习中的作用。通过数据分析暴露存在的问题,用数据指导教学,才能改变传统教学方式,才能引导教师基于问题组织施教方法,开展反思式教学,培养学生发现、分析和解决问题的能力,提升学生的反思、创新和对知识自主内化能力。

(2)在使用范式过程中,教师要关注细节,不断围绕学科育人目标和语言教学目标进行优化,不断地进行完善,使其更加精炼、简明,符合教育规律。

(3)不断提升自我,转变角色。学科专业水平决定教学业务能力,因此,教师要在更新自身的学科专业知识的同时,不断地提高自身的教学实践能力,让自己从教材的执行者向教学的设计者、改进者转变,成为学生学习的引导者和帮助者,使"教"更好地为"学"服务。

二、互动探究单元复习教学范式

(一)互动探究复习教学的定义

"爱种子"的互动探究复习教学模式,通过多元的互动方式和多维的探究模式,引导学生对所学基础知识和基本技能进行回顾、梳理、归纳和总结,理出良好的认知结构。教师通过整合话题,创设较为真实的语境,设置层次性的任务让学生去探究,从而让学生加深理解、增强记忆和习得语言技能,培养学生综合运用语言的能力,培养学生思维的整体性。

(二)互动探究复习教学的目标

《英语课程标准》规定:基础教育阶段英语课程的目标是以学生语言技能、语言知识、情感态度、学习策略和文化意识的发展为基础,培养学生英语综合语言运用能力。在不同的课型中,教学目标有所侧重,具体到"爱种子"互动探究复习教学的目标则是单元知识点通过听、说、读、写内在联系的训练。教师建立知识体系,创设多元的互动探究的任务,让学生在真实的情景中运用语言,提高应用语言的能力，达到语言人文性和工具性的统一。

（三）互动探究复习教学范式

互动探究复习教学对单元知识点进行回顾、归纳、总结，帮助学生进一步理解，从而达到灵活运用语言的目的。所以，我们把互动探究复习教学范式的基本流程定为四大步骤。

Task 1　　　Let's review　　　　　（知识梳理）
Task 2　　　Let's practice　　　　（话题整合、巩固训练）
Task 3　　　Let's do a project　　（综合应用）
Task 4　　　Let's share　　　　　（评价检测）

1. 课前（Pre-class）

（1）制作"课前复习任务单"，提前发给学生进行复习活动。

（2）"课前复习任务单"的设计参考（按需选择）。必做：①背诵单词和课文；②尝试默写单词和会话；③做本单元相关的练习题；④提出要思考的问题，如语音、语法点等，让学生独立思考或小组讨论寻找答案。选做：①尝试用思维导图的方式对本单元的知识进行归纳；②学生自主搜寻（或由教师推送）关于本单元主题的资源来观看，拓展课外知识，例如主题是介绍老师，可让学生搜索关于介绍教师的资源（绘本等）观看或阅读。

2. 课中（While-class）

（1）导语。让学生知道本节课的教学目标，初次感知本节课的学习要求，可以通过电脑读播的形式来操作，如呈现本节课的教学目标：

同学们，通过这一课的学习，我们将学习以下知识和技能：①通过复习，能熟练地在情景中运用单词……；②通过复习，能在情景中运用下列句型……；③培养学生……能力。

（2）知识梳理（Task 1 Let's review）。本环节旨在激发学生的兴趣，活跃气氛，教师引导学生梳理归纳本单元的语言知识要点，如单词、词句、归类点拨等，回顾旧知，获取数据，为下一步的探究活动打下基础。我们可以通过师生互问、生生互问、火眼金睛等方式，开展 TPR、歌谣吟唱、思维导图、问答、游戏、头脑风暴、用应答器设置相关的练习等活动，建议顺序如下：歌谣热身—用应答器回答本单元的重难点（单词、词句）—单元会话练习—思维导图归类点拨（语音归纳、语法精点、疑难分解等）。

（3）话题整合，巩固训练（Task 2 Let's practice）。本环节旨在整合单元话题，创设语境，对知识进行整合重构，创编文本，以任务驱动的方式巩固训练，由浅入深，层层递进地去习得语言，深化知识的理解，让学生在探究中学会交流与合作，掌握和运用知识，培养学生解决问题、分析问题的能力。我们可以通过听音回答、师生问答、小组讨论、文本填空、两两朗读、小组朗读、配音活动、角色表演等形式，以任务驱动的方式，对"创编的语境内容"进行探究性学习。

任务的设置要符合认知规律，由浅入深、层层递进，建议按照"猜—听—说—读—写—议—演"这几个步骤设置任务（根据实际内容选择步骤）。

猜一猜：呈现创编的文本之前，先提出问题，或设置悬念，让学生对内容进行预测，激发其好奇心，发展思维能力。

听一听：以听的方式呈现文本，让学生带着问题听，然后在文本里画出答案，或小组讨论，培养听的能力。

说一说：听取文本之后，由浅入深设问，提取文本里的关键信息，让学生小组讨论，口头说一说；也可以由教师用思维导图的方式帮助学生理解文本后，学生复述，或替换练习。

读一读：分角色朗读或小组朗读，小组成员互教。

写一写：听完整文本，补充完成文本或完成表格等。

议一议：小组成员讨论总结出本单元的知识点，如语法规则、语音规则等。

演一演：整个文本都呈现之后，可以角色表演、分角色配音等，把文本"吃透"。

（4）综合应用（Task 3 Let's do a project）。本环节通过创设知识与技能应用主题活动，检验学生的知识运用能力和思维能力，培养学生知识迁移的能力。我们可以延续 Task 2 里面的情境，由老师提供语言支架，学生使用应答器设计练习（视乎教学内容灵活选择）。①结合自己的生活和想象力，创编会话、歌谣、故事等。②制作思维导图、贺卡、海报、画册、相册、调查表、单词句型卡等。③设计使用应答器的相关练习（查漏补缺，设计诊断性的练习如设计语法选择题、填空题、连线题等）。

（5）评价检测（Task 4 Let's share）。在本环节中，我们通过分享、展示和评价学生共同完成的各种表格和项目作品，培养学生的独创性思维和批判性思维，让他们享受成功的喜悦，并将其内化为学习动力。建议此环节的操作方式为小组内分享或全班分享。

（6）自我评价、反思（Self-assessment）。教师在教学中给学生提供评价量表，组织小组互评或者集体互评，学生可以利用应答器进行互评，分享评价的结果和理由，如 What do we learn? Do you have any questions? ①可以利用思维导图小结目标词汇、句型或语法点，或者适当拓展与本单元相关的词汇、句型等，从而建构知识体系。②结合评价机制，学生评价自己本节课的表现，如 How many stars have you got?

3. 课后（Post-class）

（1）布置课后作业。（按需选择）建议：①听录音跟读 Page...＿＿＿次，注意模仿语音语调；②上传朗读（背诵或表演）会话的录音或视频到微信群或钉钉群；③仿写、改编（会话、歌谣、故事等）；④整理本单元的知识点（思维导图、海报、手抄报、调查表、画册、相册、单词句型卡等）；⑤收集积累词句、会话、故事等；⑥分享作品；⑦练习题（填空、选择、仿写、问答、阅读理解、中英互译、连词成句等）。

（2）布置下一课时主题拓展的"课前预习任务单"。

（四）具体实施注意事项

1. **情景化**

教师创设较为贴近生活的语言环境，让学生在较为真实的语言环境中自主学习、探究、应用语言；设计时要考虑前后知识的衔接、过渡，注重教学过程的整体性及对主题意义的挖掘，避免教学内容的碎片化。

2. **整合话题**

教师围绕单元话题，设计综合性的会话（把单元的知识点融入会话），让学生整体感知语言，整体输出语言，训练学生综合运用语言的能力。

3. **任务化**

教师以任务驱动，给学生布置学习任务，活动要做到循序渐进、目的性强、分层训练，让学生带着任务在小组合作中进行探究性学习，引导学生质疑、调查、探究，从而达到巩固复习单元知识的目的，培养学生的辨析能力、创新能力。

4. **学习策略**

教师要注重对学生学习习惯的培养，渗透学法指导，如指导学生用思维导图梳理单词、句子、语法等知识，又如在复习语法点时，可创编歌谣以帮助学生记忆等。

5. **评价机制**

线上评价和线下评价相结合，设置短期或长期的评价机制，教师要结合学习实际以及学生的学习态度，对学生开展综合评价，激发学生的学习热情，强化学生主动学习、合作学习的内驱力。

6. **趣味化**

教师要设计富有趣味性的教学活动，保持轻松愉悦的学习氛围，使学生上课时沉浸在欢乐的海洋中。

7. **启发式**

教师要留给学生充足的自主、探究的学习时间，让学生在教师的引导下学习。这并不是说"撒手不管"，也不是"拉着不放"，教师应在学生学习的过程中，留意学生在探究的过程中所暴露的问题，及时调整教学，做到参与主动、交往互动、思维启动。

8. **小组互助互学互评**

教师要科学建立学习小组，充分发挥"兵教兵"同伴互助互学的作用，在学习、检测、评价等环节都可以充分利用小组开展活动。

9. 精准教学

教师要利用"互联网+"技术（应答器的使用和平台上的评价等）收集学生学情数据，根据存在的重难点和普遍性问题进行针对性施教，以实现精准评价和客观评价，真正落实"以评促教、以评促学、以评促进"，关注每一位学生。

【附件4－9】
人教版三年级上册 Unit 4 We love animals 教学设计
——"爱种子"教学模式下互动探究复习教学

一、教学分析

（一）教材分析

本课例是人教版三年级上册 Unit 4 We love animals 的复习课，学生在第四单元已学习动物单词 cat, pig, bear, dog, duck, elephant, monkey, bird, tiger, 以及句型 "What's this? It's…" "What's that? It's…"。学生已经有了一定的知识储备，如颜色、身体部位、文具等词汇及相关问句和答句。

（二）学情分析

三年级的学生以形象思维为主，模仿性强，自我意识、评价能力逐渐发展。本班学生是清远市清城区某小学的三年级学生，刚起步学英语，个体户家庭比较多，部分家长监督不到位，因而学生掌握的基础知识不够扎实，需要教师在课堂上花更多的心思，激发学生的学习兴趣和学习内动力。经过"爱种子"教学理念的引导，学生初步养成了主动学习、合作学习的习惯，能主动与小组成员一起合作、探究、评价等。

二、教学目标

1. 知识与技能：①复习动物词汇和句型；②能在真实情景中拓展运用 "What's this/that?" "It's a/an…" 以及描述动物的颜色与体型特征。

2. 过程与方法：在本节课的知识框架上拓展运用已有的知识链，唤醒旧知识，通过探寻动物之旅的主线激发学生的学习兴趣，引导学生们合作学习，形成学习共同体，在建立的语言框架的基础上综合运用语言。

3. 情感、态度、价值观：培养学生互帮互助、爱护动物、热爱学习、热爱生活的思想感情。

三、教学重点、难点

重点：①复习动物词汇和句型；②能在真实情景中拓展运用 "What's this/that?" "It's a/an…" 以及描述动物颜色与体型特征。

难点：能在真实情景中拓展运用 "What's this/that?" "It's a/an…" 以及描述动物颜色与体型特征。

四、设计思路与教学方法

设计思路是创设情境，探寻动物之旅（At the zoo—At the farm—In the forest）。

Task 1 Let's review.（梳理再现，单词复习—句型复习）

Task 2 Let's practise.（整合话题、词汇、句型，再现巩固拓展）

Task 3 Let's do a project.（话题应用，综合运用语言）

Task 4 Let's share.（评价检测）

教学方法是复习法、故事教学法、交际法。

五、教学过程

Task 1 Let's review.

1. Warm-up. (1) Greeting. (2) Chant and do.

T: Hello, I'm Miss Chen. First let's chant and do. Try to remember the animals in the chant.

【设计意图】课前热身，引导学生进入课堂。

2. Mind map. (1) What animals do you know? (2) Where can we see the animals?

【设计意图】利用思维导图唤醒学生旧知，并创设探寻动物之旅的情境，为学生在情境中运用语言做铺垫。

3. Review the animal words and the key sentences. (at the zoo)

T: Wow, children, what's that? S: It's a /an…

【设计意图】词句连接，逐步提升学生运用知识的能力。

4. Sum-up according to the mind-map.

5. Self-assessment.

【设计意图】引导学生总结语言规律和培养学生自我检测的能力。

Task 2 Let's practice.

1. Listen and guess the animal words. (at the farm)

T: Children, you know a lot of animals at the zoo. Do you know the animals at the farm? Listen and guess "what is this?".

2. Read a story.

(1) Watch and answer.

T: Children, what are they talking about?

(2) Read and work in groups.

T: Now children, read in groups and circle the animals at the farm.

T: Let's check. Great. Read again and match.

(3) Repeat the story.

3. Act out the story.

【设计意图】通过创编故事整合话题，分层训练学生学习英语的能力，包括听、说能力，培养学生综合运用语言的能力。

Task 3 Let's do a project.

1. Watch a video.

【设计意图】观看视频，激发学生保护动物的意识，并拓展动物词汇。

2. Let's make animal files in groups.

Step 1 Stick the animal; Step 2 Fill in the blanks; Step 3 Share in groups.

【设计意图】小组合作完成海报，创编会话，达到动口、动手、动脑的效果，既能激发学生小组之间的合作互动，又能激发学生探究学习。

Task 4　Let's share.

1. Share the poster and make an assessment.

2. Moral education：热爱动物，保护动物。

【设计意图】汇报、评价活动均体现以学生为主体的教学策略。

Homework.（略）

【附件4-10】

研"复习"范式，培养应用能力

——人教版三年级上册 Unit 4 We love animals 互动探究复习教学为例

一、范式的形成

（一）范式形成的背景

复习课是小学英语课堂教学重要课型之一。通过复习，学生可以对学过的知识进行回顾、归纳和总结，从而建立知识结构体系，达到加深知识理解、综合运用语言的目的。这需要教师整合单元话题，创设情境，让学生在真实情境中巩固运用。但在实际教学中，有些英语教师在上复习课的时候，只是把单元知识简单复习或机械重复，或者把光盘的内容播放出来让学生观看，又或者让学生做练习，然后讲答案，对答案。这样的复习课，学生觉得枯燥乏味，也达不到英语复习课的目标。我们根据这一情况，以人教版三年级上册 Unit 4 We love animals 互动探究复习教学为例，探究"爱种子"模式下互动探究复习教学范式，培养学生的应用能力。

（二）教材内容的分析

三年级上册 Unit 4 We love animals 单元的设计编排是由 Let's talk，Let's learn，Sounds and letters，Read and write，Story time 五部分组成。通过分析，我们不难发现教学内容之间的内在联系，单词板块利用句型及情景图呈现，会话板块的设计为配有插图的情景会话，使学生在语境中掌握语句的基本语义。单元的语法知识在会话或 Read and write 的语篇中得到呈现。由此得知，单词、会话、语篇是以话题为中心，在语境中层层递进，在听、说、读、写的任务设置中，培养学生的语言综合运用能力。

（三）"爱种子"模式下的互动探究复习教学范式的意义

结合"爱种子"互动探究总范式和对单元的教材内容的分析，清城区"爱种子"英语团队通过教材研读、案例分析、评课议课等活动，将"爱种子"模式下的互动探究复习教学范式的意义定义为通过多元的互动方式和多维的探究模式，让学生对学过的单元知识进行回顾、归纳、总结，教师通过整合话题，创设较为真实的语境并设置层次性的任务让学生去探究，从而让学生习得语言技能，培养综合运用语言的能力。

（四）互动探究复习课的教学基本流程（四大步骤）

Task 1　　Let's review.　　（知识梳理）
Task 2　　Let's practice.　　（话题整合、巩固训练）
Task 3　　Let's do a project.　　（综合应用）
Task 4　　Let's share.　　（评价检测）

（备注：互动探究复习教学帮助学生对单元知识点进行回顾、归纳、总结，帮助学生进一步理解，从而达到灵活运用语言的目的，故互动探究总范式的 Task 2 Let's act 不适用，直接删除；Task 3 Let's make 改为 Let's do a project；Task 4 改为 Let's share 评价检测。）

二、典型案例分析

范式的确定能给教师在复习课的教学上有一个引领的作用。现以人教版三年级上册 Unit 4 We love animals 互动探究复习教学为例，具体阐述"爱种子"模式下互动探究复习教学范式在教学中的应用。

Task 1 Let's review.（趣味导入，知识梳理）

1. Sing a song.（Hello）

2. Sing and do.

Pig and panda and dog and duck.
Monkey and tiger and cat.
I can see a bear, see a bear, see a bear now.

3. Mind map.（如图 4-2-1 所示）

（1）What animals do you know?

（2）Where can we see the animals?

4. Review the words and the sentences.（如图 4-2-2 所示）

T：Let's go to the zoo. It's _____. It's _____.

5. Pair work.

A：What's that?

图 4-2-1 Mind map

图 4-2-2 Review

B: It's a/an _____. It's _____. (big, fat, funny, cool…)

6. Sum-up. (如图 4-2-3 所示)

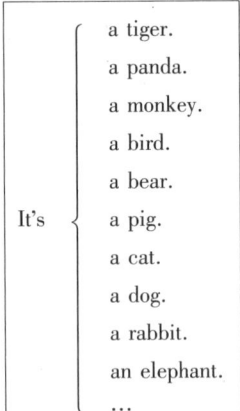 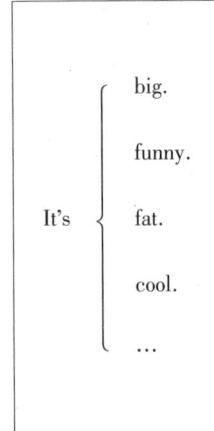

图 4-2-3 Sum-up

【评析】教师用歌曲Hello与学生互动后，利用自编的歌谣开场，让学生迅速地投入到课堂的学习中来。这首歌谣巧妙地将已学过的动物单词完美地呈现出来。接着，教师用思维导图引导学生回忆并说出歌谣里出现过的动物单词，适时地问学生What animals do you know? Where can we see the animals?，并引导学生说出更多的动物单词，如We can see the animals at the zoo/at the farm/in the forest. 由此创设本节课的情景——探寻动物之旅。然后，教师通过播放动物园里可爱的动物图片，引导学生用句型It's a/an _____. It's _____. 进行描述。最后，教师用思维导图进行总结。在本环节中，学生在趣味性的情景中对本单元的相关单词和句子进行了复习梳理，通过思维导图的方式帮助学生建立新旧知识结构体系，达到温故知新的目的，为后面的进一步复习探究活动做了铺垫。

Task 2 Let's practice.（绘本故事，巩固训练）

1. Listen and guess.（听一听、猜一猜）

T：Wow children, you know a lot of animals at the zoo. What about at the farm? What's this? Listen.

2. Watch and answer.（看一看）

What are they talking about?（用应答器选择）

　　A. Animals.　　　　B. Colors.

3. Read in groups.（读一读）

（1）Circle the animals at the farm.

（2）Let's match.（如图4-2-4所示）

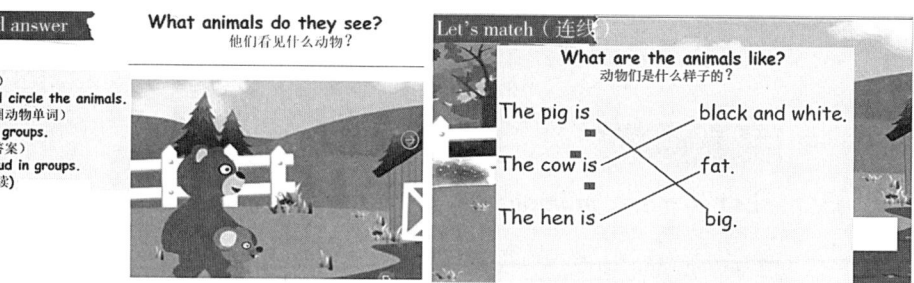

图4-2-4　Practice

4. Read in groups.（分角色读一读）

5. Act out the story.（演一演）（如图4-2-5所示）

【评析】在结束了第一次动物园探寻之旅后，用听声音猜动物的有趣方式引发学生的好奇心，用阅读绘本故事的方式把学生带到农场探寻之旅，引导学生进行更深层次的知识探究，培养他们在语篇中知识的应用能

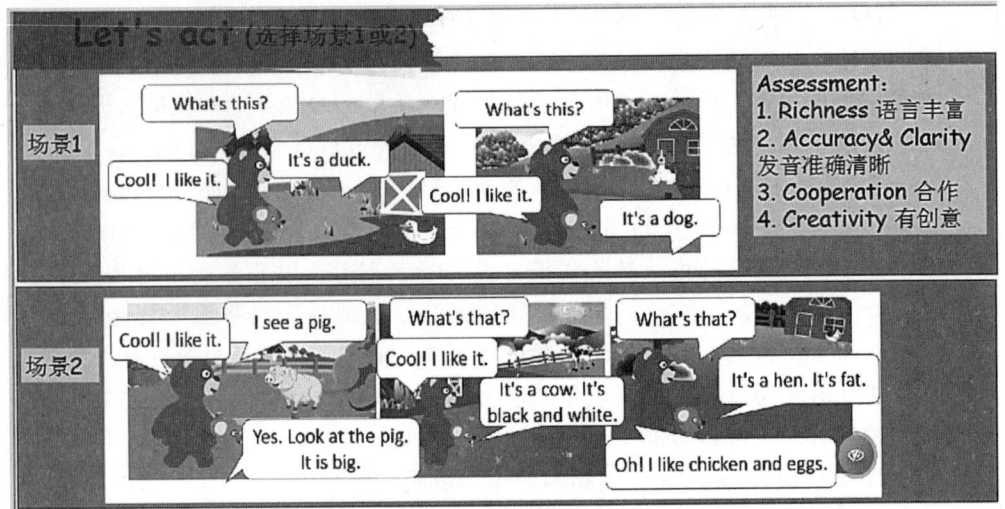

图 4-2-5 Let's act

力。教师整合话题，把内容巧妙地编在绘本故事中，通过设置听一听、看一看、读一读、演一演这四个小任务，层层递进，让学生在小组探究活动中习得语言，加深对知识的理解并对所学知识进行内化，让学生在探究中学会交流与合作，掌握和运用知识，培养学生解决问题、分析问题的能力。

Task 3 Let's do a project. （动物相册，综合应用）

1. Guess.
2. Watch a video and talk about it.
3. Make an animal file. （如图 4-2-6 所示）

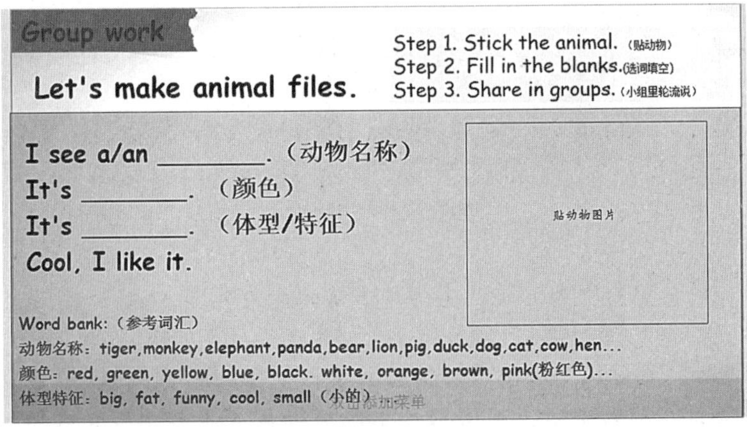

图 4-2-6 Group work

【评析】在结束了农场探寻之旅后，学生又一次坐上大巴车来到了森林，继续他们的探寻之旅。在这里，他们又会看到什么呢？老师的提问再一次引发学生的好奇心，激起他们的探究欲望。老师播放相关的动物视频，让学生自己找寻答案，从中他们了解到更多的课外动物词汇，这激发了他们保护动物的意识。最后，通过小组合作的方式制作他们喜欢的动物相册。让学生根据教师提供语言支架进行创编会话，从而达到动口、动手、动脑的效果。在制作相册的过程中，教师要逐步放手，培养学生在小组自主合作中探究知识的意识和运用知识的能力。

Task 4 Let's share.（分享相册，评价检测）

1. Talk in groups.
2. Share the animal files.

【评析】本环节是教师完全放手，让学生自由地在组内分享相册内容的过程，是检验学生复习效果的过程，是学生利用手中的应答器互评的过程。在此过程中，学生在评价中反思，享受成功的喜悦，内化为学习的动力，思维能力和批判能力得到发展。

三、引发的思考

1. 如何利用学生手中的应答器，将它的效果最大化？
2. 教师在课堂上如何利用平台提供的学习数据，做到精准教学？
3. 在学生小组合作的过程中，教师如何更精准地指导学生？

【附件 4－11】

人教版四年级上册 Unit 2 What time is it? 教学设计
—— "爱种子"模式下的小学英语互动探究复习教学

一、教学分析

（一）教材分析

本课例是人教版四年级上册 Unit 2 What time is it? 的复习教学，学生在第四单元已学习短语 go home, get up, go to school, go to bed, 单词 lunch, dinner, breakfast, music class, PE class, English class 以及句型 "What time is it now?" "It's…o'clock." "It's time for…"。学生已经有了一定的知识储备，如食物、数字和表示动作的词语及相关问句和答句。

（二）学情分析

四年级的学生大概十岁，他们对英语学习充满了兴趣，在课堂上能非常积极地回答老师提出的问题。但是这个年龄阶段的学生注意力比较分散，容易被一些新奇的事物吸引，需要教师在课堂上花更多的心思，激发学生的学习兴趣和学习内动力。经过"爱种子"教学理念的引导，学生初步养成了主动学习、合作学习的习惯，能主动与小组成员一起合作、探究、评价等。

二、教学目标

1. 知识与技能：①复习和运用短语 go home，get up，go to school，go to bed，单词 lunch，dinner，breakfast，music class，PE class，English class，以及句型"What time is it now?" "It's…o'clock." "It's time for/to…"；②能在真实情景中拓展运用"What time is it now?" "It's…o'clock." "It's time for/to…"以及描述该时间段应该干什么。

2. 过程与方法：在本节课的知识框架上拓展运用已有的知识链，唤醒旧知识，通过了解爱莎一天的作息时间表，激发学生的学习兴趣，引导学生合作学习，形成学习共同体，在建立的语言框架基础上综合运用语言。

3. 情感、态度与价值观：教育学生珍惜时间、学会管理时间，培养学生热爱学习、热爱生活的思想感情。

三、教学重点、难点

重点：①复习和运用动词短语、单词和句型；②能在真实情景中拓展运用"What time is it now?" "It's…o'clock." "It's time for/to…"，以及描述该时间段应该干什么。

难点：能在真实情景中拓展运用"What time is it now?" "It's…o'clock." "It's time for/to…"，以及描述该时间段应该干什么。

四、设计思路与教学方法

创设情境：安娜的姐姐爱莎不见了，小精灵告诉安娜想要找回姐姐爱莎，就要寻回姐姐爱莎的时间碎片，并通过故事说明时间管理的重要性。

任务设置：Task 1 Let's review：梳理再现，单词复习—句型复习；Task 2 Let's practise：词汇、句型再现巩固拓展；Task 3 Let's do a project：话题应用，综合运用语言；Task 4 Let's share：分享成果，相互评价；Self-assessment：自我评价，反思整节课的表现。

五、教学过程

Warm-up.

1. Greeting.

T：Hello！Children．Today we are going to review Unit 2．

2. 播放导语，明确学习目标。

【设计意图】让学生知道本节课的教学目标，初次感知本节课的学习要求。

Task 1 Let's review.

Anna：Hi！I am Anna！（敲门声）Elsa！Elsa is missing！

（出现小精灵）Fairy：If you want your sister back, please follow the pieces of Elsa's timetable and finish the tasks. Then you can find your sister! Now, you can go. (PPT 出现 4 个任务)

(1) Let's chant.

T: Elsa likes singing. Let's chant and find Elsa!

T: Nice chant, kids. I like you so much. Do you want to know about Elsa? Here's the timetable. Let's see!

【设计意图】教师用歌谣活跃气氛,缓解学生紧张的情绪,建立轻松和谐的学习氛围。

(2) Mind map. (复习短语)

【设计意图】利用歌谣,让学生在情境中感知动物单词,引发学生的思考,为下一步的学习做好铺垫。

Task 2 Let's practice.

1. 猜一猜。

T: Children, look! Here comes a bad witch! Elsa's timetable is messed up. Let's guess what happened.

【设计意图】通过提出问题,让学生进行预测,引发思考。

2. 听一听。(Listen and fill in the timetable.)(见表 4-2-1)

表 4-2-1　Listen and fill in the timetable

1		9:00	
2		10:00	
3		11:00	

3. 说一说。

T: Now watch the video and answer the questions. (T&F)

(1) It's 10 o'clock. It's time for PE class.

(2) It's 9 o'clock. It's time for English class.

(3) It's 11 o'clock. It's time for home.

T: Children, have you got the answer?

Ss 回答。

T: Well done, kids! Now let's read the dialogue together.

4. 写一写。

T: Good job, boys and girls! Can you fill in the blanks? (自主选择并合作完成练习)

5. 演一演。

T: Well done! Now let's role play!

两人合作表演会话并上台展示。

T: Children, you acted very well! How many stars can you get?

【设计意图】老师从总体—细节等方面层层深入地提出问题,学生在听录音、阅读文本的过程中使用目标语言探求答案,以达到理解文本,培养学生解决问题的能力。

Task 3 Let's do a project: Make a timetable.

Anna: Children, thanks for your help. But I still can't find Elsa! I need your help!

T: Children, from the story, we can know that it's good to make a timetable. It can help us manage our life. You should make your own timetable! Can you? Here is my timetable.（教师做示范,学生小组合作完成时间表）

T: You did a good job! How many stars can you get?

【设计意图】通过设计制作时间表活动,让学生既运用了本节课所学的知识,又明白了时间规划的重要性。

Task 4 Let's share in groups.

上台展示,培养学生自信心。

【设计意图】在展示作品的过程中,运用本节课所学,培养学生将知识运用到生活的能力。

Self-assessment.

【设计意图】自我评价、反思整节课的表现。

Homework.

1. Make your own timetable.

2. Read aloud the dialogue and try to recite it.

3.（选做）查一查：中国和美国的时差是多少?

【设计意图】教师对学生进行课外知识拓展,让学生能把所学知识运用在生活中。

【附件 4-12】

以爱之名,静待花开

——四年级下册 Unit 2 What time is it? 互动探究复习教学典型案例分析

一、案例背景

本课例是人教版四年级上册 Unit 2 What time is it? 的互动探究复习教学,授课对象是四年级的学生,学生已学习短语 go home, get up, go to school, go to bed；单词 lunch, dinner, breakfast, music class, PE class, English class；以及句型 "What time is it now?" "It's...o'clock." "It's time for/to…"。学生已经有了一定的知识储备，如食物、数字和表示动作的词语及相关问句和答句，但是对于"It's time for/to…"的区别运用还掌握得不够到位。因此，在本课例中，教师计划通过"爱种子"互动探究课型中的 Let's review, Let's practice, Let's do a project, Let's make 和 Let's share 五个环节来巩固和运用本单元所学的内容。本课例在 Let's practice 部分，通过创编新文本，设置了猜一猜、听一听、说一说、写一写和演一演五个活动来收集学生操练中出现的错误，并根据学生互动探究的结果作出适时的调整。在 Let's do a project 环节，设置了小组合作完成时间的活动，通过活动，找到学生的情趣触发点，实现问题共振、情感共鸣，真正实现以学生为主体，从而全面提高学生的综合语言运用能力。

二、案例描述

为了检验学生对重点句型"It's time for/to…"的区别运用情况，在 Let's practice 部分，以两个为一小组的形式，自主选取 A、B 两篇会话的其中一篇，进行会话填空练习，训练重点句型；然后借助"爱种子"智能平台选择小组展示会话；最后利用平台选择了三组同学进行表演。两组同学角色表演得非常好，另外一组表现得略逊一筹，因为他们出现了"It's time for/to…"辨别不清楚的情况。

教学片段：

T：Children, you all did a good job. Now please look at the PPT. There are two dialogues. Please choose A or B to say. OK?

S：OK.（学生练习）

T：Time's up. Let's choose. "Guo Hao, and your partner, please"

S1：What time is it now?   S2：It's 9 o'clock.

S1：It's time for math class.

S1：What time is it now?   S2：It's 10 o'clock.

S1：It's time for PE class.

S1：What time is it now?   S2：It's 11 o'clock.

S1：It's time to go home.

T：Perfect. Boys and girls, big hands!（学生拍掌）

T：Well. Let's welcome another group.

S1：What time is it now?   S2：It's 9 o'clock.

S1：It's time for math class.

……

T：Boys and girls, Please say something to them.   S：…

T：Kids, you did a good job! Now let's welcome another group.

S1: What time is it now?　　　　　　　S2: It's 9 o'clock.
S1: It's time to math class.
S1: What time is it now?　　　　　　　S2: It's 10 o'clock.
S1: It's time for PE class.
S1: What time is it now?　　　　　　　S2: It's 11 o'clock.
S1: It's time for go home.
T: Boys and girls, they did very well, but do you find any mistakes?
S1: It's time for math class.　　　　　S2: It's time to go home.
T: Wow, you are wonderful, and listened to them very carefully. Great!

结果显而易见，第三组学生的表现不如第一、第二小组学生。他们所犯的错误是学生在学习中经常犯的，于是教师顺势向学生提出了一个问题，教师说："Boys and girls, they did very well, but do you find any mistakes?"抛出问题的目的一是检测学生是否有认真聆听，培养学生们尊重发言同学的好习惯；二是让学生们从别人的回答中总结错误，从而更容易掌握好知识点。教师提出问题后，教室里一下子就沸腾起来了，学生们都争先恐后地说出自己听到的错误之处，教师非常欣喜。有的同学说：应该是It's time for math class. 还有的同学说：最后一句应该是It's time to go home. 当学生们自信地说完后，教师问其他的学生是这样的吗，学生们不断地点头，表示赞同。于是，教师将错误再次进行了总结，这样刚才说错的学生对这个知识点的记忆就更牢固了，也保证了和他一样犯同样错误的学生更迅速地掌握该知识点。

为了巩固学生所学的知识点，在输出环节"Let's do a project"部分，教师创设真实的语言运用环境和任务来巩固、练习所学重点句型。教师通过让学生制作自己的时间表的活动，让学生既运用了本节课所学的知识，更加明白了时间规划的重要性。教师创设情境：由于Elsa没有管理好自己的时间碎片，巫婆损害了她的时间，所以制定好一个适合自己的时间表是非常重要的。教师给每位学生发一张A4纸，用来制定时间表，让学生制定流程，然后运用重点句型"It's…""It's time to/for…"来谈论自身的时间表。教师："You see, Elsa is missing. She didn't manage her time. So it is very important to make your own timetable. Now, let's go!"教师一说完指令，学生们就认真制定起来，有的画了一个大大的闹钟，在指针旁边制定时间表；有的列出了一个表格，写出时间来制定时间表，每一个学生都投入课堂当中。

三分钟后，教师故意打断他们，又提出要求："现在请和你的小伙伴交换一下你的时间表吧。Please work in pairs and make a dialogue with the sentences. A: What time is it? B: It's… It's time to/for…to talk about your timetable."教师一说完,学生们两人一组热火朝天的交流起来。他们有的指着闹钟的指针问:"What time is it?"有的指着写出的时间问"What time is it?"……学生们你一言我一语地说着。三分钟后,教师叫了四组学生到台前进行表演,并鼓励学生进行互评。学生使用应答器进行投票,选择最好的小组,说出其优点和需要改进之处。最后,教师根据统计数据,对获胜小组进行奖励,这大大激发了学生学习的积极性,发散了学生的思维,也巩固归纳了所学内容。

三、案例分析

(一) 尊重主体,激发主动性,激活学生思维

新课标指出,教师在教学过程中,要充分发挥学生主体的地位,积极引导学生从英语学习的"小课堂"走向社会的"大天地",鼓励在课后通过多种方式互动探究,使学生的知识向课外拓展和延伸,鼓励他们多参与、多思考和多评价。在本节课,教师充分尊重"爱种子"理念,利用平台系统选取表演的学生,实现了教育公平。然后,教师通过创设"Elsa没有管理好自己的时间,导致自己的时间碎片消失"的情境,教育学生更好地管理时间。教师让学生尝试制订自己的时间表,让学生利用手里的应答器,适时地进行评价,真正做到教师评价与学生评价的有机结合,让学生从内心体会到他们是课堂的主人,保证了全体同学参与到课堂之中,大大提高了课堂参与度。

(二) 以学定教,互动探究,巩固操练

新课标指出,教师在教学中,要让学生在充分体验、参与、自主、合作、探究的过程中获得知识。在本案例中,学生在 Let's practice 中出现了 It's time for 和 It's time to 后面接名词、动词的混淆问题,教师及时捕捉学生学习的盲点,及时调整教学内容。在 Let's do a project 环节,教师通过结合学生自身的实际,创设了真实的情景,设置学生喜欢的任务,让学生在小组合作探究的过程中完成任务,反复练习"What time is it?"和"It's time to/for"的句型,引导学生结合自己的生活经验,利用以前学过的相关知识和主题,实现语言综合运用,发展学生的想象力和创意思维。这样,真正地实现了以学定教,处理好了"教与学"的关系。然后,教师利用平台系统,让学生进行评价反思,促进了学生合作与协同式互动交流,激活了学生的思维,深化了所学知识,提高了学生的综合语言运用能力。

(三) 利用信息技术,提高学生的积极性

现代信息技术教学,信息量大、直观形象,能全方位、多元化调动学生的视觉、听觉、动觉,多层次启发学生、拓宽思维,使思维的广阔性、深刻性、独立性、敏捷性等方面得到训练,从而发展了学生的创造能力,

培养了良好的素质。在"爱种子"教学模式中，真正实现了利用信息技术手段，服务于教师们的教学。在本案例中，教师多次借助信息技术手段，随机选取表演小组，鼓励学生利用手中的应答器对各个小组进行评价，为学生搭建了一个"合作、参与、共享"的平台，大大激发了学生学习的内驱力。

四、结束语

总之，在信息技术飞速发展的时代，教师要终身学习，认真研究"爱种子"教学模式，充分尊重学生，以学生为主体，认真落实对核心素养的培养；同时，注意运用信息技术手段，拓宽学生的参与面，注重培养学生的思维；要聚焦课堂，点燃学生的思维，创建高效课堂，提高课堂效率。

第三节 主题拓展教学范式与案例

一、语音教学范式

（一）语音教学的定义

《义务教育英语课程标准（2011年版）》提出，学生在义务教育六年级结束时，应掌握以下英语语音知识：正确读出26个英文字母；了解简单的拼读规律；了解单词有重音，句子有重读；了解英语语音包括连读、节奏、停顿、语调等现象。人教版小学英语教材每单元设有专门的语音教学板块，为语音教学提供基于语境的语音学习及巩固练习。语音教学是语言教学的重要组成部分，教师除了在各种课型中渗透语音知识教学，还需在每个单元设计专门的语音课，让学生掌握基础的语音知识及培养基本的语音能力。

在"爱种子"实验背景下的小学英语语音教学，是"爱种子"教学模式"主题拓展"环节的其中一个课型。该课型基于人教版小学英语教材中的"Let's spell"板块内容而设计。在授课过程中，教师可整合课内及课外相关语音教学资源，培养学生音素意识和拼读能力，在以语音知识教学为核心的语篇中感悟积极情感态度，形成文化意识。

（二）语音教学的目标

义务教育阶段的英语课程要求培养学生基于语言技能、语言知识、情感态度、学习策略和文化意识等方面整体发展的综合语言运用能力。小学英语语音课侧重于语音知识的教学，但是教学目标不应只局限于语音知识。语音教学应注重语义和语境，不能脱离语境空谈语音知识。"爱种子"教学模式的小学英语语音教学以语音绘本为载体，对绘本的理解和掌握也是重要的教学目标。因此，"爱种子"小学英语语音教学的目标应包括语音知识目标，如语音目标、词汇目标、话题目标等；语言技能目标，如听、说、读、写、演；部分学习策略、文化意识和情感态度目标。

（三）语音教学范式

"爱种子"教学模式下的语音教学范式包含五大基本环节：Let's build（复习巩固）—Let's read（拓展阅读）—Let's discuss（探究规律）—Let's spell（读写训练）—Let's create（创编语篇）；以任务驱动课堂，各个环节有机衔接，层层深入。该教学模式以语篇（绘本）为载体实施语音教学，从引入语篇到初步理解语篇，再到深入理解语篇，最后升华至由学生整合新旧知识，自主创编语篇，培养学生综合语言运用能力。

1. 复习巩固——Task 1　Let's build

本环节旨在复习巩固语音旧知识，激活学生的学习兴趣，为下一步拓展阅读作铺垫。

教师可在本环节提供歌谣、chant、动画等，帮助学生回顾语音旧知识，然后通过思维导图、free talk、竞答、游戏等，帮助学生整理语音旧知识，形成直观系统的语音网络。

2. 拓展阅读——Task 2　Let's read

本部分是"爱种子"教学模式主题拓展语音教学的重要环节。语言教学讲求音、形、义结合，语音教学也不能脱离语境。因此，语音教学应该以语篇为载体。教师在本环节提供 chant、动画、绘本等拓展语篇，让学生在语篇学习中提高阅读能力、发现语音规律、巩固语音知识、培养积极的情感态度。

教师可以选择 chant、动画、绘本等多样语篇，同时，教师需分析教材内容与拓展阅读内容的共通性和关联性，选择学习素材。在教学中，教师应创设情境引入语篇，进入文本阅读环节。在学生通过默读、听读、共读、回答问题、图片环游等活动整体理解、掌握语篇内容后，教师通过让学生完成思维导图、梳理故事情节等活动，引导学生发现语篇中与目标语音知识相关的关键词。

3. 探究规律——Task 3　Let's discuss

此环节把学生的关注点从整本绘本缩小到绘本的语音知识上。教师组织学生进行小组合作，引导学生找出目标语音词汇的共同点，然后通过小组讨论找出字母或字母组合的发音规律。在学生通过合作探究得出发音规律后，教师引导学生通过思维导图进行对语音知识的梳理，并适时拓展相关语音知识。此环节后，学生可进行自评，自评内容可以是对语音目标或对学习策略（小组合作探究）掌握的评价。

4. 读写训练——Task 4　Let's spell

本环节属于学生理解目标语音知识后所进行的读写训练，旨在进一步巩固语音知识，培养学生见词能读、听音能写的语音能力，形式应多样，如集体拼读（blending）、拆读（segmenting）、小组合作创词拼读、听音选词、听音写词等。练习题可在平台创设，学生用应答器答题。教师通过平台收集学生数据，进行反馈，重点讲解难题、易错题，也可通过比赛形式进行语音练习，适时调动课堂气氛。

5. 创编语篇——Task 5　Let's create

本环节从语音学习自然回归到绘本，引导学生对绘本进行更深入的解读。教师应挖掘绘本所蕴含的积极情感态度或文化知识，引领学生感受绘本图片或文字表面下更深层次的思想。教师可提出关于故事情节或角色的开放式问题，让学生把绘本与实际生活经验相联系，激发学生思考，培养学生的批判性思维；教师也可让学生发挥想象力，预测绘本的结局或情节的发展方向。根据布鲁姆教育目标分类学，在牢记、理解知识后，应达到对知识的应用、分析、评价，而最高层次是根据所学，创造出新的内容。在本环节中，教师通过示范，引导学生结合所学的语音知识，创编语篇，如用尽量多的含目标字母组合的词汇创编有逻辑、有意义的新语篇并演绎出来。通过创造新语篇，达到知识的迁移运用的目标，同时调动整合思维和合作协同能力，是学生核心素养得到发展的集中体现。

（四）注意事项

1. 情景化

语音教学需置于情境之上，从语篇中学习语音，而不能本末倒置，先单独学习语音知识，再处理语篇。

2. 绘本选择

教师所选择的绘本内容和难度应该符合学生的最近发展区水平，如原版绘本难度较大，可根据学生水平稍作改编。

3. 教学目标

语音课的教学应该多元化，不应只局限于语音知识目标，可根据绘本内容设计情感态度、文化意识、学习策略等目标，培养学生的综合语言运用能力。

4. 评价化

课堂上的评价方式可为师评、自评、小组内评、小组互评等，旨在通过评价促进学生反思、再学习。教师也可从评价反映出的数据掌握学生情况，及时调整教学进程。

【附件 4-13】

人教版四年级下册 Unit 1 My School Let's spell 教学设计
——"爱种子"模式下的小学英语主题拓展

一、教学分析

（一）教材分析

本节课的教学内容是基于人教版小学英语四年级下册 Unit 1 My School Part A Let's spell，结合绘本 The Big Winner 而进行的语音拓展学习。通过绘本，教师让学生归纳 -er 的发音规律，并进行相应的练习。教材资源有包含 -er 字母单词的趣味视频和关于 -er 发音的教学视频，并提供画线跟读题和听音拼写题。

（二）学情分析

四年级的学生活泼好动，好奇心强，形象思维强，抽象思维较弱，能理解基础故事内容，感悟故事道理。课堂应具备知识性和趣味性，保持学生学习热情。除了语言能力，也应注重培养学生的学习能力和思维品质。

四年级学生经过一年半的系统学习，已经掌握了 26 个字母的发音及初步认识开音节和闭音节的特点。学生具备一定的语音基础和语音学习能力，初步形成了一定的语音学习策略，基本掌握了小组合作策略。教师应创设有意义的语言情境，创设趣味性活动，在巩固学习目标的同时适时活跃课堂气氛。

二、教学目标

1. 能掌握字母组合"-er"的发音规则。
2. 能读出符合"-er"发音规则的单词。
3. 能拼写出符合"-er"发音规则的单词。
4. 能理解绘本故事，感悟绘本寓意。

三、教学重点、难点

重点：①能在情境中掌握字母组合"-er"的发音规律；②对于含有"-er"的单词能够见词能读、听音能写。

难点：能理解绘本故事，流利朗读故事。

四、设计思路与教学方法

设计思路：教师课前帮助同学们理解本节课的学习目标，提出学习任务，让学生抓住学习重点，提高学习效率；设置 let's build，let's read，let's discuss，let's spell，let's create 五大环节；以绘本故事 The Big Winner 为主线，通过绘本故事，让学生在完整的语篇中归纳"-er"发音规律，练习关于"-er"的发音，最后回归到对语篇的深层次理解，形成语音教学的整体输出。

教学方法：情景教学法、任务型教学法。

五、教学过程

Task 1 Let's build.

1. Greetings.
2. Present a song about "-er".
3. Mind map：ask students to say some words with "-er".
4. Sharp eyes：say the words with "-er".
5. Review the sound of "-er".

【设计意图】教师用歌曲活跃课堂，让学生复习巩固含"-er"的单词，回顾"-er"的发音，为下一环节拓展绘本阅读作铺垫。

Task 2 Let's read.

1. （引入绘本）T：What's the meaning of the word "winner"?

   T：Guess! Who is the winner? Yes, giraffe is the winner. Today let's read the story of this giraffe.

2. 阅读绘本：①猜一猜：教师引导学生观察绘本 The Big Winner 的封面，解读图片及标题：What can you see from the cover? 让学生提出想问的问题，教师提出问题：What's the giraffe's name? What game is it? Why did the giraffe win? ②默读：学生带着问题自主默读绘本，初步感知绘本内容；③答一答：回答问题；④听一听：听绘本音频，教师带领学生图片环游，引导学生通过图片猜测词义，进一步理解绘本内容；⑤小组齐读绘本，学生用应答器选出不会读的单词；⑥填一填：＿＿＿＿ got her ball for the ＿＿＿＿＿＿ game. Her hat is ＿＿＿＿＿. Fern was a good ＿＿＿＿＿. But Fern was a slow ＿＿＿＿＿. Fern got a ＿＿＿＿＿ from her ＿＿＿＿＿. In the end, Fern felt like a big ＿＿＿＿＿. ⑦自评：你能够读懂这本绘本吗？

【设计意图】教师按照绘本内容创设情境，从课本内容自然过渡到绘本拓展。基于语音教学目标而开展的绘本阅读，渗透学习策略，拓展学生的自主学习能力和思维能力。

Task 3 Let's discuss.

1. 找一找：引导学生发现所填词汇的共同点，都有"-er"，小组讨论"-er"的发音规律。
2. 规律总结：教师总结"-er"的发音规律，播放微课。
3. 自评：你能总结出"-er"的发音的规律吗？

【设计意图】教师帮助学生提高协同合作能力，掌握"-er"的发音规律。

Task 4 Let's spell.

学生完成关于"-er"发音的练习：①集体拼读练习；②小组合作完成拼词、拼读练习，教师邀请学生展示，学生互评；③小组合作大声拼读，学生用应答器评分；④ Listen and choose；⑤自评：你能拼读和拼写出关于"-er"的单词吗？

【设计意图】教师通过练习巩固对"-er"的发音规律的掌握，培养学生见词能读、听音能写的能力。

Task 5 Let's create.

1. T：What did Fern's sister write to Fern？
2. T：If you were Fern's sister, what would you write？
3. 续编：用含"-er"的单词续编故事。
4. 教师抽取两组成果进行展示，学生互评。

【设计意图】教师回归绘本，让学生深入理解绘本，感悟绘本寓意；培养学生学会知识迁移运用，享受成功喜悦，促进学生反思、再学习。

Self-assessment.

Summary：总结本课所学，引导学生提出问题。

【设计意图】教师检测、诊断学生本课的学习情况，根据学生暴露的问题，调整下节课教学内容，做到精准教学。

Homework.

1. 学生朗读绘本 *The Big Winner*。
2. 学生画关于字母组合"-er"发音的思维导图。

【附件 4-14】

以读促拼，提升学生的英语阅读能力

——人教版四年级下册 Unit 1 My School Let's spell 典型案例分析

一、案例背景

四年级的小学生对于英语阅读方面的兴趣和习惯方面存在不足，普遍处于发展初始阶段。在小学英语教材板块教学中，很多教师偏向词汇和语篇的教学，而忽略语音板块的教学。大部分的学生在单词识记方面主要靠死记硬背来记忆，因此，学生的英语阅读能力较弱。学生英语阅读能力的不足，一方面是因为教师对英语语音教学在思想上不够重视，缺乏灵活运用教材来设计语音学习任务的意识，没有对学生进行有效的语音技能指导；另一方面是因为学生词汇量过少，单词识记方面限制了其课外阅读量。

二、案例描述

案例：在人教版《义务教育教科书 英语（三年级起点）》四年级下册 Unit 1 My school Let's spell 的教学中，教师与学生一起探究学习，教师顺着前面的 Task 引出本课的学习重点字母组合"-er"的发音，通过有趣的歌曲、游戏等激发学生的拼读兴趣，降低学生的畏难情绪，为"Let's read"环节的绘本阅读作铺垫，帮助学生积累词汇。但学生对绘本阅读存在畏难情绪，那么，在语音教学中，我们该如何消除学生的畏难情绪呢？教师将遵循儿童的心理特点来设计拼读和阅读任务，让学生在语言敏感期学习语音知识，并借助自然拼读进行"魅力拼词读句"，以阶梯式的学习，帮助他们实现从拼读到流利阅读，增加词汇积累，提高阅读理解能力，最后达到综合运用能力的整体提升的完美跨越。

三、案例分析

在"爱种子"理念的引领下，要培养学生的语音能力，教师应当遵循语音发展规律，不断改进教学模式，促进教学方式和学习方式的转化，结合小学生的学习特点及英语教学要求，设置驱动式的任务，给学生提供大量趣味性强、富有规律的语音自然拼读训练，以拼导读、以读促记，切实地提高学生的阅读能力和信心。在本节课中，教师设计了五个任务，课前帮助学生理解本节课的学习目标，提出学习任务，让学生抓住学习重点，提高学习效率；设置 let's build, let's read, let's discuss, let's spell, let's create 五大环节；以绘本故事 The Big Winner 为主线，通过自主阅读绘本故事，合作探究发音规律，让学生学会归纳字母组合"-er"的发音规律，并通过拼、读、练、演的方式让学生理解绘本，提高学生的阅读兴趣和积极性，从而形成从语音教学到阅读教学的整体应用。

Task 1 Let's build 环节属于读前活动环节，主要是激趣引入新知识，激活学生的思维，激活学习行为。教师把多元智能理念融入自然拼读课程中，通过听、看、触、唱等多种感官经验激活学生的各种智能。在这一环节，教师设计含"-er"的歌曲活跃课堂，激发学生的音乐潜能，并引出学习内容；通过训练学生的认读、拼读能力，促进他们的语言技能。结合思维导图和游戏，让学生复习含"-er"的单词，帮助学生梳理语音知识，为下一环节拓展绘本阅读作铺垫。课前形式多样的活动不但有效地激发了学生的学习兴趣，而且在一定程度上使学生明确了本节课的学习重点内容。

Task 2 Let's read 是"读中学"环节。在这一环节中，教师通过引导学生观察绘本 The Big Winner 的封面，解读图片及标题：What can you see from the cover? 让学生初步感知文本梗概，然后围绕问题"What's the giraffe's name?""What game is it?""Why did the giraffe win?"引导学生开展阅读，要求学生通过自主阅读和小组合作交流的方式解决问题，尽量采用多种形式在有意义的语篇语境中导入所学内容，从意义入手再过渡到音、形，最后基于语音教学目标而开展绘本阅读指导，渗透学习策略，拓展学生自主学习能力和思维能力。我们坚持实现教育由"师本"向"生本"转变，借助学生本能力量，在语音教学中鼓励学生先学，以学定教，采用个人、小组和班级的多种方式开展自主合作学习，实现从词到句、从句到篇的阅读发展的目标。

Task 3 Let's discuss 环节属于"读中悟"活动环节。学生通过合作学习，自主梳理语音知识特点，从而探究字母组合"-er"的发音规律。在这个环节中，教师通过设计小组合作找出绘本中含有字母组合"-er"的单词，小组讨论字母组合"-er"的发音规律，完成阅读中的拼读任务，掌握"-er"的发音规律，然后通过观看微课，进一步巩固学生对"-er"的发音掌握，培养学生协同合作的能力。

Task 4 Let's spell 环节属于"读中促拼"活动环节。学生通过不同形式的拼读训练，巩固前面掌握的拼读技巧，以拼促读，巩固"-er"的发音规律，培养学生见词能读、听音能写的能力。

Task 5 Let's create 环节是读后应用环节。在这一部分，教师以问题"What did Fern's sister write to Fern?""If you were Fern's sister, what would you write?"引导学生尝试续编故事。最后，教师通过学生自评、互评、集体评价或者教师评价的方式，对学生的拓展活动进行评价。在此过程中，学生学会知识迁移运用、享受成功喜悦、促进学生反思、再学习。教师在实际教学过程中充分结合教材内容，充分利用绘本故事，进行语音知识应用学习。在对绘本的学习过程中，学生的拼读能力得到有效提升，同时积累了更多的词句，学生对词句的运用能力也得以提升。

四、结束语

对学生词汇运用能力的培养是一个循序渐进的过程。在本节教学案例中，教师基于"爱种子""三环四得"教学理念，设计了驱动式任务，以拼促读，引导学生在读中拼、在拼中读，进一步培养他们对英语语音学习的兴趣，为学生搭建了一个有梯度、相关联的知识结构框架，找准训练的要点，层层引领，使学生逐渐掌握有效的拼读技能。教师利用英语绘本辅助语言的情景教学，培养学生语言素养，渲染学生在课堂上运用英语的氛围，提高进而实现了语音教学与绘本教学的有机结合。

二、读写教学范式

（一）读写教学的定义

什么是读写教学？读写教学的内容大致划分为阅读和写作两部分。其中，阅读部分注重学生英语基础的培养、技能策略的渗透及思辨能力的提高，从词汇、句法、篇章、文化等各个角度全面开展教学；同时，注重扩大学生的阅读量及阅读面，培养学生高效地从英语阅读中获取信息、增长知识。写作部分为基于阅读的写作训练，根据所阅读的文本构建写作框架，进行仿写、续写、自由写作等练习，以掌握相关写作技巧。读写教学，就是教师和学生共同从语篇中提取和整理关键信息，正确表达文本内容，即从输入到输出的过程。

"爱种子"实验背景下的小学英语读写教学，是"爱种子""三环四得"中主题拓展的一个课型，是基于人教版教材中的"Read and write"（Start to read）和"Let's read"板块而进行读写结合训练的教学。人教版教材的"Read and write"（Start to read）和"Let's read"板块围绕单元话题拓展阅读语篇，教师可以利用这个板块对学生进行读写结合的训练，如改写或续写等。改写就是在学生理解文本的基础上，教师引导学生用自己的语言对文本进行再创造的过程。续写是要求学生根据已有的生活经验和积累的语言知识，沿着文本的思路创作的过程。

（二）读写教学的目标

英语新课程标准倡导学科教育的"三维目标"，即知识与技能、过程与方法、情感态度价值观。其中，技能目标以及过程与方法目标整合为语言技能与学习策略。在不同的课型中，教学目标会表现出不同的侧重点。读写教学的目标则侧重于对阅读技能和写作技能的训练。教师只有理解了读写教学中读与写的内在关系，才能设定明确、具体的教学目标。例如，通过阅读，学生可以寻求乐趣、获取信息、扩大词汇量、巩固语法、培养阅读和写作策略等。

（三）读写教学范式

基于教材的"Read and write"（Start to read）和"Let's read"板块，结合"爱种子""三环四得"教学模式，我们以任务驱动的方式，每单元安排一节读写教学课，以读促写，由易到难，构建小学英语读写教学范式。此范式的基本环节为读前"三个激活"—读中"两个必要"—读后写前"六个强调"—读后写作"四个原则"，涵盖四个任务，引导学生整合已学知识，培养学生综合运用语言的能力，逐步给学生搭建写作的脚手架。

1. 读前"三个激活"——Task 1 Let's build

Task 1 Let's build 环节属于读前活动环节，主要是要实现三个激活——激活旧知、激活思维、激活行为。本环节旨在激发学生的学习兴趣，帮助学生建立读写与以往经验、知识之间的联系，扫除语言障碍，引导学生快速进入状态，为下一步阅读做铺垫。读写前活动语言铺垫的充分与否直接影响整堂课的节奏和效率。每一个活动的设计，必须简明形象，直奔主题，必须是为最终的写作铺路的。

活动形式要多样化，可以是歌谣、游戏、自由会话、猜谜语、头脑风暴、图片和问题预测阅读内容、竞赛活动、看图抢答、听做表演、听音训练、介绍写作背景知识、教授影响理解文本的生词和句型等，互动形式有师生、生生、人机等。

2. 读中"两个必要"——Task 2 Let's read

此环节是阅读中环节，旨在达到"两个必要"——理解文本、培养技能。阅读是输入技能，写作是输出技能，要有足够的输入才能保证输出。此阶段是阅读写作教学的重点，是主体部分，所需的时间最长，内容最丰富充实。具体要求如下：

（1）教师布置任务，让学生通过看图预测、观看视频、听音验证猜测等活动进行感知语言。

（2）通过跟读、模仿语气朗读等活动培养学生语感。

（3）教师可布置阅读连线、回答问题的任务，让学生把握文章细节；教师传授阅读技巧，帮助学生理解文段内容，逐步理解语篇，找到阅读策略，引导学生快速阅读，为下一步的口头汇报、笔头输出做铺垫。

（4）教师可布置读后转述、完成表格、完成思维导图、小组汇报等任务，设计有学生独立阅读、独立思考时间的活动，让学生有充分的语言输出。

在此活动环节中，互动形式有师生、生生、人机等。

3. 读后写前"六个强调"——Task 3 Let's create

此环节属于读后写前活动环节，实现六个强调：强调内容真实，强调语言支持，强调任务清晰，强调活动示范，强调学生自主，强调真实交流。具体要求如下：

（1）教师通过思维导图、游戏、同桌会话、讨论交流、自编歌谣、自编会话、现场调查、英语采访、阅读相关语篇等活动，让学生在较真实的情境中运用语言。

（2）教师布置完成表格、复述语篇、语言赏析等活动，梳理语言，构建框架。通过听、说、读、讨论等多感官刺激，把习作的语言点一一操练和巩固，激活学生的知识储备，达到以说导写、以读促写的效果，逐步搭建写作的脚手架。

互动形式有师生、生生、全体、部分、小组、同伴、个人等。

4. 读后写作"四个原则"——Task 4 Let's write

Task 4 Let's write 环节是读后写作环节，要遵循"四个原则"——渗透策略、独立写作、总结评价、分享反思。在此环节，要渗透写作策略，引导学生独立完成写作。活动形式有改写或续写原文、仿写小短文等。写作后要总结评价，分享反思。通过学生自评、互评、集体评价或者教师评价的方式，对学生的作文进行评价，教师让学生反思自己习作的不足，促进其修改习作。

（四）注意事项

在读写教学中，教师要注意创设情景，激发学生兴趣，教学目标要多元化，活动形式要多样化。教师要引导学生从词到句，到段，再到篇，逐层递进，一起搭建写作的脚手架，降低写作难度，树立学生写作的信心，提升阅读与写作的能力！

【附件 4-15】

人教版三年级下册 Unit 3 At the zoo Reading and Writing 教学设计
——"爱种子"模式下的小学英语主题拓展

一、教学分析

（一）教材分析

本节课是选自人教版《义务教育教科书 英语（三年级起点）》三年级下册 Unit 3 At the zoo Start to read 读写拓展部分。本部分是"爱种子"背景下主题拓展的教学内容，在已掌握 Part A 和 Part B 知识技能的基础上，通过在情境下再构语言支架，设计阶梯式的任务，逐步引导学生一起构建写作的框架，运用形容词和身体部位的名词来描述动物，并运用到真实的情境中去。

（二）学情分析

本节课的学生对象是广东省清远市清城区三年级的学生，他们在上册 Unit 4 We love animals 已学习了动物单词 cat, pig, bear, dog, duck, elephant, monkey, bird, tiger 等。在本单元的学习中，学生已学习了单词 giraffe 和句型"It's..." "It has..."，有了一定的知识储备，初步掌握和了解了相关的动物名词、形容词、身体部位等词汇及相关句型，但是他们的写作水平还处于起步阶段，需要搭建脚手架，为写作的输出作铺垫。

二、教学目标

1. 学生能在教师的引导下梳理、归纳和总结动物名称、外形、特点等词汇。

2. 学生能在情境中运用句型"It's.../ It has..."来描述动物的体型和外貌特征。

3. 学生能通过合作完成海报，培养自主合作、协同、探究的学习能力以及综合运用语言的能力。

4. 学生能在语言框架的支撑下进行写作，制作自己的动物档案，初步掌握写作步骤，提高英语的写作能力。

5. 学生养成爱护动物的意识。

三、教学重点、难点

重点：①学生能在教师的引导下梳理、归纳和总结动物名称、外形、特点等词汇；②学生能在情境中运用句型"It's.../ It has..."来描述动物的体型和外貌特征；③学生能初步掌握写作的步骤，在语言框架的支撑下制作自己的动物档案。

难点：①学生能在情境中运用句型"It's.../ It has..."来描述动物的体型和外貌特征；②学生能初步掌握写作的步骤，在语言框架的支撑下制作自己的动物档案。

四、设计思路与教学方法

设计思路：本节课基于"爱种子""三环四得"教学模式，以任务驱动的方式让学生在真实的情境中复习与动物相关的单词和重点句型。任务设计从词到句，到段，再到篇，逐层递进，引导学生整合已学知识，逐步搭建写作的脚手架；通过 reading，thinking，making，writing 等多元思维的任务设计培养学生拓展语言的能力。本节课注重学生思维的发展，以"Lily 和 Tom 在六一儿童节去动物园参加活动"为学习主线，进行文本重构，设计听、说、读、写的任务，通过互动讨论、师生合作、小组合作、同桌对话等活动，学生在真实的语言环境中自然地运用语言，在教学过程中以多元评价的方式内化学生学习动力。学生在小组合作中完成学习任务，养成协同合作意识和探究的精神，发展思维能力。通过动物档案的制作，学生学会写描述动物的英语小作文，提高了语言综合运用能力。

教学方法：情景教学法、任务型教学法、多媒体辅助法、读写教学法。

五、教学过程

Task 1 Let's build.

1. Warming-up：(1) Greetings. (2) Sing and do. (3) Enjoy a song.

T：Hello, boys and girls. Welcome to my class. I'm Miss Pan. What's your name? …First, let's warm up. Let's sing and do. Stand up please. Show me your hands.

T：I have some animal friends. Now let's sing an animal song.

【设计意图】歌曲引入，营造和谐的课堂气氛。

2. Present the learning goals.

3. Create a situation：Present an invitation from the zoo.

T：My friends Lily and Tom are at the zoo, too. Let's go and join them. OK?

【设计意图】播放导语，明确学习目标。教师通过创设孩子们到动物园参加活动的场景，导入课堂教学，激发他们的学习兴趣。

4. Animal Photo Show. (动物摄影展)

(1) Watch and answer.

T：Wow! What animals do you see?

Ss：I see…

(2) Look and say.

T：So beautiful, right? Look at the… It's…

S1：Look at the elephant. It's big.…

S2: Look at the rabbit. It's…

……

(3) Group-work: Complete the task list.

T: Now let's have a group work. Please take out your task list. Complete the list in your group. Here we go.

(4) Game: Follow the bird.

T: Now let's play a game with the animals: Follow the bird.

【设计意图】创设参观动物摄影展的情景,让他们在有意义的情境中复习旧知识。在学习中做到词不离句,趣味学习,并通过讨论,在小组合作中完成学习任务,培养协同合作意识和探究的精神,发展思维能力。

Task 2 Let's read.

Animal Lantern Show.（动物灯笼展）

(1) Listen and guess the lantern riddles.

T: Look! Lily and Tom are guessing the lantern riddles. Let's join them. Listen and guess.

(2) Group discussion: How to describe animals?

T: We can describe animals like these. Let's read…

(3) Read and choose.

T: Now let's read and choose.（学生用应答器作答）

(4) Think and discuss.

T: Let's think and discuss. It _____ a long tail. Choose "is" or "has"? Why?

(5) Chant and do.

T: Now, let's chant about animals. First, listen…（小组评价）

【设计意图】教师通过猜动物灯谜活动,整合话题,训练学生的阅读能力和综合运用语言的能力,引导他们归纳描述动物的表达法、总结语言规律,逐步提升知识的运用能力。学生用应答器作答,体现"三环四得"中的"评得"。教师通过探究思辨,培养他们发散思维的能力。

Task 3 Let's create.

Animal Show.（动物表演）

(1) Present an animal show.

T: Wow! You know so many animals. Listen, what's that?

Ss: It's an elephant.

(2) Let's talk.

T: So funny, right? Now let's talk about the elephant.

Ss: Look at the elephant. It's… It has…

(3) Make an animal poster.

T: Look! This is my poster. Can you make a poster like this?

Ss: Yes…

【设计意图】教师通过观看动物表演,引导学生从听、说、读、做等多维的角度描述动物。教师通过小组制作海报,充分调动学生的学习热情,培养学生的合作精神,提高语言交际能力。

Task 4 Let's write.

Animal Files. (动物档案)

(1) Enjoy Miss Pan's animal file and find out the writing outline.

T: Children, look! This is the beginning. This is the body. And this is the ending. At the beginning part, … This is the writing outline of the animal files.

(2) Make an animal file: Finish the writing, choose A or B.

T: Now let's write. You can choose A or B.

(3) Let's share.

T: Who can share with us? …Oh! He loves animals. I love animals too. We should love animals. Let's watch a video about animals.

(4) Moral education.

T: Children, what's your feeling? Can we kill the wild animals? Can we eat them? Of course no! Children, animals are our friends. We should love the animals.

(5) Assessment.

(6) Homework.

【设计意图】教师从词、句、段,再到篇,与学生们一起逐步搭建写作框架,完成写作,拓展延伸。教师通过观看保护野生动物的宣传片,培养孩子们保护野生动物的意识。教师通过自评,反思本节课的表现。

【附件 4 - 16】

以教材为依托,以读促写

——三年级下册 Unit 3 At the zoo Read and write 典型案例分析

一、案例背景

小学低年级学生刚开始接触英语,摄入词汇量少,语法知识结构简单,英语阅读量贫乏。与此同时,他们对英语学习具有深厚的兴趣,模仿力强,学习积极性高。在学生完成单元基础学习后,教师以教材为依托,以情景为主线,精心重构教材,创设多元综合性任务,以读促写,设计主题拓展课,提高学生的英语阅读写作能力,拓展创新思维。

二、案例描述

案例：在人教版三年级下册 Unit 3 At the zoo Read and write 教学过程中，教师设计了4个 Tasks（任务）开展教学。

Task 1 Let's build.

活动一：通过创编歌曲 Where are the animals? 导入课题。

T：Where are the animals?　　　Ss：They're at the zoo.

T：Good! Today we'll have this lesson：Unit 3 At the zoo.

活动二：Animal Photo Show.（动物摄影展）

T：Here's the animal photo show. Wow! So many animals. What animals do you see?

S1：I see a tiger.　　　　　　　Ss：I see a/an…

T：Look at the panda.　　　　　S1：It's big and short.

S2：It's cool!

Task 2 Let's read.

活动一：Lantern Show.

活动二：T：How to describe animals?

活动三：探究思辨：A 还是 B?（小组讨论）

Task 3 Let's create.

活动一：Animal Show.

T：Let's watch the animal show.　Ss：Great!

T：What animal do you see?　　　Ss：I see an elephant.

T：It's funny.

活动二：Let's talk.

在学生们观看完 animal show 后，教师创造情景，引导学生看看 animal poster.

T：This is a poster（海报）.

T：What's this?　　　　　　　　S1：It's an elephant.

T：Look at the elephant.　　　　S1：It has a long nose.

S2：It has two big ears.

T：Is it cool?　　　　　　　　　Ss：Yes. It's cool!

T：Let's read and act like an elephant.　Ss：OK.

活动三：Let's make a poster.

S1：Look at the cat.　　　　　　S2：It's fat.

S3：It has small ears.　　　　　S4：It has big eyes.

……

Task 4 Let's write.

活动一：Enjoy Miss Pan's animal file.

T：This is my animal file. Let's read together.

T：Do you know how to write?

Ss：Look at the monkey. →T：This is the beginning.

Ss：It's thin. It has a long tail. It has two small eyes. →T：This is the body.

Ss：It's cute. I like it. →T：This is the ending.

活动二：Let's write：Make an animal file.

上述案例是一节阅读写作课。在教学中，教师怎样以教材为依托，以读促写？

三、案例分析

本节课是选自人教版《义务教育教科书英语（三年级起点）》三年级下册 Unit 3 At the zoo Start to read 读写拓展部分。此时，学生已完成 Part A 和 Part B 的学习。与此同时，学生已学习了三年级上册 Unit 4 We love animals 动物单词 cat，pig，bear，dog，duck，elephant，monkey，bird，tiger，giraffe 等，句型"It's…/ It has…"等，有一定的知识储备，初步掌握和了解了相关的动物名词、形容词、身体部位等单词及相关句型。本节课是"爱种子"背景下的主题拓展课。

（一）依托教材，激活旧知

活动一：教师通过创编歌曲 Where are the animals？导入课题，创设动物园的情境，营造轻松课堂气氛，激发学生学习兴趣。（如图 4-3-1 所示）

图 4-3-1　欣赏歌曲

这个环节通过歌谣,师生、生生会话,让学生在形象的情景中运用语言、复习旧知识。

(二)依托教材,重构文本

本节课涉及的主题是 animals at the zoo,围绕这一主题,以"同学们在六一儿童节去动物园参加活动"为学习主线,教师进行文本重构,分别设计了参观 Animal Photo Show(动物摄影展)—Animal Lantern Show(动物灯笼展)—Animal Show(动物表演)—Make Animal File(制作动物档案)等情景,设计听、说、读、写的多元任务。教师通过互动讨论、师生合作、小组合作、同桌会话等活动,让学生在真实语言环境中自然地运用语言,在教学过程中以多元评价的方式内化学生学习动力。学生在小组合作中完成各项学习任务,并能独立完成写作,提高语言综合运用能力。

1. Animal Photo Show.

本环节设计了三个任务 What animals do you see? Look and say. Group work,通过师生、生生会话,让学生在形象的情景中运用语言、复习旧知识(如图4-3-2所示)。

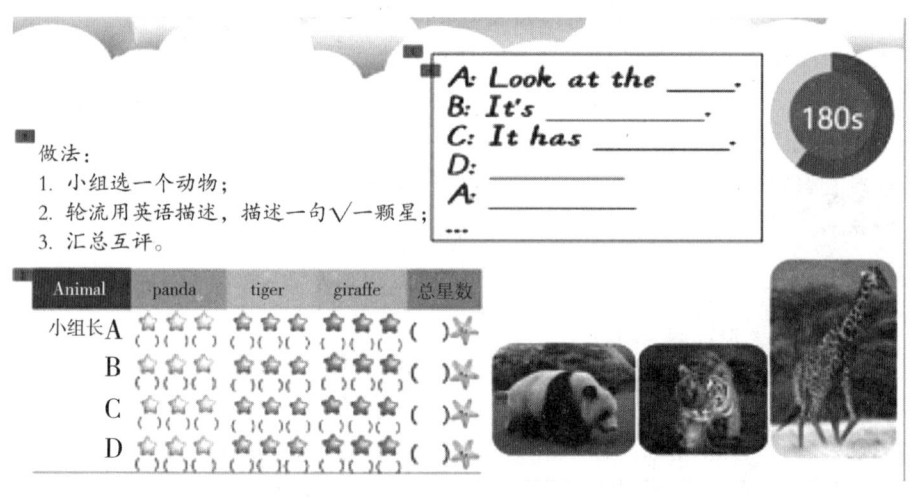

图4-3-2 小组合作

2. Animal Lantern Show.

本环节通过听音猜灯谜,重构整合语言,从听到说,训练学生的思维和阅读能力,以听促说,设疑激趣(如图4-3-3所示)。

3. Animal Show.

本环节通过观看视频,把学生们带进动物园观看 elephant 表演,创设真实语境,使学生们身临其境,妙趣横生。

图 4-3-3　猜一猜

4. Enjoy Miss Pan's animal file.

本环节展示了 Miss Pan's animal file，让学生读起来有亲近感，并通过文本展示了写作框架，以读促写，层层递进，化难为简，与学生们一起逐步搭建写作的脚手架（如图 4-3-4 所示）。

Look at the monkey.

It's thin.
It has a long tail.
It has two small eyes.

It's cute. I like it!

图 4-3-4　怎么写

（三）依托教材，激发思维

活动一：How to describe animals?

学生小组会话，教师引导他们归纳、总结，发现语言规律。学生通过讨论归纳，发现语言规律，为后面的写作做铺垫（如图 4-3-5 所示）。

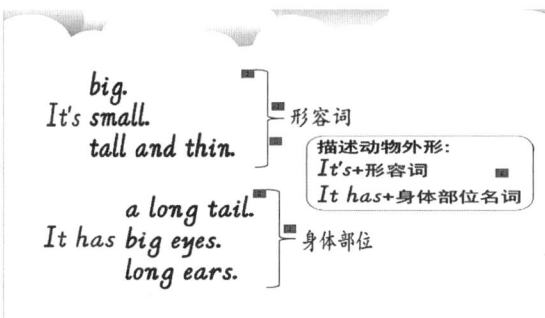

图 4-3-5　小组讨论

活动二：探究思辨 A 还是 B？（小组讨论）（如图 4-3-6 所示）
It ____ a long tail.　　A. is　　B. has

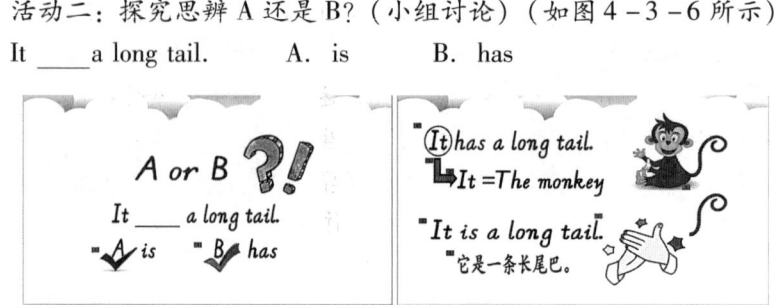

图 4-3-6　A 还是 B？

这是一个开放性思维题，教师故意抛疑，选 A 还是选 B？学生会以为答案是唯一的，只能选 A 或 B。经过小组讨论，学生发现 A、B 都可以选择，并各抒己见。在经过激烈的讨论后，教师通过下面的幻灯片解疑，学生豁然开朗。教师通过探究思辨，培养学生发散思维、互动探究的能力。

（四）依托教材，以读促写

活动一：Let's talk.

在学生们观看完 animal show 后，教师创造情景，引导学生看看 animal poster（如图 4-3-7 所示）。接着，教师通过播放 PPT，分别用红圈圈出 elephant 长长的鼻子（long nose）、大大的耳朵（big ears），依次展示，引导学生看图说话，从生动形象的图画展示，过渡到看图说短语 a long nose，a big ear/two big ears，再引导学生说句子"The elephant has a long nose/two big ears."。然后，教师让学生起立，一起看海报、朗读短文，边读边模仿大象做动作：甩甩长长的鼻子，摆动大大的耳朵，同学们个个表演得活灵活现，兴趣盎然。从 animal show 到 animal poster，学生通过观察讨论，做到有话可说；通过再构情景，从词到句，最后到语篇，层层递进，在欢乐中感受语音的魅力，提高了语言交际能力。

图 4-3-7　谈一谈

活动二：Let's make a poster & Let's write an animal file.（如图4-3-8、图4-3-9所示）

这个环节是小组互动、共同合作，描述本组动物并制作海报，最后讨论分享给其他同学的环节。通过讨论，学生养成了合作精神，他们在情景中不知不觉地运用了英语，学以致用、活学活用。最后，教师展示了Miss Pan's animal file，并通过文本展示了写作框架，最后让学生独立完成写作。

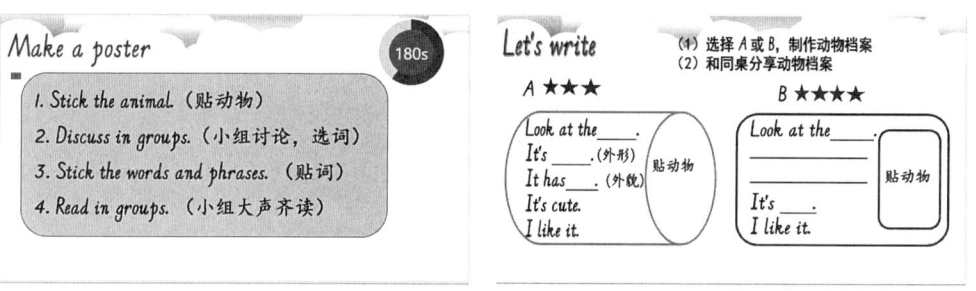

图4-3-8　制作海报　　　　　图4-3-9　写一写

在以上教学活动中，教师通过设计任务，让学生在情景下阅读，再构语言支架，设计阶梯式的任务，以读促写，逐步引导学生一起构建写作框架，完成写作任务，培养学生的创新思维，注重语言输出，学以致用。

四、结束语

在本节课中，教师依托教材，创设情景，再构语言，设计听、说、读、写教学任务，通过listening、reading、thinking、making、writing等任务，以读促写，逐层递进，培养学生拓展语言的能力。

【附件4-17】

人教版四年级上册 Unit 6 Meet my family Read and Write
教学设计
——"爱种子"模式下的小学英语主题拓展

一、教学分析

（一）教材分析

本节课选自人教版《义务教育教科书 英语（三年级起点）》四年级上册 Unit 6 Meet my family Read and write。本部分是"爱种子"背景下主题拓展的教学内容，本课是一节单元综合写作课，围绕"人物性格外貌特征"这一话题展开教学，帮助学生整理与归纳单元所涉及的语言知识点，引导学生将单元话题与自身实际生活相结合，即用所学的形容词描述自己的家人的外貌特征，通过在情境下再构语言支架，开展初步的写作训练。

（二）学情分析

本节课的学生对象是广东省清远市清城区四年级的学生，本单元的话题是描写人物性格、外貌特征。学生通过前面五个课时以及前几个单元的学习，掌握了不少描述人物外貌特征的词语及短语，基本学会使用这些词组描述人物的特征，了解了如何描述家人的性格外貌。本课时是根据这个单元的教学内容而设计的关于外貌特征的写作。"人物性格外貌特征"是学生比较感兴趣的话题，他们能通过之前的学习和积累，对自己的家人做简单的描述。在本节课中，学生需要掌握的重点是如何更详细地介绍自己的家人，包括性格、外貌等，然后现场完成一篇写作。

二、教学目标

1. 知识目标：①熟练掌握本单元所学的词汇和句型；②能运用句型"He/She is…""He/She has…"来描述人物性格外貌特征；③能借助语言框架，综合运用所学语言知识，写一篇英语作文。

2. 能力目标：①培养学生的语言表达能力；②初步了解和熟悉有关写作的方法和技巧，在课堂上完成写作活动，形成写作策略。

3. 情感目标：①在完成任务的过程中培养合作学习的能力；②培养关心家人、珍爱家人的品质。

三、教学重点、难点

重点：用英语介绍自己的家人，并进行写作。

难点：了解和掌握写作的步骤与思路。

四、设计思路与教学方法

本节课基于"爱种子""三环四得"教学模式，以任务驱动的方式鼓励学生主动参与、主动思考和主动实践，建立开放活跃的课堂教学模式，带给学生愉悦的学习感受。教师通过特定的情境和多种形式为学生搭建写作梯度，引导学生激活写作素材，帮助学生在形式多样的写作活动中循序渐进，逐步搭建写作的脚手架。

本节课设计了听力训练、口语交际、阅读和独立写作等活动，由浅入深，以听、说、读来促写。本节课共有四个任务：Task 1是复习家庭成员的名称，让学生完成自己的家谱树，描述自己的家庭成员的构成，并进行同桌对话。Task 2是让学生学会描述自己家人的外貌特征，让学生通过阅读文本"My Family"，把文中的家庭成员与其外貌特征进行连线。这一环节通过阅读、连线、复述人物特征等多种方式，让学生掌握基本的写作技巧。Task 3是让学生口头描述自己的家庭成员的外貌特征。这一环节通过填写表格、与同桌互相口头汇报等多种方式，让学生口头描述自己家人的外貌。Task 4 是学生的现场作文。在写作前,与学生讨论写作的提纲,指导学生写作,并通过分享几位学生的作文,引导学生如何去评价作文,并给他们提供评价标准,让他们课后进行自评和互评。

五、教学过程

Task 1 Let's build.

1. Warming-up.

(1) Free talk.

T：Hello, children, get up! I'm a pig. I'm Peppa. What's your name?

(2) Let's sing：I love my family.

T：I like singing. Let's sing a song, OK? Here we go.

【设计意图】通过歌曲导入,活跃课堂气氛,同时也揭示写作的主题。

2. Lead in.

(1) Guess：How many people are there in Peppa's family?

T：I'm Peppa. I have a happy family. Guess. How many people are there in my family?

(2) Listen and check the answer.

T：Now let's listen carefully and tell me.

(3) Chant about family members.

T：These are my family members. Let's chant.

(4) Let's sing.

T：This time, let's sing together.

【设计意图】创设情境,导入教学。引入佩奇一家,通过听音猜测、歌谣、歌曲等形式复习有关家庭成员的单词,激活学生的知识储备。

3. Let's make.

(1) Make family trees.

T：Look! This is a family tree. Can you make your family tree?

(2) Group work：Read and choose "has/is", try to find out how to describe people.

T：Now let's do some exercises. Read and choose, has or is. Here we go.

(3) Pair work.

T：Now talk about your family members.

【设计意图】学生通过制作家谱树,明确自己的家庭成员,为后面的口头描述和写作做铺垫。小组合作完成练习,并讨论总结 has/is 在描述人物时的用法。学生通过同桌问答,交流各自家庭的基本信息。

Task 2 Let's read.

1. Watch and answer: What's Peppa's father like?

T: I'm Peppa. What are my family members like? Now please watch and answer: What's my father like?

Ss: Your father is…

2. Read and match.

T: What about the other members. Please read and match.

3. Recall Peppa's family.

T: Let's recall my family.

Ss: Hello. I'm Peppa. My… is…

【设计意图】教师通过看视频、找关键词、阅读连线、复述等多种方式，检测学生们对文段的理解，并帮助他们掌握基本的阅读策略和写作技巧。

Task 3 Let's create.

1. Fill in the table.

T: OK, can you write about your family? First, finish the table. Then, make a report to your partner.

2. Make a report.

T: …Thank you. I like your report. Do you love your family?

3. Enjoy Peppa's family and find out the writing outline.

T: I love my big, happy family. Now let's read together.

【设计意图】教师通过填写表格、口头汇报等方式，让学生描述家人的外貌；通过阅读"佩奇的一家"，帮助学生梳理写作提纲，进行篇章结构的指导。

Task 4 Let's write.

1. Let's write: My family. Choose A or B.

T: This is the outline of the writing. Now let's write. You can choose A or B.

2. Let's share.

T: Who can share with us?

3. Moral Education.

T: Today we talk and write about family. We should love and treasure our family!

4. Assessment.

5. Homework.

【设计意图】教师细化评价要求表进行自评，让学生当堂自我反馈；展示部分学生作品；对其余学生进行口头评价，使作文的评价更直观和及时，学生在课后进行互评，让作文的评价更多元化；结合写作话题渗透思品教育，让情感融入写作当中。

【附件 4 – 18】

搭建写作梯度 降低写作难度

——四年级上册 Unit 6 Meet my family Read and write 典型案例分析

一、案例背景

在小学英语阅读与写作教学中，许多教师偏重于听、说、读的训练，阅读写作训练起步较晚，只在高年级有所涉及，而且阅读的训练也大多限于课文的会话阅读，很少进行拓展整合。学生的阅读与写作能力也普遍较弱。作为四项基本技能之一的写作技能也往往被忽略或淡化。一方面，教师对英语写作教学不重视，缺乏灵活运用教材来设计写作任务的意识，没有对学生进行有效的写作指导，写作教学低效，对写作教学有畏难情绪；另一方面，学生由于词汇量少、句型掌握少、课外阅读量不多、英语写作能力薄弱，对写作也存在畏难情绪。

二、案例描述

在人教版《义务教育教科书 英语（三年级起点）》四年级上册 Unit 6 Meet my family Read and write 教学中，教师与学生一起总结写作框架时，教师顺着前面的 Task，让学生上台口头描述了自己家人的外貌特征后，引出写作范文。

T：I like your report. Do you love your family?

S：Yes, I love my family.

教师整节课都在扮演 Peppa 的角色，所以此时顺势引 Peppa's family——"My family" 的文章，进而帮助学生梳理写作提纲，进行篇章结构的指导。

T：I love my family too. I love my big, happy family. Now let's read together.

（学生们齐读 Peppa 的作文：My family）

T：There are three parts in my writing. This is the beginning. At the beginning part, we write about "How many?" and "Who?".

T：This is the body part. In this part, we write about what our family members are like. We can use these patterns：…is/are…, …has….

T：This is the ending. We write about our feelings. This is the outline of the writing（如图 4 – 3 – 10 所示）. Now let's write.

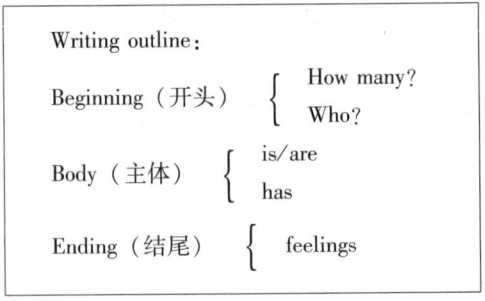

图 4-3-10

学生对写作都有畏难情绪。教师要设计梯度式的任务,从词到句,到段,再到篇,遵循儿童不同年龄的心理特点设计读写任务,引导学生拓展整合已学知识,带着学生一起逐步搭建写作框架,降低写作难度。

三、案例分析

"爱种子"实验背景下的读写课教学模式,突出表现在培养学生的学习兴趣、自主学习能力、小组合作能力等方面。"爱种子"的核心是"三环四得",最突出的是以任务来驱动教学。在"爱种子"理念的引领下,要培养学生的阅读写作能力和习惯,教师应当树立做好英语写作教学的信心,不断改进教学模式,促进教学方式和学习方式的转化,结合小学生学习的特点及英语教学要求,设置梯度式的任务,给学生提供大量趣味性强、贴近生活的阅读写作训练,以说导写、以读促写,提高学生的阅读、写作能力和信心。

在本节课中,教师设计了四个梯度(四个任务),通过听力训练、口语交际、阅读和独立写作等活动,从词到句,到段,再到篇,逐层递进,由浅入深,以听说导写、以读促写。

Task 1 Let's build. 此环节属于读前活动环节,主要是激活旧知识、激活思维、激活行为。在此环节中,教师创设了有趣的情境、开展多样的活动来复习有关家庭成员的词汇以及描述人物性格、外貌特征的基本句型。上课时,教师扮演学生们熟悉的角色 Peppa,将其引入并贯穿本节课的学习。首先,学生猜测 Peppa 家有几口人;接着,通过听音频和看图片,检测自己的猜测回答,从而对家庭成员称呼单词进行复习:grandfather, grandmother, father, mother, baby brother;之后,通过一首自创歌谣来引出其他家庭成员——What other family members do you know? ——uncle, aunt, sister;随后用学生们熟悉的小星星歌曲旋律改编歌曲,复习巩固家庭成员的称呼;最后,学生在规定时间内根据自己的家庭情况在家谱树上贴上单词,完成家谱树,并与同桌进行问答,交流各自家庭的基本信息。通过学生们的描述展示，引出描述人物的两种表达法，及时总结写作策略（如图4-3-11所示）。

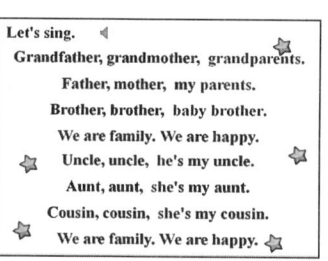
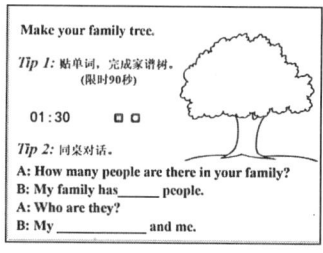
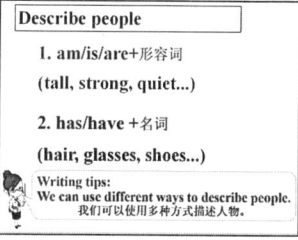

图4-3-11　Let's build

Task 2 Let's read. 此环节是读中环节，教师要求学生理解文本、培养技能。在本节课例中，学生们通过找关键词，完成阅读连线的任务。接着，一起口头回顾Peppa家人的外貌特征，教师检测学生们对文段的理解程度，同时也为下一任务做准备（如图4-3-12所示）。

图4-3-12　Let's read

Task 3 Let's create. 此环节属于"读后写前"活动环节，学生要在情境中真实地运用语言，梳理语言，构建框架。

在回顾完Peppa一家的性格、外貌特征之后，教师让学生根据自己的家谱树，圈出家庭成员，并完成表格，进行初步的填词写作，及时检测他们是否掌握描述人物的两种表达方式。

之后，学生与同桌互相口头汇报，为学生的独立写作做好铺垫。完成上述任务后，教师呈现介绍Peppa一家的整篇文章，让学生进行齐读，然后一起观察讨论，总结出写作框架（如图4-3-13所示）。

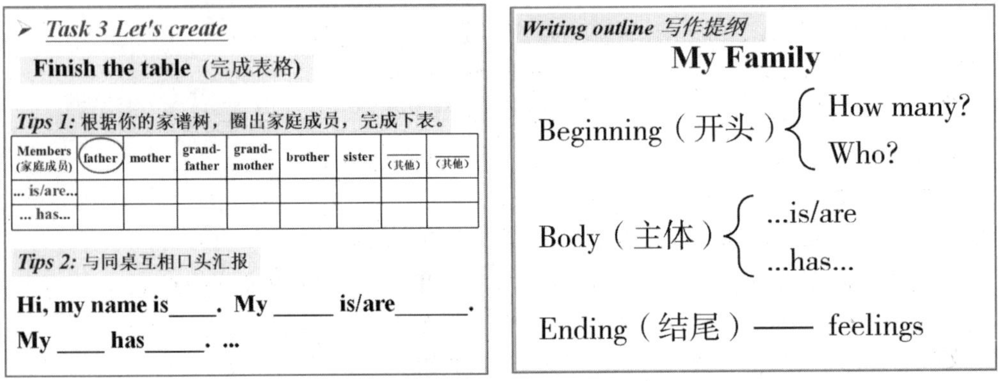

图4-3-13　Let's create

Task 4 Let's write. 此环节是"读后写作"环节。学生在教师的引导下掌握了一定的写作策略，利用与教师一起建构的写作框架进行分层写作。写作后，教师通过学生自评、互评、集体评价或者教师评价的方式对学生的作文进行评价，让学生在分享作文的过程中取长补短，反思作文中的不足（如图4-3-14所示）。

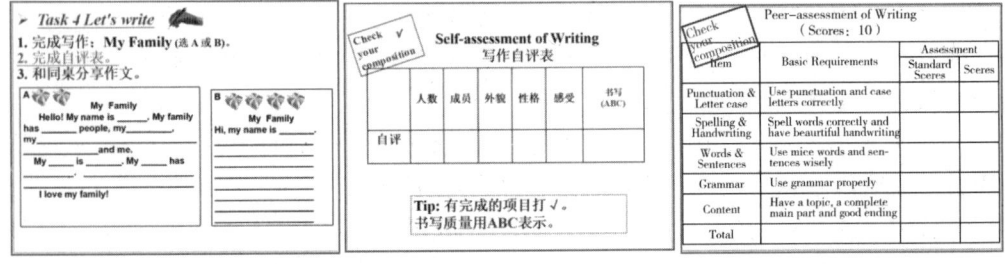

图4-3-14　Let's write

四、结束语

在以上教学案例中，教师基于"爱种子""三环四得"教学理念，设计了相关联的学习任务，搭建写作梯度；带着学生从词、句、段，再到篇，培养他们对英语读、写的兴趣，提高其阅读写作的能力。

三、故事教学范式

（一）故事教学的定义

"爱种子"实验背景下的小学英语故事教学，是"爱种子""三环四得"中主题拓展的一个课型，是基于人教版教材中 Story Time 板块而进行的故事教学。人教版教材的编写按每单元 A、B、C 三个部分设计，其中，A、B 部分是单元的主体教学内容，C 部分 Story Time 趣味故事教学是供选择的弹性教学内容。教师们在保证完成教学基本目标的前提下，可根据清城区各小学英语开课情况和教学实际，灵活调整教学内容和学习进度，以满足不同层次学生的需求。

该趣味故事教学板块侧重于巩固学生在本单元掌握的相关联的重点语言知识，意在对学生语言运用能力的培养。该板块运用故事这一载体，融入双向交流和中西方文化的介绍。在故事教学中，学生通过读故事、演故事、创作故事，提高学习能力，发展学习策略，培养创新能力；学生了解外国文化的同时，学会用英语向别人介绍中华民族的优秀传统文化，真正实现跨文化交际。故事教学以"读中演、演中学、学中悟"的学习方式，让学生在轻松愉快的任务活动中自然习得语言。

（二）故事教学的目标

故事教学的主要目的是使学生在相对真实、完整的语境中接触、体验、理解语言。人教版教材中 Story Time 的故事编写主要围绕发生在 Zoom 和 Zip 两位角色身上的趣味故事，紧扣单元话题。故事中的两位角色性格鲜明，故事情节生动有趣。故事教学的作用不仅仅是给学生带来故事阅读的乐趣，更重要的是为部分语言能力较强的学生提供语言拓展载体，扩大学生的阅读量，从而最终达到求同存异的分层教学目标。

（1）对理解力强、记忆力强的学生，要求做到理解故事、会讲故事、表演故事，并鼓励学生运用故事中的新语言去创编新的故事。

（2）对接受能力较弱的学生，要求理解故事，能够跟录音看图讲故事，在老师的帮助下与同学合作表演故事。

（三）故事教学范式

基于教材的 Story Time 板块，结合"爱种子""三环四得"教学模式，我们以任务驱动的方式，每单元安排一节故事教学课，通过"读中演、演中学、学中悟"的方式，以演促学，构建小学英语故事的教学范式。此范式的基本环节为"Let's build"读前梳理"唤醒旧知识"——"Let's read"读中演绎"理解故事内容、习得文本语言"——"Let's act"演中学习"运用文本语言、体验故事角色"——"Let's create"用中感悟"迁移文本知识、升华故事内涵"。通过四个任务，每个任务从感知到体验、从理解到感悟、从运用到创新，引导学生激活已学知识并运用拓展，培养学生的语言能力和学习策略。

Task 1 Let's build 读前梳理 "唤醒旧知识"

此环节属于热身活动环节，主要目的是唤醒学生与话题相关的知识、激发学生对故事的学习兴趣。该环节旨在帮助学生建立文本故事与已有知识基础和生活经验之间的链接，为学生充分预热与故事相关的语言知识。所以，该环节可帮助学生扫除语言学习障碍。

该环节活动形式以活泼、简单、易操作的游戏设计为主，可以设计歌谣、头脑风暴、快速抢答、听做表演、有目的性的自由会话、猜谜语、真假猜测等活动环节，设法拉近师生心理距离、学生世界与故事世界的距离，激发学生的学习兴趣。

Task 2 Let's read 读中演绎 "理解故事内容、习得文本语言"

此环节是故事教学的主体和重点，需要花费的时间较长，活动设计内容要充实丰富。主要目标是教师创设故事情境，引导学生通过角色扮演的方式，在故事情节中去感知、体验，理解故事内容，从而习得故事文本中的目标语言。在教学过程中教师需遵循"读"和"演"两个元素相结合的原则组织学习活动。教师不仅仅是课堂的组织者，更是故事的导演、演员和观众。该环节具体操作如下所示。

（1）在引入故事文本时，教师概括性地提出一到两个问题，引导学生通过速读故事或浏览图片的方式对文本进行整体感知，让学生明白故事发生的人物、地点或主要事件。

（2）在文本解决的环节中，教师指导学生根据故事情节发展演绎角色。教师可借助道具、图片、故事短片等辅助手段，使学生在相对真实的语境中去理解故事、品味文本语言，同时传授学生故事阅读及戏剧表演的技巧。

（3）从语言的整体输入到逐步输出，教师引导学生对故事中关键的、富有戏剧性的情节进行片段表演，并及时通过角色内心独白的方式，引导学生关注角色情感和故事内涵，从而帮助学生进一步理解故事，发展学习策略，为学生自主表演故事做好铺垫。

在此活动环节中，学生可通过看图预测、浏览图片、精读文本细节、观看视频、小组讨论、角色扮演、内心独白等教学活动，理解故事内容，习得学习策略。在教学活动中，教师应注意把话语权还给学生，以学生读和演为主体，多设计有学生自主阅读、表演和独立思考的活动。

Task 3 Let's act 演中学习 "运用文本语言、体验故事角色"

此环节是学生内化语言的重要环节，学生通过相互合作，自主表演故事，从而把故事里的目标语言内化成自己的语言，同时借助不同角色，亲身体验故事情节的发展。戏剧表演能牢牢抓住学生的兴趣点，为学生运用和内化语言创造机会，学生的思维品质也在语言输出的活动中得到深化和发展。在课堂中，教师可根据学生的个性和认知水平，设置不同难度的表演任务：如故事较简短时，可以让学生参照原文本内容进行表演，也可通过台词留白等方式鼓励学生进行台词加工，完成故事表演；如故事较复杂时，可以让学生通过分组拼图表演或截取片段表演的形式，在课堂上重演故事。

在此活动环节中，教师可采用故事复述、思维导图、语言赏析、小组讨论、角色扮演等，互动形式可以有师生、生生、全体、小组等。

Task 4 Let's create 用中感悟"迁移文本知识、升华故事内涵"

在该环节中，教师通过听、说、看、读、演等多感官刺激，引导学生巩固故事语言、品味故事内容、感悟故事情感，发展学生的思维品质和文化品格。在设计活动时，教师应充分考虑学生语言水平的差异，搭建语言知识支架，充分激活学生知识储备，为学生提供半开放或开放式的语言活动。在活动中，教师应注意通过引导学生揣摩故事背后的人物心理和创作意图，通过讨论、辩论、独立思考、创编新结局等形式，鼓励学生用自己的语言进行真实的表达，发展学生的批判思维能力。

该环节的活动形式有同桌会话、讨论交流、现场调查、改编故事、续写小剧本。故事教学力求通过不同形式，让故事走进学生的日常生活之中，挖掘故事中深层次的教育内涵。

（四）注意事项

故事教学要突出"读、演"故事，教师可借助 Sight words 或 Phonics 等手段帮助学生扫除理解障碍。故事教学的重点应侧重于学生对故事的整体理解；在故事教学中应着重引导学生观察故事中角色、道具和环境的关系，挖掘故事的内在链接、感悟故事背后的内涵；词汇、语法、语音不是故事教学的重点，借助 sight words 或 phonics 等手段都是帮助学生扫除理解障碍，不应作为教学重点。

【附件 4-19】

人教版四年级上册 Unit 3 My friends　Story time 教学设计
——"爱种子"模式下的小学英语主题拓展

一、教学分析

（一）教材分析

本节课的内容选自人教版《义务教育教科书 英语（三年级起点）》四年级上册 Unit 3 My friends 中 Story time 趣味故事部分。本部分是"爱种子"背景下主题拓展的单元最后一课时教学内容，围绕话题 Friends 展开，学习的是学生耳熟能详的趣味故事"拔萝卜"，内容较简单、易把握。学生通过图片、老师的演绎和上下文可以理解重难点的词句。简单的故事给学生很大的自由发挥想象的空间，在教学中教师鼓励学生运用已学的旧知识对故事进行改编，加入自己的语言，如"Let me try.""I'm…""Let me/I can help you."等，使故事语言材料更丰富，故事角色更立体生动，学生可以在生动活泼的氛围中进行创新思维。

（二）学情分析

本节课的学生是广东省清远市清城区四年级的学生，通过一年的学习，学生已经有了一定的语言基础，但词汇量还不是很丰富，对英语的运用不够灵活，教师需要加强对他们的指导。学生对英语有比较浓厚的兴趣，喜欢形式多样的教学，课堂表现比较活跃，敢于表现自己。因故事难度适中，可操作性强，他们对故事的情节会感兴趣，能听、说、读、模仿并表演出来。学生非常喜欢小组合作，而"爱种子"平台应答器的使用，让生生互动与小组互评更加及时、直观、清晰，能通过积极参与的学生带动其他不爱表现的学生。

二、教学目标

1. 语言能力目标：①能听懂并用正确的语音语调朗读故事；②自然习得在恰当情境下使用目标语言英语"Please help me.""I can't pull it up.""Let's work together."。

2. 学习能力目标：①通过对故事的了解，加入一些语言材料进行总结归纳并加以利用；②能在故事情境中运用所学的语言知识展开合理的想象并和同伴合作表演出来。

3. 思维品质目标：①通过学习并表演"拔萝卜"的故事，培养从不同的角度思考和解决问题的能力；②敢于用英语去表达，在用英语表达的过程中，逐步形成独有或自己擅长的思维方式和思维能力。

4. 文化品格目标：①培养积极健康向上的品格，理解朋友的含义，懂得关心朋友，乐于助人，互帮互助；②明白团结合作的重要性，能在小组活动中积极与他人合作，发扬团队精神，共同完成学习任务。

三、教学重点、难点

重点：①能听懂并用正确的语音、语调朗读故事；②通过学习并表演"拔萝卜"的故事，培养学生从不同的角度思考和解决问题的能力。

难点：①自然习得正确使用目标语言英语"Please help me.""I can't pull it up.""Let's work together."；②能在故事情境中运用所学的语言知识展开合理的想象并和同伴合作表演出来。

四、设计思路与教学方法

设计思路：本节课基于"爱种子""三环四得"教学模式，以任务驱动的方式，借力戏剧表演元素，让学生在相对真实、完整的故事情境中习得与故事相关的单词和重点句型。通过"拔萝卜"的故事激发学生说英语的兴趣，首先由歌曲 Friends 进行热身，通过猜谜语的方式强化本单元重点句型并引入故事的学习。在故事的学习中，教师利用角色扮演、内心独白和配乐律动、歌谣等有趣的活动，让学生在轻松的氛围中掌握重难点知识；引导学生自己观察图片、讲述故事、自主阅读、寻求答案，培养学生的观察能力和阅读探究的能力。教师以"读中演、演中学、学中悟"的方式，引导学生通过角色扮演推动故事情节发展，在表演过程培养学生合作和竞争的意识，引导学生发挥合理的想象，改编和创编故事，从而让学生在故事演绎中内化语言知识、品味故事内涵，使教学步骤由易到难、由浅入深。最后，教师通过学生的成果展示活动，增强学生的学习兴趣、自信心和积极性，提高学生的英语综合运用能力，培养学生高尚的道德情操。

教学方法：情景教学法、任务型教学法、戏剧教学法、多媒体辅助法。

五、教学过程

Task 1 Let's build.

1. Warming-up. （1）Greetings. （2）Enjoy a song and lead in the title.

【设计意图】教师利用歌曲引入主题，营造和谐的课堂气氛，唤醒学生有关本单元的旧知识，激发他们的学习兴趣。

2. Present the learning goals.

3. Game：Bingo or Ah-oh. Present some information about the teacher, arouse the students' attention.

【设计意图】学生通过猜测教师个人信息，不仅对本单元描述人物特征的表达方式进行复习巩固，也拉近师生之间关系，营造和谐课堂氛围。

4. Guessing game：introduce the character of today's story—Rabbit. Then explain the competition rules：help the rabbit get the turnips.

【设计意图】通过猜谜，直接切入故事主题。教师采用与故事情节贴合的评价机制，体现"三环四得"中的"评得"。

Task 2 Let's read.

1. Picture reading, encourage the students to find out where the rabbit is, and create a situation—a farm full of big turnips.

【设计意图】聆听故事是深受小学生喜爱的学习活动。结合图片创设语言背景，激发学生了解故事的欲望，增加学生语言的输入量。

2. Watch the video, find out what animals will come to help.

3. Learn the story by acting it out. Get to know "We should try our best to help our friends." and "Union is strength." from discussing different characters.

【设计意图】教师巧设疑问，引导学生观察图片，自主阅读，获取故事的线索，培养学生的观察和阅读能力。学生通过和教师一起用生动的肢体语言来演绎故事，初步感知故事，激发学习的积极性，同时在创编的过程中，培养创新思维能力。

4. Chant with rhyme：Pull up the turnip！

【设计意图】跟着音乐唱、演英语歌谣，是深受学生喜爱的戏剧表演方式。这里将难的词句编成朗朗上口的 chant，增强学生的学习兴趣，让学生在轻松的氛围中巩固重难点知识，降低了戏剧表演的难度。

Task 3 Let's act.

1. Listen and repeat the story again.

2. Role-play. Try to act out the story in groups. Give each other an assessment.

【设计意图】教师设置表演环节，给学生展示自我的平台；引导学生学会合作，激发学生运用所学语言的积极性，提高语言表达能力；通过应答器开展互评，培养学生的语言鉴赏能力。

Task 4 Let's create.

1. Teacher gives a new ending to the story. A few days later, an old grandpa comes…

2. Think and say. Who do you like best? Why? The students will discuss and tell：I like _____ . He's _____ . He can _____ .

3. Homework.

【设计意图】教师续编故事能有效发散学生思维，促进语言的表达和运用；总结心得，顺势进行德育升华。

【附件 4-20】

悦演悦读　助力故事文本解读

——四年级上册 Unit 3 My friends Story time 典型案例分析

一、案例背景

我国当前新课程改革强调素质教育，英语学科核心素养更是提出要贯彻落实"面向全体学生，为学生的全面发展和终身发展奠定基础"。而当前小学英语课堂中仍存在不少以教师为中心，学生缺乏自主参与和自发思维的课堂，部分学生对英语学习失去兴趣和信心。小学英语课堂必须从传统的"师本课堂"向"生本课堂"转变，才能赶上新时代的需求。而在小学英语教学中，如何迎来课堂的新变革？如何在英语课堂中真正培养学生对知识的自主分析和思考能力，从而把知识变成自己的"主观意识"，最后形成其个人独特的"世界观和价值观"呢？把戏剧表演元素融入小学英语故事教学中，为我们打开了新思路。

二、案例描述

案例：在人教版《义务教育教科书 英语（三年级起点）》四年级上册 Unit 3 My friends Story time 的教学中，教师引导学生通过读图获取故事信息，找出"The rabbit is on a farm, and there are so many big turnips on the farm."。于是，教师展示道具大萝卜，自己扮演小兔子，带着学生一起走进故事情节，惊喜地说出台词："Wow! It's so big!"接着，让学生代替教师扮演小兔子拔萝卜："One, two, three, pull! Oh, I can't pull it up!"并通过采访小兔子："What can you do now?"从而引出其他小动物纷纷来帮忙的情节，完整观看故事动画（如图 4-3-15 所示）。

图 4-3-15　Let's read

T：Who comes to help?

S：The dog, the cat, the monkey, Zip, and Zoom.

T：Wow, so many friends come to help! So who would like to be the tall dog?

S：（学生通过观察图片及台词提示扮演 dog）Hello, I'm very tall, I can help!

教师通过巧设疑问，引导学生观察图片，自主阅读，获取故事的线索，培养了学生的观察和阅读能力。学生通过和教师一起用生动的肢体语言来演绎故事，初步感知故事，激发学习的积极性。教师通过引导学生对台词的品读，让学生体验故事角色的情感经历，发展学生的思维能力，同时在创编台词的过程中，培养学生的创新精神。

三、案例分析

"爱种子"实验背景下的故事课教学模式，培养了学生的语言交际能力、自主学习能力、辩证思维能力、小组合作能力等。基于"爱种子""三环四得"教学模式，教师以任务驱动的方式，借力戏剧表演元素，让学生在相对真实、完整的故事情境中学习故事。教师以"读中演、演中学、学中悟"的方式，引导学生通过角色扮演推动故事情节发展；在表演过程中培养学生的合作和竞争的意识，引导学生发挥合理的想象，改编和创编故事，从而让学生在故事演绎中内化语言知识、品味故事内涵。

在本节课中，教师设计了四个任务，通过"读前梳理、唤醒旧知""理解故事、习得语言""运用本文、体验角色""迁移知识、升华内涵"四个环节，以演促读、以演促学。

Task 1 Let's build 属于热身活动环节，主要目的是唤醒学生相关话题知识、激发学生对故事的学习兴趣；旨在帮助学生建立文本故事与其已有知识基础和生活经验之间的链接，为学生充分预热与故事相关的语言知识。课堂一开始，教师就和学生齐唱一首与主题相关的歌曲 My Friends，通过明快的节奏和朗朗上口的歌词，激活本单元的相关语言知识。

接着，教师和学生玩 Bingo or Ah-oh 的游戏。教师从自身实际出发，谈论自己个人信息，呈现故事中的核心句型。教师要告诉学生所给出的个人信息并非完全真实，需要学生进行判断。这样一来，有效地激发了学生主动观察、主动思考的兴趣，从而达到激活思维的效果。

随后，通过猜谜活动，引出本节课的故事主角。通过激活学生已有的知识经验，学生的思维也很快被调动起来，在头脑中故事主角的形象也随之鲜明，为后面故事情节的展开起到了铺垫作用（如图4-3-16所示）。

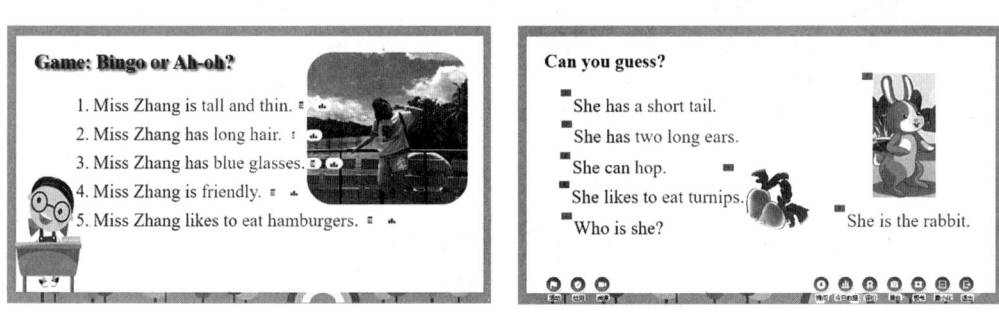

图4-3-16 Let's build

Task 2 Let's read 环节是故事教学的主体和重点,目的在于通过创设故事情境,引导学生通过角色扮演的方式,在故事情节中感知、体验、理解故事内容,从而习得故事文本中的目标语言。在教学过程中教师组织学习活动需遵循"读"和"演"两个元素相结合的原则。在本节课中,文本解读主要借助生动的道具、图片、肢体语言、声音变化来体验不同角色在不同情境下的情感变化发展。从最开始 little rabbit 惊喜地发现 big turnip,到因为萝卜太大拔不出来,然后呼唤其他小动物 dog、cat、monkey、Zip、Zoom 帮她一起拔萝卜,最终成功拔出萝卜。小伙伴们体会到团结力量大。整篇故事的解读都伴随着角色扮演,教师有意识地引导学生细读故事文本,揣摩语言背后的人物心理和创作意图。同时,在表演过程中,教师为学生搭建语言支架,引导学生合理地增添会话,这既加深了学生对知识的理解,也让学生有话可演。在该环节的最后,教师还设计了一首耳熟能详的 chant:"Pull up the turnip!"通过人人都会唱的《拔萝卜》儿歌,再次巩固故事重点语句,并起到放松课堂学习氛围的作用,为接下来学生的表演情绪做好调动准备(如图 4-3-17 所示)。

图 4-3-17 Let's read

Task 3 Let's act 是学生内化语言的重要环节。学生通过相互合作,自主表演故事,从而把故事里的目标语言内化成自己的语言,同时借助不同角色,亲身体验故事情节的发展。在读完故事以后,教师让学生通过听音模仿,再次巩固学生对故事内容的掌握。通过小组活动,教师让学生分小组,相互合作完成故事表演。在活动过程中,教师引导学生认识表演的评价准则。教师给学生一定的讨论和准备时间，适当去进行指导，最后由学生表演故事内容。同时，"爱种子"平台应答器的使用也让生生互评更生动、及时，以"评得"推动学生语言技能的习得。由于课堂时间的有限，每个小组不可能一一表演。因此，教师充分利用好课余时间，有计划、有目的地组织戏剧表演兴趣小组，为学生创造更多的表演平台和机会（如图4-3-18所示）。

图4-3-18 Let's act

Task 4 Let's create 环节通过听、说、看、读、演等多感官刺激，引导学生巩固故事语言，品味故事内容，感悟故事情感，发展学生的思维品质和文化品格。本课中，学生表演完故事后，教师顺势出示："A few days later…an old grandpa comes to the farm."然后邀请学生发挥想象力，续编故事结尾。最后，反思讨论：Who do you like best in the story? Why? 在活动中，教师充分考虑学生语言水平的差异，搭建语言知识脚手架，如在续编故事时，提供留白台词：Oh, it's too _____, I can't _____. 或者I'm very ____. I can help! 在讨论反思时也提供表达句型"I like _____." "It is _____." "It can _____." 通过教师搭建的语言支架，为学生提供半开放或开放式的语言活动，充分激活学生知识储备，鼓励学生进行真实的表达（如图4-3-19所示）。

图4-3-19 Let's create

四、结束语

在以上教学案例中，教师基于"爱种子""三环四得"教学理念的故事教学，通过"读中演、演中学、学中悟"的学习方式，让学生在轻松愉快的任务活动中自然习得语言。

四、绘本阅读教学范式

（一）绘本阅读教学的定义

在"爱种子"的主题拓展环节中，我们可以选取与单元内容相关的绘本进行阅读拓展活动。英语绘本，即原汁原味的英语图画书，具有图文并茂、语言简单、重复押韵的特点，符合学生的认知水平和心理特征，较容易激发学生对阅读的兴趣。英语绘本故事情节完整，故事内容丰富，蕴含一定的教育意义和文化知识，含有大量词汇和重复的句型以及语法知识等，对促进学生的英语核心素养有着积极的作用，是很好的教学资源和课外阅读材料。它能激发学生的阅读兴趣，养成学生良好的英语阅读习惯。

（二）绘本阅读教学的目标

绘本阅读是课本知识的有效补充与必要拓展。学生在阅读绘本的过程中获取更多的知识，包括语言知识、自然科学知识、文化知识、情感教育等，可以有效地提高学生的英语核心素养，包括语言能力、学习能力、思维品质和文化品格，可以更好地提高学生的阅读兴趣和自主阅读能力，养成良好的阅读习惯。

（三）绘本阅读教学范式

基于"爱种子"实验背景下的小学英语绘本教学范式是在"爱种子"主题拓展范式的基础上，根据绘本阅读教学的实际步骤与策略而撰写的。它具体分为 Task 1 Let's build 激活知识，读前准备；Task 2 Let's read 任务驱动，阅读文本；Task 3 Let's discuss 小组讨论，提升思维；Task 4 Let's retell 复述文本，整体回顾；Task 5 Let's create 创编汇报，训练语言。

1. **课前（Pre-class）**
（1）制作"预习任务单"，提前发给学生进行预习活动。
（2）"预习任务单"的设计参考（按需选择）。必做：①学生听读与模块主题相关的绘本故事或歌曲等（老师推送）____次，模仿语音语调；②画出并查找新单词和句子，或标记自己难以理解的部分；③制作思维导图/阅读卡；④教师提出问题，让学生通过独立思考或小组讨论寻找答案，可以用预测、悬念的方式（如谜语、图片），让学生猜猜即将学习的内容。选做：①学生把学读的内容的语音或小视频发到微信群或钉钉群；②学生自主搜寻或收集与模块主题相关的绘本阅读，并把好词和好句摘录在笔记本上。

2. 课中（While-class）

Task 1 Let's build—激活知识，读前准备。

这部分相当于热身部分，用于激活相关的知识、生活经验、思维和学生的求知欲，为阅读绘本做好准备。活动形式多样，可以是问答、歌曲、歌谣、谜语、思维导图、头脑风暴、游戏等活动。

Task 2 Let's read—任务驱动，阅读文本。

（1）封面阅读（Cover Reading）：获取书名、作者、出版社等信息，通过观察图片预测故事内容，提出对故事的探究问题等；激发学生阅读兴趣，让学生产生探究欲望、表达欲望，了解故事主题。

（2）整体呈现（Whole Presentation）：通过音频、视频、速读、图片环游等方式，初步感知绘本，解决1～2个学生较易回答的问题，使学生了解故事的主要内容。

（3）细节处理（Detail Reading）：按照故事情节分段阅读或者跳读，理清绘本主要情节，处理词汇、语法问题；采用推测、问题解决、分享讨论、匹配、思维导图等形式，开展阅读和思维训练。通过分段阅读，提出层层推进的问题，引导学生运用阅读策略进行细节阅读，深入阅读绘本。在此过程中，教师运用语音迁移、自然拼读、看图等方法对新单词进行解码，对语法知识进行处理。

（4）自主阅读（Self-Reading）：学生通过默读、大声朗读、小组共同朗读、跟录音读等方式，尝试自主阅读。在深入剖析绘本后，学生再次进行自主阅读或有协助的阅读，感受图画和文字传达的信息，更加深入地理解故事。

Task 3 Let's discuss—小组讨论，提升思维。

根据阅读文本设置问题，学生之间互动讨论，从而提高思辨能力，培养批判思维、语言表达能力、合作学习能力等。学生在小组合作中通过想一想、议一议、填一填、辩一辩，发现问题，反思不足，共同找出问题症结所在和提出解决的方法，从而学会反思、学会评价，进而不断提升对问题的辨析能力、判断能力和评价能力。

Task 4 Let's retell—复述文本，整体回顾。

教师通过思维导图、文本挖空、表格等形式，引导学生对文本进行复述。学生回顾绘本故事的主要内容，再内化目标语言，同时，通过复述活动检测学生对绘本故事的理解水平，提升其语言的综合运用能力。

Task 5 Let's create—创编汇报，训练语言。

教师通过角色扮演、读后续写或改写、创编等方式对学生进行语言的输出训练。在创编、表演、整合知识的过程中，学生学会交流与合作，学会知识迁移运用，展示创编成果，享受成功的喜悦。

3. **课后**（Post-class）

（1）布置课后作业。（按需选择）建议：①阅读绘本、复述绘本；②上传朗读阅读文本的录音或视频到微信群或钉钉群；③仿写文本；④制作思维导图/小小手抄报/单词卡；⑤摘抄好词好句并记录在笔记本上；⑥完成阅读卡。

（2）布置下一课时的"预习任务单"。

（四）具体实施注意事项

1. **绘本的选择**

作为单元的主题拓展阅读，绘本的选择至关重要，需要与本单元的主题、内容、词汇或句型相匹配，难易程度适中。绘本既可用来复习旧知识，也可用来拓展新知识。

2. **以问题驱动阅读**

绘本故事情节往往跌宕起伏、引人入胜。阅读过程就是一个探究和思考的过程。我们要按照从大到小、从浅表到深入、螺旋上升的原则提出问题，发展学生的发散性思维、批判性思维、推理性思维等思维品质，通过任务驱动学生进行探究性阅读。

3. **以活动推进阅读**

问题提出后，需要的不单单是师生的问答，还需要创设丰富多样、合理、层层递进的任务进行阅读活动。例如猜测、选择、判断、问答、填表、制作思维导图、模仿语言等活动，可以是个人、师生、生生或小组活动等。

4. **整体阅读**

要让学生通过听音频、看视频、默读等形式，整体阅读绘本，不要破坏绘本的原汁原味。单词解码和语法学习是在阅读过程中自然学得和习得的，绘本阅读教学不是单一的词汇教学、句型教学或语法教学。

5. **核心素养**

阅读是学习的途径，同时也是学习的目标。"Learn to read. Read to learn."绘本阅读图、文、声、形、义并茂，富有丰富的语言知识、文化知识和育人道理。在阅读过程中，学生的语言技能和思维品质得以训练，学生的英语核心素养得到提高。

6. **语言知识与技能**

在设立目标时，我们要根据学生的认知水平和最近发展区，找准本次绘本阅读的语言知识点，通过多种活动，搭建合适的语言支架，训练学生听、说、读、写的语言技能。

7. **阅读策略指导**

阅读策略的运用是阅读教学的目标之一。绘本教学中通常运用观察图片、预测、猜测、想象、速读、跳读、精读等阅读策略。

8. **挖掘育人意义**

绘本往往会隐藏着一定的育人意义，我们要善于通过图、文挖掘绘本的主题和主线，提炼绘本的育人意义，在适当的地方和时间让学生品味与发现，充分展示绘本的人文性。

【附件 4–21】

人教版四年级下册 Unit 4 At the farm 绘本 The village show 教学设计

——"爱种子"模式下的小学英语主题拓展

一、教学分析

（一）教材分析

The village show 是《丽声北极星分级绘本第二级下》中的一本故事绘本，属于动植物主题，叙述了 Tom 在参加 The village show 准备的过程中发生的事情，与人教版四年级下册 Unit 4 At the farm 的主题、内容和难易程度相匹配；其作为本单元拓展材料，在第六课时使用。

故事以一般现在时通过叙述和人物语言描写，讲述了 Tom 想拿他的蔬菜去参加 village show—Zara 的羊吃了他的蔬菜—Tom 带着羊去参加 village show 的过程，整节课以一个主问题"Can Tom win the prize at the village show?"为主线，让学生进行预测、阅读和发现答案。整篇文章的句型重复率高，主要句型有"Somebody does something."、"What are these?"等。重点词汇包括了蔬菜词汇 carrot, cabbage, green beans, tomato；动物词汇 horse, cow, sheep, goat 和动作词汇 shut, jump onto, tie, bite, jump into。根据配图和文字，学生容易理解新词，整篇故事难易度适中。

（二）学情分析

本课的授课对象是四年级学生，这个年龄段的孩子们喜欢故事，乐于思考与预测，能大胆表达和模仿表演。他们已学习英语两年，有一定的英语语言储备；刚学完了 Unit 4 At the farm，对动物、植物的相关词汇和"What are these/those?""They're…"句型已掌握，基本能借助绘本插画进行新词解码和自主阅读，理解故事大意，能在教师的引导下理解人物的内心感受，再进行模仿和表演不同角色的会话语言。

二、教学目标

1. 学生能围绕主问题"Can Tom win the prize at the village show?"开展自主阅读和小组合作阅读，理解故事大意，梳理故事脉络。

2. 学生能在小组的帮助下朗读绘本，根据已有的语言进行迁移和学习新词，并根据故事上下文和图片理解新词和句子。

3. 学生能在板书的提示下和老师一起复述故事。

4. 学生能在小组中协作表演故事。

5. 学生能感知故事传递的情感，体会遇事要积极面对并想办法解决问题。

三、教学重点、难点

重点：①阅读故事，理解故事梗概，梳理故事的主要发展脉络；②在小组合作中找出"羊是怎么进入菜园的？""吃了什么蔬菜？""Zara 是如何处理问题的？"，并完成思维导图。

难点：①在小组中，协作阅读并完成思维导图；②复述故事和表演故事。

四、设计思路与教学方法

设计思路：根据主教材内容选择合适的绘本进行单元主题拓展，拓展学生的语言知识，促进其语言技能和思维能力的提高，让学生养成良好的阅读素养，让单元复习更有趣味和深度。本节课选自《丽声北极星分级绘本第二级下》The village show 绘本，与人教版四年级下册 Unit 4 At the farm 的主题、内容和难易程度相匹配。教学设计中注重语言的工具性和人文性相结合，渗透 The village show 中的外国文化，让学生感悟遇到问题要积极面对和解决的情感。以问题引领，让学生通过自主阅读和小组协作阅读完成阅读任务，在获得语言知识的同时，培养学生速读、精读、预测等阅读策略，提高学生的阅读能力、语言表达能力、自主学习能力、协作学习能力和思维能力。

教学方法：图片环游、情景教学法、任务型教学法、表演教学法。

五、教学过程

导语：同学们，通过这一课学习，我们将实现如下目标：①复习巩固第四单元 At the farm 的单词和词组 tomatoes, green beans, potatoes, carrots, cabbages, cows, hens, sheep, horses 和句型 "What are these?" "What are those?" "They're…"；②能够进行自主阅读和小组合作阅读，理解故事 The village show 的大意；③能够朗读和表演故事；④遇到困难想解决的办法。

T：Boys and girls, today we're going to read a picture book. Let's listen to the guide first. Try to follow it.

【设计意图】在导语中，让学生知道本节课的主要学习任务，唤醒已有的语言知识，利用思维导图复习 Unit 4 的动物、蔬菜单词和重点句型。

Task 1　Let's build.

1. Sing the song *What are these?*

T：Boys and girls, we have learnt some animals and plants in Unit 4. Let's sing a song to review them.

【设计意图】把本单元的单词和句型套入熟悉的旋律中,把英语变得朗朗上口,带学生进入相应的语境并激发学生的学习兴趣。

Task 2 Let's read.

1. Cover reading.

(1) Title.

T: What's the title of the book?

(2) Talk about the village show.

T: Let's know more about the village show. What can people bring to the village show?

Guide the students to say: They can bring some animals, vegetables, flowers and fruits to win the prize.

【设计意图】通过问题引导学生观察封面图片,获取关键信息。通过视频感受和理解 village show,为下面的阅读铺垫情景。

2. Skimming reading of pages 2–4, underline the key words.

T: What vegetables are in Tom's garden? What animals are at Zara's farm? Please read pages 2–4 quickly and underline the key words.

【设计意图】利用跳读技巧,找出答案,同时复习第四单元的词汇。

3. Scanning reading of pages 5–12.

(1) Prediction.

T: Can Tom win the prize?

The gate is open. What will happen?

(2) Group-reading of pages 5–12, finish the mind map.

T: The goats go into the garden. What vegetables do they eat? How do they go into the garden? What does Zara do? Please read pages 5–12 and finish the mind map in groups.

【设计意图】利用速读的技巧,张贴思维导图,初步掌握故事梗概。

4. Detail reading of pages 5–12 and find out the answer. (Learn the new words and act out the dialogue between goats, Tom and Zara.)

【设计意图】细读故事,检查答案,在精读的过程中解码新单词。

5. Read the rest of the story.

(1) Prediction.

T: Tom has no vegetables now. Can Tom win the prize? How does Tom feel?

(2) Choose: What's Zara's idea?

A. Grow the vegetables again.

B. Borrow some vegetables to the show.

C. Take my goats to the show.

(3) Prediction.

T: Tom wins the prize. How does Tom feel?

【设计意图】预测故事结局，体会 Tom 的心理变化。

6. Listen and read the whole story.

【设计意图】整体听读故事，再次深入理解故事内容和感受故事的美。

7. Read in group.

【设计意图】小组阅读，同伴互助。

Task 3 Let's discuss.

T: Who do you like best? Why? Please discuss in groups.

(I like ____ best. ____ is/are ____ .)

【设计意图】对故事角色的性格进行分析，表达自己的观点。

Task 4 Let's retell.

T: Boys and girls, let's retell the story together.

【设计意图】复述故事，回顾故事情节，加深对故事的理解。

Task 5 Let's create.

1. Choose one part to act out in groups.

2. Moral education.

(Try our best to solve the problems.)

【设计意图】选择部分进行表演，加深对故事的理解和语言的输出练习；进行恰当的情感教育，体现故事的育人意义。

Homework.

1. Listen and read the story.

2. Retell the story.

3. Read more picture books.

【设计意图】运用听觉和视觉再次阅读故事，增强阅读理解能力和朗读水平。

【附件 4-22】
基于核心素养的小学英语绘本教学设计——人教版四年级下册
Unit 4 At the farm 绘本 The village show
典型案例分析

一、案例背景

《义务教育英语课程标准》指出，小学生毕业要达到二级要求，英语绘本图文并茂、语言简单、重复押韵，符合学生的认知水平和心理特征，较容易激发学生的阅读兴趣，对学生语言核心素养的提高有着不可估量的作用。"爱种子""三环四得"教学模式中的主题拓展环节可采用与主教材相匹配的绘本进行阅读拓展学习。

二、案例描述

绘本 The village show 是依据人教版《义务教育教科书英语（三年级起点）》四年级下册 Unit 4 At the farm 单元内容选取的课外绘本阅读材料。教师基于核心素养下进行绘本阅读教学设计，通过围绕主问题"Can Tom win the prize?"开展故事的探究阅读，通过对一系列细问题的回答，分析故事梗概和体会人物心情，发展学生的思维能力。在阅读过程中，教师进行新词的解码，让学生自然习得语言。创设语言支架，让学生进行充分的口语练习，提高语言的表达能力。挖掘绘本蕴含的文化知识，恰当地通过图片和讲述，让学生了解 village show。

三、案例分析

Task 1 Let's build.

本环节包括 Warm up 和 Revision 两部分，起到热身、激活思维、唤起旧知、铺垫新知的作用。在本环节中，教师用一首旋律熟悉的歌曲复习第四单元的词汇和句型，"What are these？""What are those？""They're tomatoes/horses…"让学生在轻松愉快的氛围中不知不觉地复习了已学词汇与句型，同时也为接下来的绘本阅读做好充分的知识储备。

Task 2 Let's read.

本环节是绘本阅读的主体部分，围绕问题进行自主阅读和小组合作阅读，了解故事梗概和剖析故事细节。

Step 1 Cover reading 通过提问引导学生观察封面图片，了解绘本的题目和有关 village show 的文化知识背景，知道"People can bring some animals, vegetables, flowers and fruits to win the prize."

Step 2 Skimming reading of pages 2 – 4, underline the key words.

（1）What vegetables are in Tom's garden?

（2）What animals are at Zara's farm?

在本活动中，学生运用了跳读的办法，找出了菜园和农场中的蔬菜与动物单词，再次复习了第四单元的单词，并学习了新词 cabbage。

Step 3 Scanning reading of pages 5 – 12 and finish the mind map.

（1）Predict：Can Tom win the prize?

（2）Predict：The gate is open. What will happen?

（3）Group-reading of pages 5 – 12, finish the mind map.

通过观察图片，发现"The gate is open."，让学生预测会发生什么事情，并预测"Can Tom win the prize?"发展学生的推理思维。运用跳读策略阅读绘本，然后通过小组合作张贴句子完成思维导图，梳理出故事的发展脉络。在小组合作中,大家相互帮忙,发挥"兵教兵"作用,降低了阅读的难度(如图 4-3-20 所示)。

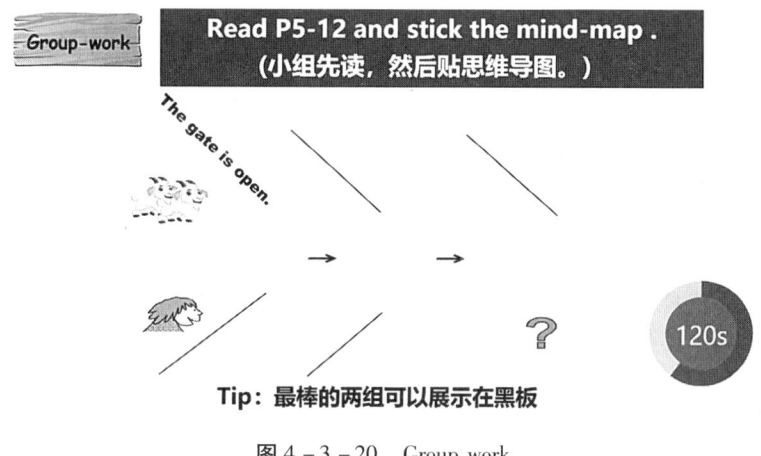

图 4-3-20　Group work

Step 4 Detail reading of pages 5-12 and find out the answer. (Learn the new words and act out the dialogue between goats, Tom and Zara.)

Step 5 Read the rest of the story.

(1) Predict:Tom has no vegetables. Can Tom win the prize? How does Tom feel?

(2) What's Zara's idea?

(3) Predict:Tom wins the prize. How does Tom feel?

教师让学生根据"Tom has no vegetables."来进行推理,并体会 Tom 的感受。教师让学生扮演 Tom 垂头丧气的样子坐在地上说"No, I can't go to the show."这样既增添了故事的趣味性,同时也让学生体验了主人翁的心情(如图 4-3-21 所示)。

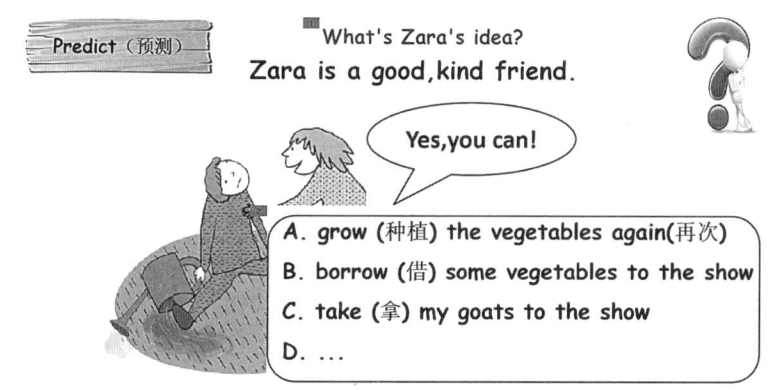

图 4-3-21　Predict

Step 6 Listen and read the whole story.

Step 7 Read in groups.

重回绘本，学生在录音的帮助下跟读故事。通过在组内朗读绘本，再次发挥"兵教兵"的作用，让学生更加熟悉绘本内容，能尝试自己阅读绘本。

Task 3 Let's discuss.

Discuss in groups. Who do you like best? Why?

(I like ____ best. ____ is/are ____ .)

教师搭建语言支架，让学生分析故事中的人物，表达自己的体会。学生有自己不同的观点，他们的回答总是多样的。通过引导学生进行较为真实的表达，训练了他们的语言表达能力。

Task 4 Let's retell.

教师利用板书进行故事复述，理清故事的梗概。建议教师用挖空关键词的方法引导学生进行复述，这样教学内容会更加清晰。

Task 5 Let's create.

(1) Choose one part to act out in groups.

(2) Moral education.

(Try our best to solve the problems.)

表演是学生喜欢的环节，他们总有很多的创意和惊喜，让人捧腹大笑。学生选择一部分内容进行小组表演，这既降低了难度，又提高了学生的参与率。

四、结束语

教师补充与单元内容相匹配的阅读内容是非常必要的，绘本阅读是非常不错的主题拓展内容。在本节课中，教师精选与主教材融合的绘本，通过问题驱动阅读探究，层层剖析故事情节，创设活动让学生代入角色，体验故事情节，创设了一次愉快的阅读之旅。

【附件 4-23】

人教版五年级上册 Unit 2 My week 绘本 Zob Is Bored 教学设计
——"爱种子"模式下的小学英语主题拓展

一、教学分析

（一）教材分析

Zob Is Bored 是"丽声北极星分级绘本第三级上"的一册绘本，是一篇记叙文，主要讲述了 Zob 苦恼于周末如何度过的故事，突出"日常活动"的主题。绘本主题匹配人教版五年级上册第二单元 My week，作为本单元的拓展材料，在第六课时使用。

（二）学情分析

本节课的学生对象是广东省清远市清城区五年级的学生，具备谈论日常活动安排的知识储备。该话题贴近学生的日常生活，容易激发学生的学习兴趣。学生在人教版四年级下册第二单元学习过 get up, go to school, go home, go for a walk, go to bed, go to sleep 等动词性短语，但是对 schedule, do homework, play sports, football, cooking, weekend, go swimming, Saturday, often, play ping-pong 等词和短语还不熟悉，需要在阅读过程中进一步感知和理解语言的意义，同时学习生词的发音和用法。五年级学生观察力强，善于提取图片信息，活泼好动，热爱表演，有表现力，喜欢角色扮演，具有一定的思维能力和语言基础，能够在教师的引导下，运用语言框架描述文本内容或表达自己的想法。

二、教学目标

教师根据英语学科核心素养，并结合绘本内容与学生的实际情况，确定本课的教学目标如下：

1. 语言能力：①能听、说、认、读文本中生词和词组 bored, Earth, space, planet, nothing, get into, hit, collect things, space junk 等；②能理解绘本故事 Zob Is Bored 的内容，获取所需信息；③借助图文和音频，提取 Zob 一周的活动安排，以 story map 的形式梳理。

2. 文化意识：①让学生了解太空垃圾的来源；②让学生感悟排解无聊情绪的方法和态度。

3. 思维品质：①能运用预测、质疑、讨论等方式提出问题和回答问题；②能根据板书复述绘本内容，训练思维能力。

4. 学习能力：①通过自主阅读、快读、精读、表演等方式，理解绘本故事；②通过小组探讨学习，提高思维能力、合作能力以及基于思考的表达能力。

三、教学重点、难点

重点：①能听、说、认、读文本中的生词和词组 bored, Earth, space, planet, nothing, get into, hit, collect things, space junk 等；②能理解绘本故事内容。

难点：①根据 story map 讲述 Zob 一周的活动安排；②分享个人认为有意义的事情，并简单说明原因。

四、设计思路与教学方法

设计思路：本课时是基于"爱种子"教学模式、遵循语言交际教学基本原则，通过自主阅读、快读、精读、表演等方式，理解绘本故事，并引导学生运用预测、质疑、讨论等方式，思考问题、回答问题；让学生在阅读中培养思维品质，获取阅读的愉悦感，激发阅读兴趣，发展语言表达、解决问题的能力，并拓展思维的广度与深度。

教学方法：情景教学法、任务型教学法、多媒体辅助法、读写教学法。

五、教学过程

Task 1 Let's build.

Warming-up. （1）Greetings and free talk. （2）Sharp eyes.

T：Hello, boys and girls. Nice to meet you. What day is it today? What do you often do on the weekends? Do you like reading story books? Now let's play a game, sharp eyes.

【设计意图】师生问候，拉近距离，增加师生感情。利用游戏暖场，对单词进行复习，激活已知经验和已有语言知识，为后续的阅读做准备。

Task 2 Let's read.

1. Cover reading.

T：What can you see from the cover?

T：What's the title of the book?

【设计意图】观察封面，感知绘本。

2. Show page 7 to guide the students to think more and discuss with partners.

T：（1）Who is he? （2）How does he feel? （3）Why?

【设计意图】通过观察图片，发挥想象，激发学生的阅读兴趣，培养发散思维。

3. Read pages 2 – 6, Read and match.

T：What does Zob do from Monday to Friday? Read and match.

【设计意图】学生阅读故事，通过连线将时间和活动匹配，降低难度，并引导学生建立逻辑思维。

4. Read page 7.

T：（1）What does Zob do on the weekends?

（2）Act like Zob. "Bored, bored, bored!"

（3）Can you give Zob some advice? You can...

【设计意图】引导学生通过读图、表演，感受情感。

5. Read pages 8 – 17.

（1）Scan reading.

T：What is the Earth children's advice?（Think and choose.）

（2）Picture tour reading of pages 8 – 17.

T：Does he go swimming? Why?

T：Does he go and play ping-pong? Why?

T：What can he collect?

T: Does he want to collect those things?

【设计意图】引导学生精读绘本,借助图片、文本等载体对绘本进行解读,同时提出问题,让学生思考,激发其思维。

6. Read pages 18 – 19.

T:(1) What does Zob want to collect?(2) Why does he want to collect space junk?

Show out some pictures: There are 7,000 tons of space junk. It's a big number.

T: What is a meaningful thing for you to do?

【设计意图】教师通过让学生细读18～19页,引导学生思考问题"Zob 为什么会想到收集太空垃圾",让学生加深对绘本内容的理解。

Task 3 Let's discuss.

Let's think and say.

T: When you are bored, what would you like to do?

When I am bored, I would like to…

【设计意图】引导学生,面对无聊情绪时应该做些什么,选择喜欢或者擅长或者认为有意义的事情。

Task 4 Let's retell.

1. Watch the video about the text and read loudly in groups.

2. Retell the story according to the key words.

【设计意图】听读结合,习得语言;小组合作,复述文本;通过板书帮助学生巩固知识,也为学生创造更多语言输出的机会。

Task 5 Let's create.

Write your weekend plan according to the word bank.

【设计意图】语言输出,以读促写,仿写短文;培养学生的语言运用能力。

Homework.

1. Listen and read the story.

2. Retell the story.

3. Share your weekend plan.

Choose the homework they like and finish at home.

【设计意图】布置分层作业,尊重学生的个体差异性。

【附件 4-24】
借助图片环游培养学生的图文阅读能力
——五年级上册 Unit 2 My week 主题拓展绘本 Zob Is Bored 典型案例分析

一、案例背景

随着新课改的进一步提出,越来越多的教育者意识到传统教育存在的问题,学校加大改革力度,力求让学生在愉快的环境中获得知识,全面提高学生的核心素养,培养综合型人才。小学生还处于身心发展中,就英语这门学科而言,学习起来较为困难,传统的教学方式就是死记硬背,学生逐渐对英语学习失去信心、缺乏兴趣,影响了学习的效率。近两年来,绘本教学受到了越来越多的老师的关注。但是,在进行绘本教学的过程中,不少教师只会用单一的教学方式,让学生自由去阅读并吸收,这与传统的英语教学模式无异,影响了绘本教学在英语课堂中的使用效果,未发挥出绘本教学的真正作用。

二、案例描述

案例:Zob Is Bored 是"丽声北极星分级绘本第三级上"的一册绘本,绘本主题匹配人教版《义务教育教科书英语(三年级起点)》五年级上册 Unit 2 My week,作为单元拓展材料进行教学。在绘本教学中,Let's read 环节直接导入绘本故事,引起学生的兴趣。

Teacher: Today we are going to read a picture book. Do you like reading picture books?

Students: Yes, I do.

Teacher: OK, look at the cover page, what can you see from the cover? What's the title of the book?

……

在整个绘本教学过程中,教师与学生共同读故事,以问题为引导,通过图片环游,读封面、主题图等,启发学生观察、预测、思考、小组讨论、分享,在不断推测和阅读中提出问题、分析问题、解决问题。学生在此过程中学习语言知识、理解故事内容、了解人物心理,提高图文阅读能力和逻辑思维能力。

三、案例分析

"爱种子"实验背景下的绘本教学模式,其特色突出表现在培养学生的语言运用能力、交流能力、思维能力、自主学习能力等。在小学阶段,学生的好奇心较强,对于枯燥的文字内容没有很强烈的学习兴趣,因此,图片环游法很适用于小学阶段的教学。

"爱种子"的核心是"三环四得",最突出的是以任务来驱动教学。在本节课中,教师设计了五个任务。

Task 1 Let's build 环节属于读前活动环节，主要是激活旧知识、激活思维。在此环节中，教师创设了 Sharp Eyes 游戏，复习了有关星期的单词和活动类的短语，以及询问周末做什么的句型。教师通过游戏暖场，激活了学生的已知经验和已有语言知识，为后续的阅读做准备。

Task 2 Let's read 环节是读中环节，要求理解绘本内容、培养阅读技能。在本节课例中，教师引导学生们进行图片环游，运用多种阅读策略，观察图片，预测故事内容。

（1）学生自主阅读，提取关键信息，完成连线的任务；解决问题"What does Zob do from Monday to Friday?"

（2）学生读图思考、讨论、预测故事内容。教师提出"What does Zob do on the weekends?"的疑问。学生观察图片、读句子，得到关键信息："Zob has nothing to do. He is bored. Can you give Zob some advice?"学生讨论、提出建议。

（3）学生快速阅读，提取信息并选择。"What is the Earth children's advice?"（Think and choose）

（4）学生细读图文，回答问题。教师设计具体问题，引导学生细读图文，提取故事信息，引导学生回答问题，帮助学生更好地理解故事。

在每一个环节，教师通过更加具体的问题推动学生阅读图文，降低了信息获取的难度，培养学生的逻辑思维能力。

Task 3 Let's discuss 环节属于读后讨论活动环节，学生要在情境中真实地运用语言，梳理语言，构建框架。

在学完故事，了解到文中主人公 Zob 的一周活动以及情绪变化之后，老师让学生联系自己的实际，提出问题："When you are bored what would you like to do?"学生讨论、思考并分享个人经验（如图4-3-22所示）。

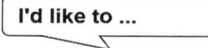

图4-3-22 Let's discuss

Task 4 Let's retell 环节是读后复述。通过小组合作，复述文本。首先，老师与学生一起读板书，帮助学生巩固知识。学生在老师的引导下回顾故事内容，根据板书和关键词对故事进行文本复述（如图4-3-23所示）。

图4-3-23 Let's retell

Task 5 Let's create 环节是读后创编环节。教师让学生联系实际，以读促写，仿写短文。学生参考 Word bank 完成短文之后，分享作品，以此培养语言运用能力（如图4-3-24所示）。

图4-3-24 Let's create

四、结束语

在以上教学案例中，教师基于"爱种子""三环四得"教学模式，在绘本教学中借助图片环游法培养学生的图文阅读能力。教师采用图片环游法，不仅提高了学生的图片分析能力，还丰富了教学的内容，让学生接触到更广泛的英语知识，在日常的教学中有着很好的教学效果。因此，教师要积极探索高效的教学方法，提高英语的教学质量。

五、戏剧教学范式

（一）戏剧教学的定义

戏剧教学具有情景性、体验性和对话性等特点，符合学生语言习得的规律，在教学中受到越来越多的积极关注。在"爱种子"实验背景下的小学英语戏剧教学，是"爱种子""三环四得"中主题拓展的一个课型，主要内容来源于课外的教学资源。在保证完成基本教学目标的前提下，有的学校根据各自英语开课情况和教学实际，可灵活地增添戏剧教学作为课外补充，以丰富学生的学习体验，满足不同学生的学习需求。

在戏剧教学中，教师对某些对话、语篇、故事、动画等进行改编，或精选符合学生学习程度的经典剧本，以此作为教学素材，开展戏剧活动。该课型以学生为中心，激发学生的主观能动性，发挥学生的潜能，注重学生的主动参与，提升学生的英语学科素养，培养学生完整的人格。学生通过读剧本、演剧本、改编创编剧本，借助师生合作、生生合作，独立学习等方式，在轻松愉快的戏剧活动中自然习得语言、提高语言学习能力、发展学习策略，从而为用英语做事情打下坚实的基础。

（二）戏剧教学的目标

《义务教育英语课程标准（2011年版）》分别在一级和二级标准中提出："能做简单的角色表演""能在教师的帮助下表演小故事或者小短剧"，明确要求英语教师在课堂上，或在课外活动中，要创造机会让学生进行角色扮演和短剧表演。戏剧教学的作用不仅仅是给学生带来表演的乐趣，更重要的是通过表演，自然地创设一个真实的语境，让学生关注语言的情感表达，实践所学的语言，让学生对英语产生持续的学习兴趣，把戏剧世界和学生的生活连接起来，引发学生内心的情感共鸣，提升语言学习能力和表演力，最终提升学生的综合素质。

（三）戏剧教学范式

结合"爱种子""三环四得"教学模式，我们以任务驱动的方式，创设戏剧化的教学活动，通过演前热身、演中体验和演后总结的方式，以演促学，构建小学英语戏剧教学范式。此范式的基本环节为："Warm up"演前热身，唤醒旧知——"Let's read and act"演中体验，领悟戏剧角色——"Sum up"演后总结，升华戏剧内涵。通过三个任务，每个任务从感知到体验，从理解到感悟，从运用到创新，引导学生激活已学知识并进行运用拓展，培养学生的语言能力，使学生形成自己的学习策略和学习风格。

Task 1　Warm up 演前热身，唤醒旧知

此环节属于热身活动环节，主要目的是破冰预热，形成学生良好的学习情绪，唤醒学生相关话题知识，激发学生对剧本的学习兴趣。该环节旨在让学生活动起来，进行随机分组，为接下来的小组活动做准备；同时，引发学生对该剧本主题的理解，拉近剧本与学生之间的距离。

该环节的活动形式往往以有趣的、易操作的肢体游戏设计为主，可以设计为Space Walk（空间行走）、Huggies（好人抱抱）、Still Image（静态雕像）。其中，Space Walk是指教师定义一个空间，让学生在空间中自由行走，配合与故事相关的肢体动作，学生在行走时不能碰到彼此，然后教师令行停止。这个活动经常与Huggies一起用。Huggies是指教师随机说出一个数字，学生按照数字组成小组，抱在一起。通过上述两个活动，达到破冰和随机分组的目的。Still Image是指教师给出一个主题，该主题往往是剧本中重要的场景，学生根据主题用肢体搭建一个静态的画面。此过程尽可能不用语言交流，通过夸张的肢体和表情表现该主题，最后进行定格。此活动可以加深学生对人物心情和重要场景的理解。

Task 2　Let's read and act 演中体验，领悟戏剧角色

此环节是戏剧教学的主干，所需要花费的时间相对较长。在充分热身、随机分组的基础上，教师组织学生边读剧本、边演绎剧本、边领悟台词的魅力，进行深度学习，引发学生的情感共鸣。所设计的戏剧活动层层递进，最终达到戏剧教学的目标。教师通过音乐、肢体、表情、道具、语言等载体创设剧本中的情景，引导学生通过角色扮演去感知、体验，理解台词，把戏剧台词内化成自己的语言，同时借助不同角色，亲身体验语言情感表达的不同，从而得体地、地道地习得目标语言。此时，教师不仅是知识的传授者，戏剧课堂的组织者，更是学生戏剧表演的帮助者。在教学活动中应注意把课堂交还给学生，构建以学生为中心的戏剧课堂，多设计独立学习、小组合作、不同难度的表演和独立思考的任务，促进学生听、说、读、写、演全面发展。

该环节的戏剧教学活动主要有Whoosh（故事棒）、Teacher in Role（教师入戏）、Conscience Alley（良心巷）、Role Play（角色扮演）、Hot Seating（坐针毡）、Role on the Wall（墙上角色）等形式，帮助学生理解剧本，从而更好地演绎和表达剧本内容。在课堂中，教师可根据学生的个性和认知水平，设置不同难度的、多种多样的戏剧任务，如对台词进行预测、留白、改编、创编等，这样可以加深学生对剧本的理解；对于篇幅较长且复杂的剧本，可以让学生通过分组或分场景的形式进行分段表演。

这里简单介绍两个常用的活动。Whoosh的操作步骤主要是师生围成一个圆圈，圆中心是指定的戏剧表演空间，教师或者学生读故事（通常是叙述或者旁白部分），学生听到内容后自觉到戏剧空间中表演，教师说"whoosh"，全部同学归位。通过该活动，学生的听力能力和反应能力得到训练，学生能理解剧本大意。Conscience Ally 是在剧本角色遇到两难问题需要做决定时使用的，其具体操作是一名同学扮演该角色，其余同学分正反两面，站两排，形成巷子，需要做决定的人走过巷子，听取意见，其余同学一正一反，相继发言，最后该名学生做出决定；该活动能锻炼学生分析和解决问题的能力，但开展活动时对学生的要求较高，教师可以在活动前先做语言的铺垫，降低难度。

Task 3　Sum up 演后总结，升华戏剧内涵

前两个学习环节要求学生活跃起来，从演中学。而此环节是戏剧课的点睛环节。此环节中，课堂慢慢从动态走向静态，学生通过音乐放松肢体和心情，以个人思考、小组讨论、主题升华的方式来结束戏剧学习。学生的思维品质和文化品质也在这个环节的活动中得到深化和发展。

此环节的戏剧活动一般有 I Remember（我记得）、Music Relaxing（音乐放松）、Inner Voice（内心独白）、All in One（万众一心）等。通过以上活动，学生整体总结，回顾重要情节，情感得到升华。Inner Voice 是指从角色的视觉，鼓励学生说出自己的感受，老师从旁进行正面引导，培养学生的同理心。All in One 是指师生经过讨论，升华成一个简短的、有积极意义的口号。在活动的最后，师生一起喊口号，进行积极的心理暗示。

（四）注意事项

戏剧教学要突出学生的"演"，而不是教师的"导"。课堂的重点应在于学生对剧本的整体理解，以及对台词的理解和演绎。教师应构建生本课堂，为学生搭建学习的支架，适时提供必要的帮助，给予学生思考、探究、创新的时间和空间，不可过多地干预学生的表演，把自己变成一个真"导演"。

【附件 4-25】

Harriet's World 第一辑 No！教学设计
——"爱种子"模式下的小学英语主题拓展

一、教学分析

（一）教材分析

本节课选自英语原创绘本阅读系列《哈丽特的成长故事》第一辑的故事"No！"。故事中人物角色分明，情景性和会话性强，语言复现率高，且与学生的生活息息相关，适合小学中年级学生使用。基于以上特点，在"爱种子"背景下的主题拓展环节中，本课的课堂教学采取戏剧课的教学范式，通过戏剧手段，教师创设较为真实的语言情景，引导学生体验语言，内化语言，最后活用语言。

（二）学情分析

本节课的对象是广东省清远市清城区四年级的学生，对英语有较强的学习兴趣，表演欲强，乐于参与。在之前的学习中，学生已经初步掌握 on，in，under 等方位介词，对方位介词有一定了解。根据四年级学生已有的生活经验，他们对 safety 这一话题有初步的概念和辨别能力。但是，他们对学习和运用以"don't"引导的祈使句略显困难，需构建语境，搭建语言支架，找准学生的最近发展区，让学生在自然的语境中习得语言。

二、教学目标

知识与语言目标：①学生在情景中巩固方位介词 in，on，under，in front of；②能理解故事内容，能恰当地运用故事中的语言，如 No！Don't…！

过程与方法目标：①培养学生的戏剧表演和台词推测的能力；②通过小组合作，培养学生的合作精神。

情感态度与价值观目标：①通过代入角色，进一步体验人物角色的内心情感，提升学生的学习兴趣；②了解居家安全，提高安全意识。

三、教学重点、难点

重点：①能在教师的引导下理解故事内容，巩固相关方位介词；②能恰当地运用本课的中心句型"No！Don't…！"。

难点：①在表演时能恰当地运用"No！Don't…！"；②对文本进行深度学习，领会故事隐藏的教育道理。

四、设计思路与教学方法

设计思路：本节课基于"爱种子""三环四得"教学模式，采取热身、主题学习、回顾总结这一戏剧范式，设计相关的戏剧活动，让学生在真实的情境中复习相关方位介词。本节课注重学生对语言的体验和运用，以"Harriet's Daily life"为主线，引导学生进行文本解读，设计听、说、读、演的任务，通过互动讨论、师生合作、小组合作等活动，让学生在真实的语言环境中自然地运用语言。同时，在教学过程中，教师以多元评价的方式，激发学生的学习动力，培养学生自主学习的习惯和能力。学生在小组合作中完成学习任务，养成协同合作意识和探究的精神，发展思维能力。通过内心独白，学生体会到作为一个好孩子应有的行为表现。最后，通过揭示故事教育意义，教师给予学生积极的心理暗示，情感得以升华。

教学方法：情景教学法、任务型教学法、戏剧教学法。

五、教学过程

Task 1 Warm up.

1. Space walk（空间行走）：Students do the action in a circle as the teacher says.

2. Huggies（好人抱抱）：Students hug together according to the number told by teacher.

T：Children, how are you? Let's play a game, Space walk, crawl under the chair, jump on the sofa… Five together.

【设计意图】Crawl under the chair, jump on the sofa 等动作，都是主角Harriet在故事中的经典动作。教师通过组织"空间行走""好人抱抱"等经典的戏剧课堂小活动，学生在学习前进行热身，初步感知剧本中的动作；破冰热身，并随机分组。

Task 2　Let's read and act.

1. Cover reading.

T：Today let's read a book. Look! Who is she? Where is Harriet? What will Mom say?

2. Still image.（静态雕像）

T：Maybe mom says NO to Harriet! Now freeze (Teacher shows her magic wand and let the students stay still.)

【设计意图】教师引导学生观察故事封面，直观地感知人物，通过提问"What will Mom say?"培养学生预测台词的能力，获取更多的故事信息；此外，通过静态雕像活动，让学生用肢体语言，定格在"妈妈对Harriet说不"这个重要场景，在静态活动中体会任务角色的心情。

3. Skimming：Read the whole story quickly.

T：Where is Harriet?（使用应答器）　　A. At home.　　B. At school.

4. Picture tour and Whoosh.（魔法棒）

Teacher presents the picture and plays the audio page 26, teaches the phrase crawling under the chair with TPR. Then points the magic wand to the students. They do the action and speak out the target language.

T：Where is Harriet? Can you act? What will Mom say?

Then teacher presents the story picture by picture.

【设计意图】通过表演棒的方式，教师边读，学生边演，体验语言crawling under the chair。在此情景中，教师自然地抛出问题"What will mom say?"引导学生往下说、往下演。

5. Read and act in groups.

Students choose their favorable plot and act it out.（边演，边学习单词sink，理解单词worried、dangerous）

6. Teacher in role.（教师入戏）

T：If you are Harriet, what will Harriet say?

7. Conscious Alley.（良心巷）

Why does Harriet always say No? How about mom? Is it OK for them?

【设计意图】在充分示范和练习的基础上，教师引导学生以小组合作的方式，选择喜爱的场景表演出来，联合成完整的故事，学生的听、说、读、演的能力都得到了锻炼。最后，教师角色代入，巧设问题，引发学生思考，培养学生的思维能力。

Task 3　Sum up.

1. Inner voice.（内心独白）

Group discussion：If you are Harriet，what can you do in the house? Don't…! I can…

2. All in one.（万众一心）

T：Boys and girls，there's so much we can do. Everyone can be a good kid. So do you! Be a good kid!

Students read the slogan loudly.

【设计意图】教师搭建语言支架，在板书的帮助下，学生再次总结回顾本课的要点，同时进行正面教育"I can…"，培养学生良好的行为习惯，强化学生的安全意识；最后，揭示教育主题，给学生积极的心理暗示。

【附件4-26】

以演促学，以演促情，以演促发展
——Harriet's World 第一辑 No！典型案例分析

一、案例背景

在小学英语课堂，尤其是农村地区的英语课堂，以教师为主导、以知识讲授为中心、以机械操练为主的课堂普遍存在，学生的朗读和表演能力普遍较弱，课堂中引发学生情感共鸣的时刻少之又少。长此以往，这样不利于学生的可持续学习和核心素养的培养。因此，重构以生为本的、有温度、有情感的英语课堂，成为广大英语教师的追求。戏剧教学具有情景性、体验性和会话性等特点，符合学生语言习得的规律，有利于做好英语启蒙教育、发挥学生的个性、培养学生的自主学习能力和创新精神，从而更好地发展学生的核心素养。

二、案例描述

案例：在Harriet's World 第一辑 No！案例中，素材主要讲述以下生活故事：主人公Harriet在家爱捣乱、制造麻烦。妈妈对此总是持否定态度。涉及的主要句型是："No! Don't…!"。顺着前面的热身环节，教师采取故事棒的活动方式，口头陈述"Mom walks in and sees Harriet crawling under the chair."并结合身体语言，让学生明白"crawl under the chair"的意思。在此基础上，学生自愿在表演空间进行表演，紧接着借助问题"If you are mom, what will you say?"自然引出中心句型。教师以类似的方式开展戏剧的"导"和学生的"演"。借助围裙、发饰等道具，教师进行角色代入，这时学生自然而然就成了"Harriet"，这引发学生思考："Why does Harriet always say No? Is it OK?"最后，教师通过创设内心独白的方式，对学生进行正面教育。

四年级的学生对戏剧表演十分感兴趣，教师通过音乐、肢体、表情、道具、语言等创设剧本中的情景，引导学生通过角色扮演的方式去感知、体验、理解台词，把戏剧台词内化成自己的语言，同时借助不同角色，亲身体验语言情感上表达的不同，从而得体地、地道地习得目标语言，达到以演促学、以演促情、以演促发展的效果。

三、案例分析

"爱种子"实验背景下的戏剧课教学模式，最突出的特点是以任务来驱动教学。在"爱种子"理念的引领下，借助戏剧素材，教师自然地创设一个真实的语境，让学生关注语言的情感表达，实践所学的语言，让学生对英语产生持续的学习兴趣，把戏剧世界和学生的生活连接起来，引发学生内心的情感共鸣，提升语言学习能力和表演力，最终提升学生的综合素质。

在本节课中，教师设计了三个大任务，通过静态雕像、故事棒、教师代入、良心巷等戏剧活动，让学生读一读、演一演、想一想、说一说，由浅入深，从表象到本质，递进式地促进学生的发展。

Task 1 Warm up 环节属于演前热身环节，主要目的是破冰预热，形成学生良好的学习情绪，唤醒学生相关话题知识，激发学生对剧本的学习兴趣。在此环节中，教师共创设了3个常规的小任务：太空漫步、好人抱抱，以及静态雕像。上课伊始，教师通过太空漫步的方式，借助图片和TPR，向学生渗透 crawl under the chair, jump on the sofa 等重要的场景；接着，利用好人抱抱的方式，对学生进行随机分组。此环节的最后，教师引导学生通过观察、阅读素材的封面，获取相关信息，借助静态雕像这个活动，让学生用肢体语言表演该场景，加深学生对此场景的理解（如图4-3-25所示）。

图4-3-25 Warm up

Task 2 Let's read and act 环节是戏剧教学的主干。教师组织学生读剧本，演绎剧本，并领悟台词的魅力，进行深度学习，引发学生情感共鸣。在本环节中，教师一共创设了5个戏剧活动，分别是快速整体感知、故事棒、小组读演、教师代入以及良心巷。从简到难，层层递进地学习该剧本。

首先，教师通过设置选择题"Harriet likes to play _____.", 让学生浏览整个故事，对故事发生的场景和故事情节有初步的了解，知道"Harriet likes to play in the house."。紧接着，教师用故事棒的形式，组织学生围成圆圈，席地而坐，结合TPR，描述场景"Mom walks in and sees Harriet crawling under the chair.", 鼓励学生到表演空间中进行该场景的表演。同时，教师抛出问题"If you are mom, what will you say?"呈现核心句型。在接下来的场景2，教师也以类似的方式呈现。在学习完两个场景的基础上，教师组织学生以小组合作的方式，让学生在剩下的三个场景中选择自己最喜欢的一个，进行自主阅读和表演，以演促读，让学生深入故事文本，了解妈妈总是对Harriet做的事情说"No!"。此时，教师利用发饰和围裙等道具，摇身变成妈妈，准备午餐并询问"Would you like to eat?", 再通过设问"What will Harriet say?"培养学生的预测故事内容，创编台词的能力。在本环节的最后，设置良心巷，让学生思考并讨论问题："Why does Harriet always say no? Is it OK?"引发学生的思考，培养其思辨能力（如图4-3-26所示）。

图4-3-26 Let's read

Task 3 Sum up 环节属于演后回顾总结环节。在此环节中，课堂慢慢从动态走向静态，学生通过音乐放松肢体和心情，以个人思考、小组讨论、主题升华的方式来结束戏剧学习。学生的思维品质和文化品质也在这个环节的活动中得到深化和发展。在本环节，学生在 Inner Voice 的活动中，代入人物角色 Harriet，从 Harriet 的视觉，思考"What can I do in the house?"。教师此时搭建语言的支架"Don't..."" I can..."，让学生链接真实生活经验，畅所欲言，最后提炼成"Be a good kid"，与本课的评价方式相互呼应，情感教育得到升华。

四、结束语

在以上教学案例中，教师基于"爱种子""三环四得"教学模式，设计了多维度的戏剧活动，适时搭建语言的支架。该教学过程帮助学生在戏剧的世界里边读、边演、边体验，以培养他们对英语戏剧的兴趣，提高其综合运用语言的能力。

【附件 4-27】

剧本 1：

A hunter and the animals

角色：Kangaroo（K），Elephant（E），Bear（B），Monkey（M），Bird（B），Deer（D），Rabbit 1（R1），Rabbit 2（R2），Hunter（H）。

Scene 1

旁白：It's a sunny day. All the animals are very happy. They are going to have a party.

M：What a beautiful day!

R1：Yes, it's sunny.

K：The flowers are beautiful. Let's go to the party.（小鸟"啦啦啦……"唱歌并做跳舞的动作，其他动物也跟着做跳舞的动作。）

E：OK. The party is ready.（四处看了看）Er... but where is the bear?（互相看了看）齐说：Where is the bear?

B：（跑出来）Hi, everybody. I'm coming! Sorry!（喘气）

齐：It's OK.

K：（举起酒杯）Come on. Cheers!

一起举杯：Cheers!

R2：It's time to dance!

齐：Music.（排成跳舞的队形）

播放音乐：Good Time，动物们一起跳舞。

Scene 2

旁白：After dancing, the animals are eating some food.

R1: Now let's eat our yummy food!

齐: Great!

旁白: At this moment, the deer runs out.

D: Help! Help! Please help me! （边跑边喊）

R2: Are you OK?

D: A, a hunter is chasing, chasing me! （喘气）

齐: What? A hunter? Let's run away.

（动物们准备逃跑，只有大象不动。）

E: Calm down! Let's catch the hunter.

齐: Great! But how?

B: I have an idea! （围在一起窃窃私语）

齐: That's a good idea!

旁白: The animals hide behind the trees, and tie a green rope between two trees.

Scene 3

旁白: The hunter comes out with his gun. He is looking for the deer.

H: Where is the deer? （四处看）

（突然从树后面传来了一声巨响，猎人紧张而又小心翼翼地往树的方向走过去，却被隐藏在草丛中藤蔓做的绳子绊倒了，动物们一拥而上，把猎人抓住了。）

D: You bad man!

M: Yes, you are so bad!

H: I'm sorry! Please, please let me go!

齐: No way!

H: Please! （动物们围在一起商量）

R2: OK, you must never hurt us again.

H: I will.

齐: Hurray!

出示横幅并一起说: Animals are friends of human beings. Please protect animals.

剧本 2:

The Three Bears

剧中角色: Father Bear (F), Mother Bear (M), Baby Bear (B), Little Girl (G)

旁白：There is a bear family living in the forest. One day, a little girl was lost in the forest. The bears were very kind to the girl. They helped her find her way home.

Scene 1

In the bears' home.

F：I am Father Bear. I like reading. （熊爸爸拿张报纸坐在沙发上说。）

M：I am Mother Bear. I like cooking. （熊妈妈在做饭。）

B：I am Baby Bear. I like singing. Mummy, mummy, the soup is hot. Let's play for a while, OK? （熊宝宝唱着歌快乐地跑到妈妈身边。）

M：It's a good idea.

F：It's a sunny day. Let's go.

"Sing, sing, together…" （一家人幸福地唱着歌朝森林走去。）

Scene 2

Near the bear's house.

G：I am a cute little girl. I like playing. But now I am lost in the forest. I am tired. A house, a house! I see a house!

（小女孩迷茫地望望四周，然后惊喜地大喊。她高兴地跑向小熊的房子。）

G：May I come in? （小女孩轻轻地敲了敲门，把耳朵贴在门上仔细地听了听，推门而入。）

A-ha, some soup. I like soup. Now I'm full. I want to sleep. （小姑娘找到卧室发现了小熊的床。）

I like Baby Bear's bed. （她躺在小熊的床上睡着了。）

Scene 3

F：Baby, it's time to have lunch. Let's go home.

B：OK. （三只熊唱着歌回家了。）

Scene 4

B：Daddy, daddy. Look! The door is open.　　F：Don't worry.

B：Mummy, mummy. Look! My soup is empty.　　M：Don't worry.

B：Look! A girl is in my bed.　　　　　　　　M：Hush.

G：Mr Bear, I'm sorry. But I lost my way. Can you help me? （小姑娘

被小熊的喊叫吵醒了,她揉揉眼睛说,哭了起来。)

　　B:We can help you.

　　G:Thank you very much.

　　(小女孩破涕为笑,她仿佛看到了等她回家的爸爸妈妈,于是高兴地与三只熊跳起舞来。)

第五章

基于小学英语"爱种子"教学范式的教学资源创建与应用

第一节 "爱种子"教学资源创建

"爱种子"教学资源是在教学过程中，依托互联网技术搭建的教学平台，为教学的有效开展提供各种可被利用的素材、条件，包括平台、教学资源、教材、视频、导学案、课件等等。

一、资源创建原则

在"爱种子"教学模式中，"三环四得"理念是"爱种子"课改项目的指挥棒，资源建设是推动"爱种子"教学模式得以应用与推广的核心。"互联网+教育"课堂教学改革可以利用名师团队创建的资源，开展"互联网+教育"的新型课堂教学，教师在使用"爱种子"教学平台时，不仅可以进行"点点用"，还可以进行"改改用"和"创创用"，实现资源共享和不断优化，实现"四个解放"（解放学生、解放教师、解放家长和解放主管部门），全面提升义务教育质量，促进教育公平与优质均衡发展。在进行平台资源创建时，我们需遵循以下原则。

（一）准确性原则

准确性原则是资源创建的首要原则。教师对文字、图片、声音、图标、语言知识等都要进行多重审核，保证不出现包括政治性和知识性的错误，确保无误才进行使用和共享。

（二）主体性原则

确立学生是学习的主体，教为学服务的意识。目标设定和教学方法的选取都要以生为本，把学习过程、思考探究过程、表达过程等归还学生，让学生在做中学、学中做，充分发挥学生的主体地位，真正实现以学生为中心的教学。

（三）整体性原则

资源创建力求系统化。教师对单元教学进行整合设计，教学设计、平台资源、导学案和微课资源要形成一整套资料，环环相扣，而不是零散资料的堆砌。各个课时之间、单元与单元之间、册与册之间要有联系，知识滚动、螺旋递进。

（四）实效性原则

资源的使用目的在于提升课堂的教学实效。我们要建设适用、好用、实效的资源，让更多的教师会用、乐用、善用，提升课堂教学的实效性。共享名师创建的资源，能更好地促进教育均衡，不要让资源成为一种摆设和浪费。

（五）情景性原则

语言教学离不开特定的语言环境。利用信息技术创设接近生活的语言场景，有利于激活学生的思维与想象，有利于唤醒旧知和帮助理解新知，有利于语言的自然习得和得体运用。另外，一节课里不适宜出现多个情景切换，力求一条主线、一个情景。

（六）任务性原则

开展主题教学，以问题和任务驱动学生进行自主探究学习、小组合作学习，发展学生的思维能力、语言综合运用能力、自主学习能力和小组合作能力。

（七）以评促学原则

评价是调动学生学习积极性的有效工具，同时也可以得到及时的学习情况反馈，进行及时的教学与学习策略调整，更好地促进学习任务的完成和学习效果的提升。教师在教学中要适当开展多元评价和相关知识点的练习检测。

二、资源创建类型

（一）教师导学案

教师导学案是资源建设的依据，要依据课标要求、教材分析和学情分析等明确教学目标，选取合适的教学方法，并根据"爱种子""三环四得"的教学范式进行设计。通过预设、实践进行不断的反思与修改，形成可行、高效的教师导学案。

（二）学生导学案

学生导学案是以导学为方式，以学案为抓手，促使学生进行自主学习的重要媒介。学生导学案唤醒学生已有的相关知识，对新知识进行前置预习，教师根据导学案的反馈分析学情，实施精准教学，更好地体现以学生为主体、以学定教、教为学服务的理念。

（三）平台教学资源

平台教学资源主要是资源制作公司根据教师编写的导学案进行课件资源的制作。实验教师可以直接使用平台资源，也可以利用平台修改或制作课件，自行使用或进行区域共享。

（四）微课资源

微课资源是针对重点、难点、文化知识等制作的 5 分钟以内的短视频，它可以运用在课前、课中与课后。微课资源制作要目标明确、主题突出，需要借助动画、图片、声音等信息技术手段，把知识要点生动有趣地讲清楚、讲明白。

三、资源创建策略

"爱种子"范式教学资源的创建是一个系统的工程，不是简单的累加和堆积，而是需要不断地探索、实践、反思和优化，才能创建出一套具有本土特色的、适合本地区学情和教情的范式资源。

（一）专家引领，区域统筹

清城区教师发展中心统一部署，建立"教师发展中心—核心导师团—导师团—学校种子核心团队—年级学科老师"的机制，制定范式资源建设的方案，明确任务分工，由导师团落实执行。导师团成员根据自己负责的范式，组织实验老师和相关老师进行范式的探讨和实践，并通过反馈，及时反思、采集数据、反复论证，优化成最终的成果。

（二）课题推进，群策群力

在创建范式资源的过程中，在清城区教师发展中心的引领下，清城区开展了 2 个省级课题和 10 个区级课题，把全区的英语科骨干教师汇集在一起，分工合作；任务落实到每一间学校和每一个课题组成员上，通过集体的智慧和力量，让范式资源在探索中生成、实践中提炼、反思中优化。

1. 研讨建模

清城区实验区处于学生的学习资源匮乏，且相当一部分学生是留守儿童，并且教学资源和师资也相对贫乏的地区。根据此学情和教情，教师发展中心安排核心导师团先进行研究，把"爱种子"的理念和"三环四得"的教学模式跟本实验区的实际情况进行辩证分析，得出其模式切合本区域学生的学习特性和规律的结论。核心导师团的教师在他们现有资源的基础上，先建立一套基础的学生导学案、教学设计范式模板，然后把这套模板放到教学中进行实践。

2. 实践优化

在实践的过程中，会碰到各种各样的问题，例如，学生导学案的设计不能达到自主"学得"，教师讲授的时间过多，不敢放手；学生小组活动的实效性不够强，流连于形式；教学设计中情境性不够强，或创设的情境不够真实自然；给学生的学习策略指引不够清晰；设计时没有周全考虑前后知识的衔接、过渡，没有充分注意知识的完整性及对主题意义的挖掘。教师们应不断地收集问题，通过反思总结并尝试解决问题。

（三）资源整合，以用促建

1. 平台课件资源应用的策略

"爱种子"课堂教学平台为我们提供了上课的课件资源，提供了有效的应用框架，教师们通过"点点用—改改用—创创用"进行授课，可以改善课堂生态，促进教育均衡发展的保底要求和满足现实需要。

（1）"点点用"策略。"点点用"是指使用平台提供的资源，在授课端根据平台课件的指引，一步一步地进行授课。这个策略应用于对电脑设备操作有困难或备课能力稍弱的教师。在课堂上观察教师，利用课堂观察表对课例进行评价，如各项指标不能达到 B 等级以上的均需使用"点点用"。

（2）"改改用"策略。"改改用"策略是指在平台提供的资源基础上，不改变整节课的框架，在教学环节上加以调整，在环节内容上加以充实。这个策略应用于对电脑设备操作熟悉，备课能力较强，课例各项指标达 B 等级以上的教师。他们可以在平台的备课端对课件进行修改加工，使之更适合自己的课堂。

（3）"创创用"策略。"创创用"策略是指在平台提供的资源基础上，在不改变"爱种子""三环四得"教学模式的前提下，对课件进行创新性的修改。这个策略应用于备课能力强，课例各项指标达 A 等级的教师。教师们可以对课件的内容加以创新，使授课内容更加精彩。平台上有海量的版式、图片、音频、视频、微课、教学活动等资源可以使用，也可以插入平台以外的各种备课素材。

2. 微课资源应用的策略

"爱种子"的微课资源适用于自主学习、互动探究和主题拓展三种课型，也可以使用于学生的课前预习、课后巩固。学生可以通过按需点播进行自主学习，可以把传统的"先教后学"变为"先学后教"，从单一的知识传递变为培养学生的自主、探究和思维能力。

"爱种子"的微课资源，可以应用于自主学习的单词学习或重难点分析，可以应用于互动探究的文本创编，可以应用于主题拓展的项目式主题活动创编，也可以应用于学生的课前预习和课后复习巩固等。因此，微课资源的创建也可以使用"明确目标，以用促建"的策略，根据不同的使用目标，实现以用促建，促使资源建设常规化。

第二节 "爱种子"教学资源应用

一、"爱种子"教学平台的使用原则和方法

"爱种子"平台是一个人机交互的教学资源共享平台。它借鉴"翻转课堂""互联网+"混合教学及建构主义理论,结合我国教育的实际情况和发展需要而构建了"爱种子""三环四得"的课堂教学模式。该平台拥有各大名师团队制作的优质教学资源,并且通过云端将这些优质资源共享给学校和教师。

(一)"爱种子"平台使用的四大原则

1. 引导性

"爱种子"平台以"爱种子""三环四得"课堂教学模式为指导,为教师和学生提供了优质教学和学习资源。在教师使用本平台进行课前备课、课上授课,以及学生使用本平台进行学习时,必须严格遵循教学模式中的三个教学环节——自主学习、互动探究与主题拓展。教师能在本平台的引导下进一步加深对新教学模式的认识和理解,从而更好地进行探索和实践。此外,本平台利用"互联网+"进行资源的收集、整理和使用,这为教师拓宽教学思路、更新教学理念提供方式和途径。教师在使用本平台的时候需要遵循平台资源引导,通过"点点用"将"爱种子"教学模式贯穿到教学课堂之中。

2. 互动性

通过平台实现实时的信息传递与沟通也是"爱种子"教学平台十分重要的内容。"爱种子"平台采用应答器工具,学生使用应答器进行答题、评价等操作,而平台也会利用信息技术采集学生的实时学习数据。教师可通过实时分析采集到的数据,即时调整课堂教学策略,根据数据反馈的班级学生学习情况,指导学生进一步学习,有侧重点地开展课堂教学,因材施教,做到个性化教学。

3. 共享性

"爱种子"教学平台具有共享性。使用本平台的教师可以通过平台将自己制作的教学资源分享给全校、全区域,甚至全国,而其他教师使用平台时能够借助平台上的资源加深对教学内容的理解,也能够利用这些资源对备课内容进行补充。同时,使用本平台的教师可以将自己的思考和意见在平台上进行反馈,从而实现对平台资源的"改改用"。

4. 创新性

"爱种子"教学平台的创新性体现在三个方面。一是教师按照"爱种子"教学模式在平台上对教学环节进行设置。平台专门为这一教学模式服务,针对性强的同时也能推广"爱种子"教学模式。二是本平台同时实现了备课、授课以及学生学习几大功能,而不是提供单一功能,这减少了教师要熟悉和使用多个不同平台的烦恼。三是平台还为广大一线教师提供了包括音频、视频、微课等在内的海量备课资源,帮助教师节省查找、收集相关资源的时间,让他们能将更多的精力用在课程教学的设计上。使用"爱种子"教学平台的时候,教师可以从多方面发掘平台的使用方法,进一步提高自己的教学效率,最终达到"创创用"。

(二)"爱种子"教学平台的使用方法

1. 备课端

(1) 登录。打开备课端,使用账号密码登录,账号为自己的手机号码;如果忘记密码,可通过"找回密码"按提示操作进行密码重设(如图 5-2-1 所示)。

注意:首次登录需通过本人的手机号码设置密码,点击"找回密码",并输入相关信息。

图 5-2-1 登录

(2) 新建课件。登录备课端,根据所授课的单元或主题选择合适模板,或点击首页右上角的"新建课件",打开空白的课件页面进行编辑。

(3) 编辑课件。①新增文本。点击工具栏的"文本框"插入文本框,或从外部复制文字粘贴到页面上(如图 5-2-2 所示)。②修改文本。选中课件中已有的文本即可进行编辑,点击右边的属性可以设置文字格式,如字体、字体颜色、字距、行距等(如图 5-2-3 所示)。

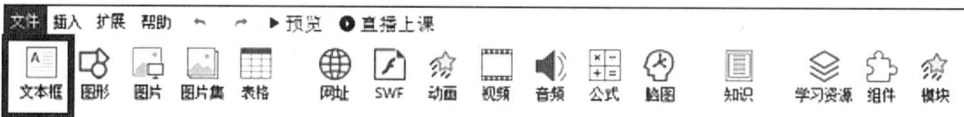

图 5-2-2 新增文本

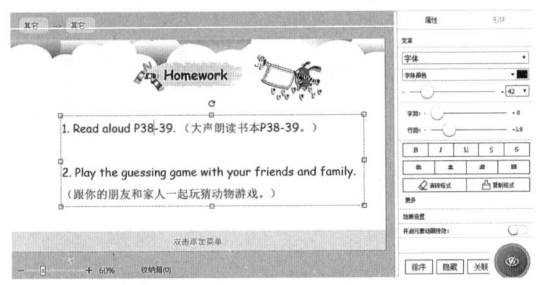

图 5-2-3　修改文本

2. 插入图形

（1）编辑图形。①新增图形。点击工具栏的"图形"，选中所需要插入的图形并点击确定即可（如图 5-2-4 所示）。②修改图形。双击图形后出现黄色圆点，可拖动黄色圆点并拉伸至所需大小；或点击右侧属性，对图形的颜色、线条等进行修改（如图 5-2-5 所示）。

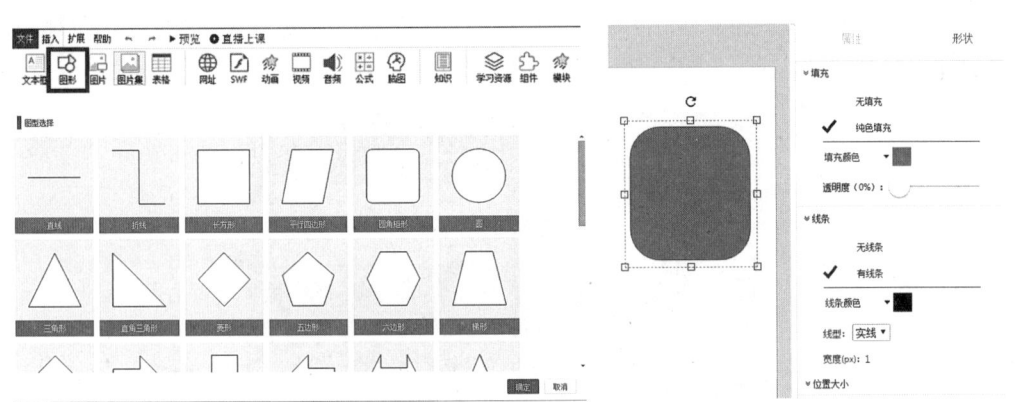

图 5-2-4　新增图形　　　　　图 5-2-5　修改图形

（2）编辑图片。①新增图片。点击工具栏的"图片"，可以在资源库输入关键字搜索图片并进行选择，也可以上传本地图片或者插入其他来源的网络图片（如图 5-2-6 所示）。②修改图片。选中图片可以对图片进行拉伸、旋转等操作，也可以通过右边的属性工具栏设置格式。

（3）编辑表格。①新增表格。点击工具栏上的"表格"，设置所需行数和列数，点击插入表格；在表格中进行文本编辑（如图 5-2-7 所示）。②修改表格。拖动鼠标选择表格并点击鼠标右键，对表格进行修改操作。

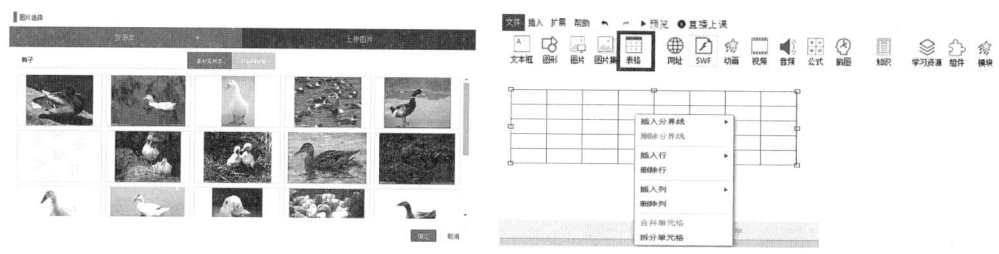

图 5-2-6　新增图片　　　　　　图 5-2-7　新增图表

（4）编辑视频。平台支持的视频格式为 SWF、MP4。① SWF 格式。点击工具栏的"SWF"，打开上传窗口，上传本地 SWF 视频或插入其他来源的网络视频（如图 5-2-8 所示）。② MP4 格式。点击工具栏的"视频"，打开上传窗口，上传本地视频或插入其他来源的网络视频（如图 5-2-9、图 5-2-10 所示）。

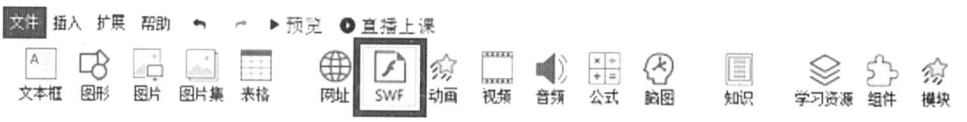

图 5-2-8　点击工具栏的"SWF"

图 5-2-9　点击工具栏的"视频"

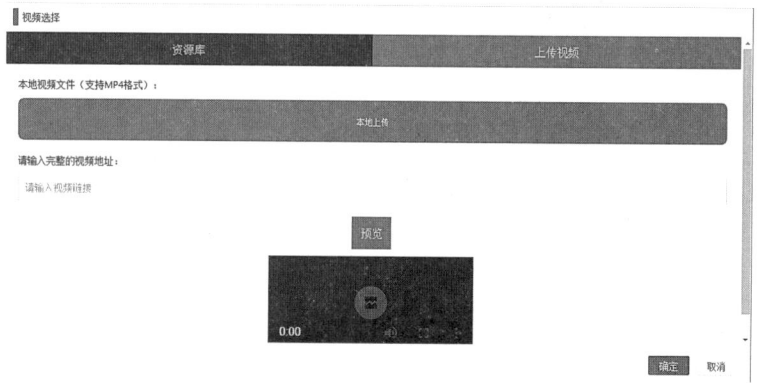

图 5-2-10　打开上传窗口

（5）编辑音频。点击工具栏的"音频"，打开音频上传窗口（如图5-2-11所示）。①资源库。通过输入关键字可以在资源库中搜索音频。②上传音频。上传本地音频或者插入其他来源的网络音频；也可以在页面中直接输入文本，在线合成自己所需音频（如图5-2-12所示）。

图5-2-11　点击工具栏的"音频"

图5-2-12　上传音频

（6）编辑动画。①点击页面右边的"编辑动画"对课件内容增加动画（如图5-2-13所示）。②先选中需要增加动画的元素，然后在右边的属性"动作"中选择效果，最后点击"+"即可添加动画（如图5-2-14所示）。③点击某一个动作，可以对该动作进行属性设置，或删除该动作（如图5-2-15所示）。

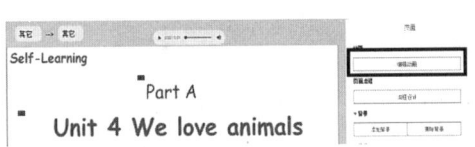

图5-2-13　点击页面右边的"编辑动画"

图5-2-14　选择效果

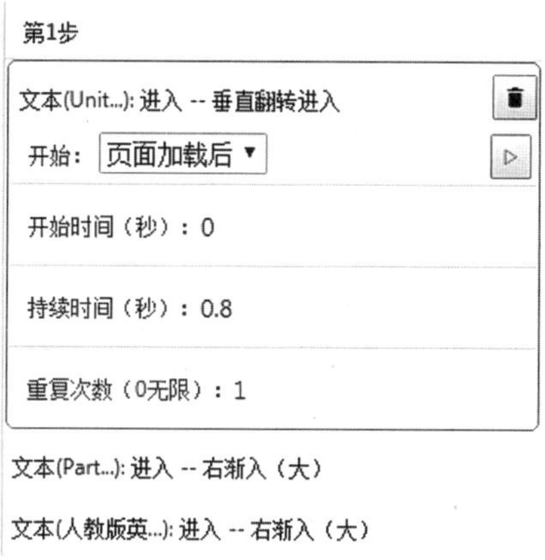

图 5-2-15 删除动作

（7）设置背景。点击页面右边的"背景"可以为课件内容添加背景。选择好背景图后，点击"应用到当前页"则只有当前打开的页面应用该图片作为背景；点击"应用整个 PPT"则整个课件都会应用该图片作为背景（如图 5-2-16 所示）。

图 5-2-16 添加背景

（8）插入学习资源。①插入单词。在工具栏上点击"学习资源"，选择"单词"可以插入英语单词（如图 5-2-17 所示）。在打开的单词窗口中，可以选择当前课程的单词卡，也可以输入单词后点击"全局搜索"搜索全平台的单词卡。点击单词卡片左上角，选择"单词"，选择完毕后点击"确定"即可插入单词（如图 5-2-18 所示）。插入后的单词组件需要在课件预览状态下才可以查看。②添加微课。在工具栏上点击"学习资源"，选择"微课"，可以查看当前课程的微课资源（如图 5-2-19 所示）。在新打开的微课窗

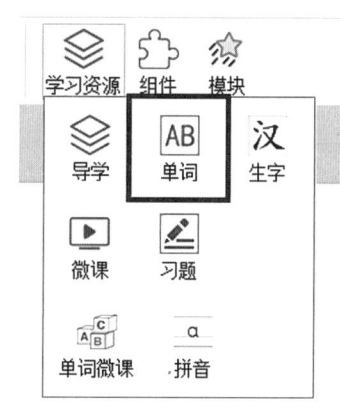

图 5-2-17 插入单词

口上,选中"微课",再点击"确定"即可插入微课。插入后的微课需要在预览状态下才可以播放。③添加习题。在工具栏上点击"学习资源",选择"习题",可以增加在线检测习题(如图 5-2-20 所示)。A. 手动录入。a. 选择相应题型;b. 文本框内输入题干、答案,点击"添加图片"可上传题干图片;c. 页面左侧点击"+",可增加题目数量;d. 录入所有题目,最后点击"确定"(如图 5-2-21 所示)。B. 题库选取。题库分为"平台题库"和"我的题库"。a. 平台题库:平台推荐的课程习题。点击习题左上角的勾选框,选中该习题并点击"确定",即可将其添加到本次练习中。b. 我的题库:历史添加的练习。点击左侧勾选框,选中习题并点击"确定",即可添加到本次练习中(如图 5-2-22 所示)。

图 5-2-18　搜索全平台的单词卡

图 5-2-19　添加微课

图 5-2-20　添加习题

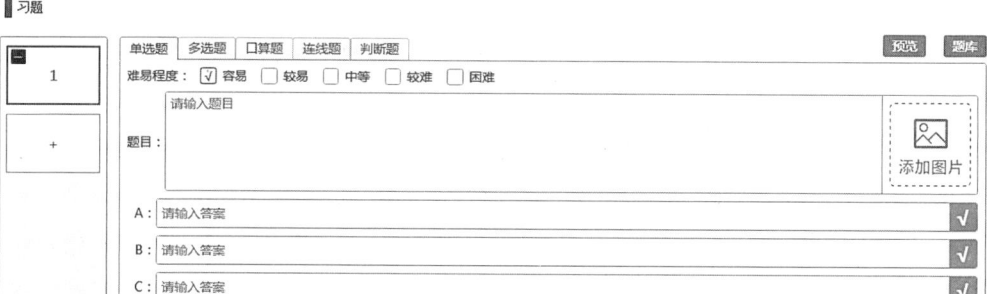

图 5-2-21　手动录入

图 5-2-22　我的题库

（9）分享课件。①分享课件。点击课件右上角的分享按钮，选择把个人制作的课件分享给本市、本区、本片区或本校（如图 5-2-23 所示）。②取消分享。再次点击右上角按钮，然后点击"取消发布"（如图 5-2-24 所示）。③查看分享的课件。教师进入对应课程，在备课桌面右侧可以看到其他教师分享的课件。点击"＋"可以把课件加入自己的备课（如图 5-2-25 所示）。

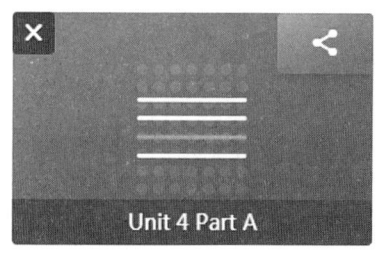

图 5-2-23　分享课件

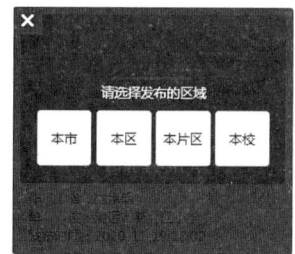

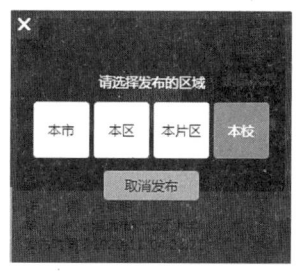

图 5-2-24　取消分享

图 5-2-25　查看分享的课件

（10）分组。打开主菜单，点击"分组"进入分组编辑（如图 5-2-26 所示）。①添加分组。点击页面底部的"添加分组方案"开始进行添加分组（如图 5-2-27 所示）。在弹出的选择器中，选择分组的数量，以及分组方式，如班级人数为 52 人，4 人为一组，则选择分组数量为 13 组。系统随机分配。A. 选择"随机分配"，则系统会按教师选择的小组数对学生进行平均随机分组。B. 教师根据学生实际进行手动分配。在分配小组时，教师可以从"未分组学生"列表中，用鼠标拖动学生名字，放到对应的小组空白处进行分组（如图 5-2-28 所示）。②保存分组。因每次上课内容、学生学习状态、座位调整的不同，学生分组也会发生变化。每次完成分组后，教师可以点击"保存分组"保存本次分组方案，输入本次分组方案名称并点击"确定"（如图 5-2-29 所示）。③如何编辑分组。点击"编辑该分组"可以对自己的分组进行编辑。④如何选用分组。当有多个分组方案，或想使用相同班级其他教师的分组方案时，可以点击"选用该分组"。⑤如何删除分组。点击"删除该分组"可以删除当前分组。⑥如何将学生移出分组。如果班级内的学生已从本班调出，则学生名字显示灰色，点击前面的"×"可以从该分组中移除该学生。

图 5-2-26　分组

第五章 基于小学英语"爱种子"教学范式的教学资源创建与应用 207

图 5-2-27 添加分组

图 5-2-28 手动分配

图 5-2-29 保存分组

（11）退出。需要退出登录或切换账号时，在主菜单中找到"更多"—"退出"便可以退出登录或者切换账号（如图 5-2-30 所示）。

图 5-2-30 退出

2. 授课端

（1）如何登录。打开授课端，使用账号密码登录，账号为自己的手机号码。如果忘记密码，可通过"找回密码"按提示操作进行密码重设（如图5-2-31所示）。

注意：首次登录需通过本人的手机号码设置密码，点击"找回密码"，并输入相关信息。

图5-2-31 登录

（2）选择课程和课时。①点击左侧的"选择课程"，在展开的目录中，选择相应课程。②若该课程涉及多个教学环节（自主学习、互动探究、主题拓展），则在左侧选择相应教学环节。③选择相应课时，点击"学习"，进入授课界面（如图5-2-32所示）。

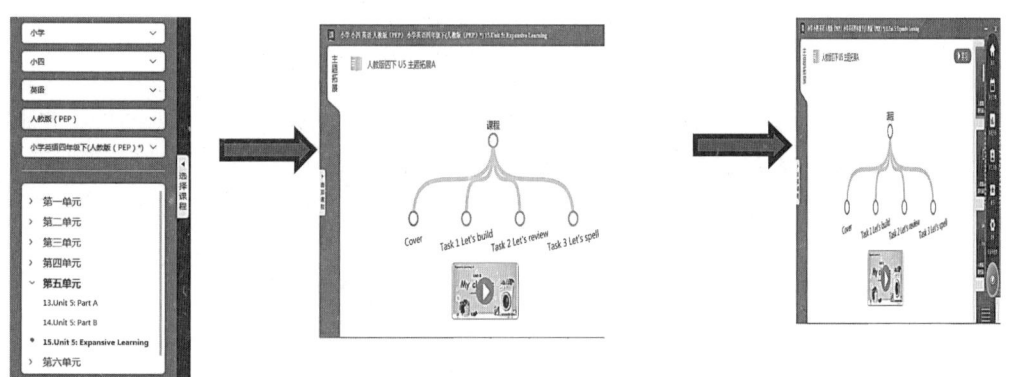

图5-2-32 选择课程和课时

（3）使用应答器答题以及查看数据。当教师在授课过程中需要运用"爱种子"平台的应答器功能以获取学生学习数据时，教师可以在备课端编辑课件时插入

"组件"—"元素"—"活动组件"—"答题器",教师在上课时就可以让学生使用应答器进行答题并当场采集学生的答题数据(如图5-2-33所示)。

图 5-2-33　使用应答器答题以及查看数据

(4)如何退出。需要退出登录或切换账号时,在主菜单中找到"更多"—"退出"便可以退出登录或者切换账号(如图5-2-34所示)。

图 5-2-34　退出登录

二、"爱种子"教学平台使用问题和对策

"爱种子"平台的研发与推广,快速地推进了清远地区的教学改革进程,让教师和学生都有了全新而丰富的课堂体验,极大地促进了学校教学质量的提高。我们在实践操作过程中也会遇到很多功能性的问题,下面总结了一些问题并给出了相应对策。

(一)下载与登录

"爱种子"客户端不能像普通App应用那样直接在应用商店中检索到,而是需要在指定网址(http://www.iseed-edu.com)下载课前备课软件——备课端和课堂上课软件——授课端。

（二）班级或账号切换

教师可以右击任务栏图标，快捷实现班级切换，无须通过烦琐的退出登录来切换班级（如图 5－2－35 所示）。

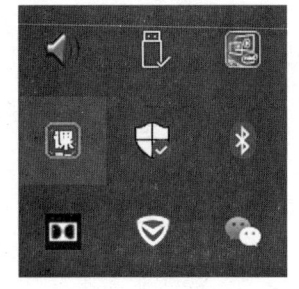

图 5－2－35　班级或账号切换

（三）登录问题

用户登录账号时，有时会出现网络、系统都正常但依然无法登录的情况，这时可以查看电脑后台是否正在更新系统，选择"系统更新"后即可成功登录。另外，电脑系统要求是 Windows 7 及以上操作系统。

（四）备课注意事项

用户使用"爱种子"平台备课时，只能在备课端进行操作，平台上的课件都可以进行再编辑，可以根据需要插入图片、视频、音频或者 SWF 动画。但是，SWF 动画插入后是自动播放的，用户可以选中动画，设置隐藏，再关联显示按钮，即可根据需要播放（如图 5－2－36 所示）。

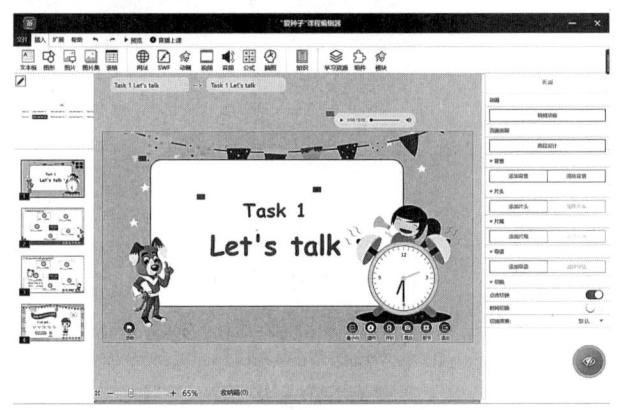

图 5－2－36　备课

（五）课件保存事项

教师在备课过程中，注意点击"保存"，平台会出现因长时间未保存而造成保存不成功的情况，这种情况可通过"另存为"的方式保存。如果用户对自己修改过的课件不满意，想要返回平台原始课件，可在"我的备课"——"资源库"处重新添加原始课件。另外，平台课件可以通过"另存为"保存到本地磁盘的方式下载，但下载后的文件必须在"爱种子"平台才能预览。此外，教师要注意导出到本地时不要修改名字，等保存成功后在本地修改文件名即可（如图 5-2-37 所示）。

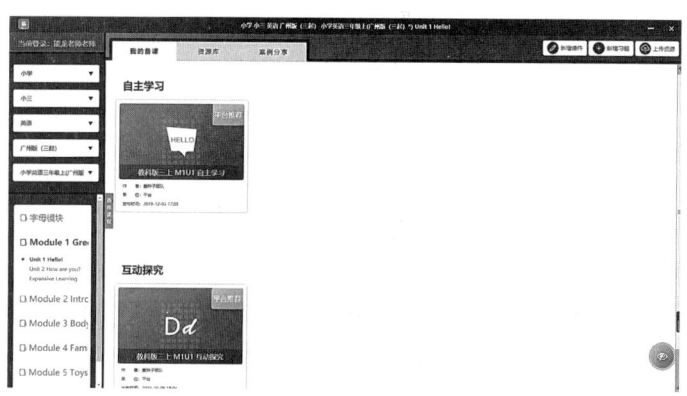

图 5-2-37　课件保存

（六）课件习题的练习方式和编辑设置

至于平台中的答题环节，教师可根据需要，设置逐题检查答案或全部回答完毕后检查答案。教师可以修改学生答题的时间。教师虽然编辑不了原题的选项，但可根据教情和学情删减课件上的题目。

（七）课件的复制问题

相比于传统的 PowerPoint 课件，在"爱种子"平台上的课件，教师不能同时对字体、图片或者插件进行操作，但可以同时打开平台同一页面的多个课件，进行课件间的拷贝粘贴。教师只需要选中要复制的那一页，点击"复制"—"粘贴"即可完成。注意，这里不能同时打开不同页面的课件进行课件间的拷贝粘贴。

（八）课件菜单设置

用户只需双击菜单，右侧就会显示自定义菜单功能栏，我们可删除多余的菜单，缺失的添加即可（如图 5-2-38 所示）。

（九）添加微课

用户可双击菜单栏—添加"微课"—双击"微课"—勾选资源库微课来添加微课。但如果平台已有微课，用户通过双击"微课"菜单栏修改微课时，要注意找到本来选择的微课，把勾选去掉，否则上课播放微课时，平台会优选播放本来的微课（如图 5-2-39 所示）。

图 5-2-38　课件菜单设置

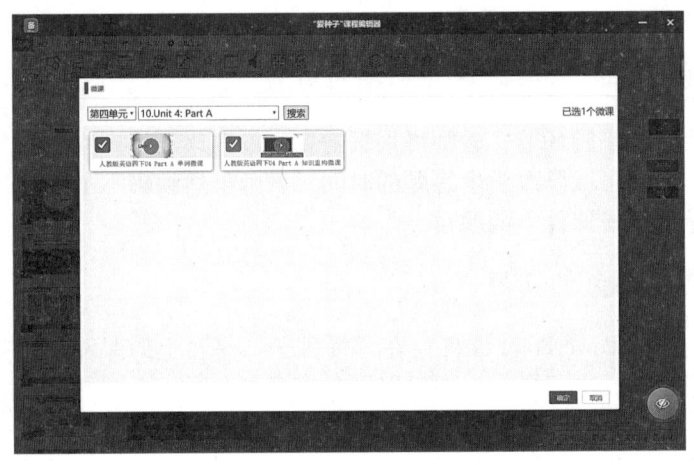

图 5-2-39　添加微课

（十）上传 PPT 课件

在"爱种子""备课端"平台"我的备课"页面上传传统 PowerPoint 课件，需要点击"上传资源"按钮，上传成功后也可使用，但不能进行编辑更改（如图 5-2-40 所示）。

三、"爱种子"范式导学案使用原则和方法

"爱种子"范式导学案是清城区"爱种子"教师团队根据"爱种子"模式下的范式而专门编写的方案，它能引导学生学和老师教。"爱种子"范式导学案包括

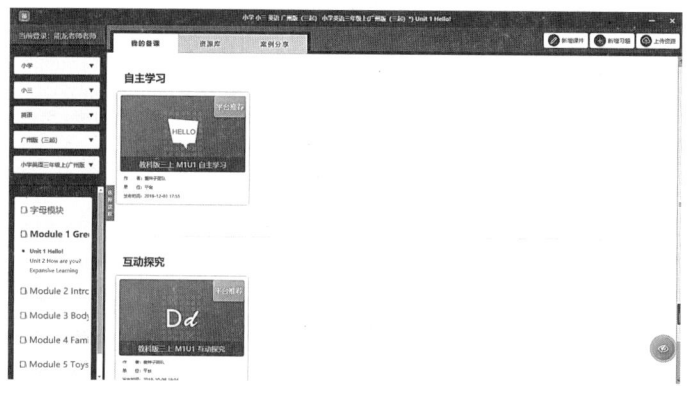

图 5-2-40　上传 PPT 课件

学习目标、学习重点、学习难点、自主预习、合作探究、教师精点、自主测评、学习反思、拓展延伸等环节，它是教师指导学生进行课堂自主学习、高效学习的启明星，它是学生进行自主学习、合作探究、自主创新的材料依据。"爱种子"范式导学案的实施能够培养学生的自主学习能力，并为培养学生的终身学习能力奠定基础。

（一）遵循的原则

1. 课时化原则

导学案按每单元 7 个课时编写，包括自主学习 2 节、互动探究 2 节、主题拓展 3 节。这样的设计有利于调控课时学习的知识量，加强授课的计划性、针对性、时效性，构建高效课堂。当然，教师在使用的过程中可根据实际情况增减课时。

2. 差异化原则

虽然导学案是集体备课的结晶，但是导学案使用的过程却是一个个性化的活动。教师可根据自身的教学风格、班级的实际情况、教学的实际进度等情况灵活创新地使用导学案。教师不应局限于已有设计，不应受固定框架的束缚，而应认真钻研教材和教学参考书，根据学生的学情，研读导学案，对导学案进行二次加工完善，从而制定出适合本班学生的导学案。

3. 互动化原则

教师落实构建"以生为本"的课堂，优化学习方式，切勿"一言堂"；应利用互联网环境，建立生生互动、师生互动、组内互动、人机互动等多种互动方式，以满足"互联网＋泛在学习＋教学"的需求，让学生真正成为学习的主人。

4. 学习化原则

学生学习策略的指导在导学案使用中尤为重要。当学生在自主学习、小组活动探究、交流展示等环节中遇到问题时，教师需站在学生的角度去考虑问题，及时、适时地对学生进行点拨，如告诉学生如何去观察、记忆、推理、归纳、思考、讨论等，从而构成一条清晰的学法线，培养学生的学习能力。

5. 探究化原则

教师在教授的过程中摆脱了传统的"导"的习惯，明确教师只是"导演"，学生是"演员"的身份。教师缩短讲授的时间，腾出充足的时间让学生在各个环节中自主学习、合作学习和探究学习，而不是"满堂灌"。

6. 评价化原则

教师采用平台评价与个性化评价相结合的方式，切勿对学生的评价"一刀切"，也不可过分依赖平台的评价。针对不同层次的学生，教师应采用分层次评价，用"多把尺子"衡量学生，调动学生学习的热情，强化和鼓励学生主动学习、自主学习和探究学习。

7. 精准化原则

课前下发导学案，学生在导学案的指导下进行预习，教师通过收集学生预习的情况，对导学案进行调整。课堂上，学生对学习难点进行自主学习，探究知识点的时候，教师需巡查，清楚知道每个小组学生的学习情况，根据小组所暴露的问题，进行点拨、指导。课后，教师收齐导学案，进行反思整理，再一次调整下一节课的导学案，从而做到精准教学。

(二) 使用方式

1. 二次备课

教师需提前熟悉下周的导学案，围绕设计意图、学习目标、学法的指导、具体实施的步骤、在实施过程中遇到的问题和困难等方面展开思考，根据各班的实际情况和教师的个人教学风格对导学案进行修改、补充、纠正、完善，最终形成适合本班和具有个人特色的导学案。

2. 提前下发导学案

在二次备课导学案形成后，教师提前下发给学生预习，让学生熟悉学习目标与要求，教会学生预习的策略，积极引导学生在课前进行自主学习、发现问题、解决问题，如遇到无法解决的问题，需做好记录，做到心中有数，提前为课堂学习做好准备。

3. 反馈

上课前，小组长负责收集组员在预习过程中所遇到的问题或向教师汇报组员预习完成的情况。教师根据学生预习的情况，在课堂上着重地引导学生解决问题。

4. 课堂导学

导学案就如路线图，引导教师组织教学，带领学生进行自主学习、互动探究。课堂上，教师需做到放手让学生主动去质疑、解疑，在思考、讨论、合作的过程中，感知新知识、掌握新知识、运用新知识。在此过程中，教师需监控学生合作学习的情况，不能撒手不管，应及时给予学生适当的点拨和指导；小组长发挥引领作用，合理分配小组成员的任务，鼓励潜力生参与课堂。通过"兵教兵"的方式，让每个层次的学生都有所提高，让每个学生都乐于学习，真正做到把课堂还给学生。

5. 课后跟踪

教师可根据平台提供的信息，获取学生的完成情况，从而反思本节课的实施效果，调整下一节课的导学案设计。教师也可以把学生的导学案收集起来，分析学生在本节课的学习过程中所遇到的问题，再次进行针对性的教学。学生也可在导学案后面的空白处写心得体会或者收获，对典型问题力争弄懂并及时订正，收集整理错题，装订成册，进行定期的巩固复习，做到"温故而知新"。

对导学案的正确使用，是教师的教和学生的学的相互融合，它打破了传统的教学模式，转变了学生的学习方式，真正做到"以学习者为中心"。

四、"爱种子"范式导学案的实际应用误区及对策

为了转变教师教的方式，提高课堂教学质量，完善学生学的方式，提高学生的综合能力，清城区"爱种子"实验团队经过集体讨论，编制出"爱种子"范式导学案，旨在通过导学案的使用，落实学生对文化知识的掌握和学习能力的培养，以学生的学为中心，培养学生的自主学习能力。但在实际应用中，导学案没有发挥出很好的作用。经过调研，我们发现了一些导学案使用不当的误区，并在实践操作中研讨出解决的策略。

误区一："导学案"是教案

在使用的过程中，很多教师把导学案当作教案来使用，他们混淆了导学案和教案的功能。有些教师只是按照导学案的流程来组织教学，学生按照教师的步骤听课，导学案没有起到指导学生学的作用。

【对策】教师统一认识，明确导学案和教案无论从编写的侧重点、对象的主体地位还是教学实施过程等方面都有所不同。导学案突出的是学生学什么、怎么学，而教案突出的是教师教什么、怎么教。导学案的编写从学生的角度出发，教给学生自学的步骤、学习的方法，引导学生循着教师的设计路线，一步步通过自学或小组合作学习而达成目标。教案则是站在教师的角度编写的，注重的是组织课堂实施的步骤。导学案是学生学习的航海图，它能让学生了解教师的设计思路，并循着思路学习，但教案只在教师的心中，学生无法获知教师的思路。总而言之，导学案不仅是"教路"的渗透，更是"学路"的引领。

误区二："导学案"是练习题

教师在课上把导学案当作练习题资料使用，需要学生做题的时候就拿出导学案出来进行练习。

【对策】把导学案当成练习题来使用显然是不正确的，教师编写导学案的时候，应该从学习目标、学习重难点、课前预习、互动探究、教师点评、自主检测、学习反思、拓展延伸、存在问题等环节来设计，而不是只设计一些练习题。

误区三："导学案"使用流于形式

有些教师只是把导学案发给学生，上课的时候不是把导学案摆在一边，就是为了使用导学案而使用，没有起到任何导学的作用。

【对策】导学案不是一种摆设，它是实现学习目标的关键，是学生学习的重要手段。导学案的使用可以分为三个环节：课前预习、课堂探究、课后拓展。课前预习是培养学生自学能力的重要手段。我们通过提前下发导学案，指导学生预习的技巧，让学生在导学案的引导下进行预习。上课前，教师收集学生预习的情况，统计共性问题，根据学生的学情，在课堂上对导学案的侧重点进行调整，进一步优化教学策略。课堂探究是培养学生合作能力的重要形式，也是学习目标达成的关键所在。在课堂上，教师应充分发挥导学案的作用，引导学生主动质疑、思考、讨论、解决问题，从而习得语言。课后导学案的使用是落实基础目标（文化知识掌握）的重要保障。教师可以把导学案收集起来，统计学生学习的情况，根据生成的问题，布置相关的课后拓展题，或者师生撰写课后反思，把导学案整理成册，成为学习的最佳复习资料。

误区四："导学案"成为教学"鸡肋"

有些教师不知如何使用导学案，加上学校对导学案的使用不够重视，没有给教师一个正确的使用引导，导致食之无味、弃之可惜。

【对策】学校应该重视导学案的编制，成立专门的导学案研讨小组，引导教师使用导学案，并对教师进行完善导学案的培训，使导学案能适应学生的学情，能真正解放教师的备课压力，转变教师的教学方式，优化学生的学习方式，这样，教师在教学的过程中就能真正地落实导学案，将其贯穿整个学习过程。

误区五："导学案"替代教师指导

有些教师认为，在上课的时候，教师把导学案下发给学生，学生就能按照上面的提示进行小组合作、交流、思考，教师不需要对学生进行引导、点拨和讲解。

【对策】导学案并不能完全替代教师的作用，它只是一个引导学生自主、高效学习的路线图。学生在课前、课中、课后自主学习或小组合作的过程中，教师适时给予知识性的点拨和讲解，引导学生总结规律、解决问题的策略，让学生在自主学习或小组合作的过程中产生知识的火花，体验合作的乐趣、学习的成就感、方法和技能的重要性。

误区六："放"手不"放"

有些教师在上课的时候，不按照导学案的设计，担心学生学不会，不敢放手让学生进行小组合作、探究知识，而是紧抓不放，依旧"满堂灌"。

【对策】导学案是学生学习的方案，教师应该改变思维方式，改变传统的教学方式，真正把课堂还给学生；给学生充足的空间和时间去思考、合作、探究，采用多种互动学习方式，而不是教师一味地讲解。

误区七：通用一个导学案

有的教师把导学案通用在不同的班级上，结果导致有些班级活动推行不下去。

【对策】导学案的使用是一个个性化、创造性的活动。当教师拿到导学案的时候，不应为导学案的固定模式所禁锢，而应第一时间研究本导学案是否适合本班学生，如不合适，应根据本班的学情，进行二次备课，进行修改、完善。

任何一种教学方式都是有利有弊的，都有一个不断探索完善的过程，导学案也不例外。在使用导学案的过程中出现一些问题属于正常现象，只要教师有针对性地采取措施，坚信导学案的优势，正确使用导学案就能提高教师的课堂教学质量。

五、"爱种子"教学资源的使用效果

"爱种子"教学资源为学生和教师提供了优质的平台，它充分体现了"以学为中心，教为学服务"的理念。

（一）学生导学案的使用效果

"爱种子"教学模式下的学生导学案资源主要用于自主学习课型，有明确的目标、学法指引、学习步骤，培养学生自主学习的能力，并让学生成为学习的主人。导学案是对学习内容的引领、实践、点拨及检测，更是对所学内容进行总结、提升、矫正与拓展的环节。

1. 给学生提供清晰的学法指引

学生导学案详细清晰地指引学生自主学习。课前预习，指引学生怎样进行新课的预习；课中学习，指引学生自主学习新课的知识；课后作业，帮助学生巩固所学内容。

2. 有助于学生养成自主学习的习惯

导学案帮助学生明确了学习的步骤。学生在教师的导学下，逐渐养成自主学习的习惯，成为学习的主人。

3. 引导学生自我测评

导学案给学生提供了检测的内容。学生可通过导学案进行自我检测和自我评价，对所学知识进行总结与提升。

（二）教师导学案的使用效果

"爱种子"的教师导学案资源为教师提供了教法的详细指引，有自主学习、互动探究和主题拓展三种课型的教学设计，除此之外，资源包里还有课前预习、课中授课、课后作业等资源。"爱种子"的教学设计资源是共享的，所有教师都可以使用由资深教师设计的导学案来进行备课，这样，年轻教师或备课能力稍弱的教师也能通过"点点用"上好一节课。

1. **提升自主学习能力**

自主学习课型的教师导学案以培养学生自主学习能力为方向，让学生"学得"语言，通过对知识的感知、记忆、思维等认知学习活动设计，引导学生自己本身再感知、再记忆、再思维。所用的学习策略和方法都聚焦于培养学生自主学、反思学和合作学的能力。

2. **提升知识应用能力**

互动探究课型的教师导学案以提升学生的知识应用能力为方向，让学生"习得"语言，结合学科知识和生活实际，创设以实践性为主的感知、体验、探究式的教学活动，使学生的知识得到内化，促进深化理解知识。

3. **培养综合运用能力**

主题拓展课型的教师导学案以培养学生的创新思维和知识综合运用能力为方向，主要以单元或模块知识和技能来创设项目（任务）式主题活动。它帮助学生对单元知识和技能进行一次系统性、逻辑性的梳理和归纳。

（三）平台资源的使用效果

平台的资源非常丰富，教师们可以通过"点点用""改改用"和"创创用"来使用平台的资源。通过"点点用"，大部分教师能根据范式上好"爱种子"三种课型的课；通过"改改用"，一部分教师在不改变整体框架的情况下对课件进行修改，使教学活动更适合自己的课堂，提升课件的实用性，提高课堂效率；通过"创创用"，一部分教师对课件进行创新性的修改，插入合适的音频、视频、图片、微课等资源丰富课堂活动，使课堂更加精彩。

（四）微课资源的使用效果

"爱种子"的微课资源适用于自主学习、互动探究和主题拓展三种课型，也可以用于学生的课前预习、课后巩固。学生还可以通过按需点播进行自主学习。

在自主学习课型中，微课资源一般应用于学习单词和重难点释疑部分，它可以增加学生学习单词的趣味性，让记忆更加深刻。在互动探究课型中，微课资源可以应用于情景的创编，让学生能在真实自然的情境中感知、体验、探究语言知识，习得语言技能。在主题拓展课型中，微课资源的应用更加广泛，可以应用于单元的知识梳理、知识点归纳或创建项目式主题活动情境，能够培养学生的创新思维和语言综合运用能力。

六、微课在小学英语"爱种子"教学模式中的应用

(一) 微课应用的意义

"互联网+教育"是通过互联网的技术和手段,实现对现有教育的增强与优化,提高教育的公平、质量和效率。"互联网+教育"推进互联网及其衍生的相关技术与教育深度融合,实现对教育的变革,创造教育新业态。

"爱种子"模式的建构就是变革传统教学模式,树立"以学生为中心,以学设教,为学施教,为学创教,教为学服务"的意识;在学习与教学中即时采集反馈数据,改变教育、教学评价方式,创新教学方法;转变教师与学生的思维,变革学生学习和教师教学的方式,变革教师的教研模式与方法,在实践中促进教师专业发展。

微课资源满足泛在学习需求,使学生在有互联网的地方就可以学习,在碎片化时间里就可以快速、有效地学习知识点,进而有效解决知识爆炸时代时间不充分的问题,拓展学生的知识量。微课资源可集可分,无论是学生还是教师都可以根据实际和自身需求在云资源库集合课程学习链,集合教学链,开展精准和有针对性的学习或教学,根据数据分析结果推送对应的学习或教学资源,提升学习效率和效能,实现流程重构与资源重组,围绕学校和教学重构知识链或组成资源结构。

把微课用在课前,可以结合学习任务单实现导学功能,即帮助学生预习重点、难点和需要事先学习的内容(如回顾先前知识、唤醒已有经验、介绍背景知识、激发学习兴趣等);用在课中,与传统教学方法相互配合,发挥各自的优势,微课要重点解决使用传统教学方法费时费力或无法展示的教学内容的问题;用在课后,可帮助学生梳理知识,达到复习、巩固重点、难点、疑点、易错点的作用,以及扩展学习、迁移应用,引出后续学习内容等。

微课在"爱种子"教学模式中的应用,翻转了师生角色,翻转成以学生为主体的角色,适应了学生的天性,将学习进行了有效的延展,使学习不再受时间、空间的限制,使课堂真正成为师生互动、交流、研讨、提升、培养素养的场所。教师在关注学生知识获得的同时,更多地重视能力的培养和情感的交流。学生也在学习微视频的过程中提高自主学习能力,为终身学习奠定基础。

(二) 微课的设计原则及制作方法

微课资源在"爱种子"模式中的定位、作用和目的与现有的微课资源概念有所不同,它需要满足"互联网+混合教学"中学生自主学习的要求和策略,强调每个核心知识学习或教学设计的主题鲜明、突出,同时,科学、合理地处理好主知识与其相关知识链的关系,从而有机地组成课程学习资源链。这种关联关系首先是

以本学科知识的关联为核心，科学、恰当地融入跨学科的关联，提升知识迁移、跨学科思维和创新思维能力。微课资源开发要满足以下设计原则。

1. 承上启下

承上启下原则是学与教的知识链。

2. 清晰处理主知识（主题）与其相关知识链关系

根据课程学习或教学，清晰地阐述新旧知识的关联。

3. 技术赋能产生高效率和高效能

所有技术融入学习或教学都能让学生更加直观、形象地去感知、体验知识和解释知识，强化学习或教学效果，增强知识的记忆。所以，技术赋能学习和教学不是为了增加学习的冗余度、加大学习负荷，而是通过流程优化再造和重构，使资源更为简约、直观、形象，引领学生高效学习。

4. 知识、技能和应用归类

知识资源的归类是为了更好地开展精准学习。例如，在英语学科中有听、说、读、写、演等技能，如果教师能把微课设计成知识归类，当学习或教学中的数据反馈分析得出学生没掌握某种知识或技能，即可精准推送对应的学习资源；又如，教师可以根据学生整个学期学况存在的问题进行归类，并自动把对应的问题资源组成复习链。

5. 知识微课化、架构体系化、课程系统化

知识的微课化不是为了碎片化，而是通过科学设计、整体建构，有机地关联组成系统化课程资源，即把每一章节或单元的知识有机地串联成一体，形成一个完整的课程体系。形象一点来说，微课知识卡片就像一条坦克的履带，具有可集可分的性能，学生根据自己的能力和学习需求组成学习的微课卡片链，教师可以根据教学实际和学生学况组织教学微课链条集。这样的设计就满足"互联网＋"泛在学习的特征和需求，提升学习效率和效能，让学习者无论在何时何地都可以学习，可以根据自己的兴趣、爱好选择适合的场所、环境进行学习。教师根据学生的实际和能力可以灵活、方便地重组或再造教学流程，重建教学资源链。这也为今后开展人工智能教学奠定必要条件。

那么，在"爱种子"模式下，英语微课应该如何制作呢？

1. 教材梳理及知识点萃取

教材梳理是微课开发的前提。通过教材梳理萃取每个单元的知识点，能形成微课教学的内容策划。每个单元萃取的知识点数需要根据具体的教学计划和教学目标来确定，萃取的知识点数越多，相应的教学课时也越多，学生的学习程度越高，但教学计划也越长远，教师开发微课的工作量也越大。一般而言，萃取的知识点主要以教学大纲为基础，也可根据学生的能力水平进行适当的拓展，但要准确定位每个单元的教学重难点。

2. 微课教学设计

对每个知识点进行精心的教学设计是微课开发的核心。在微课开发的初期，由于教师对微课的熟悉度不高，对如何进行微课教学尚无概念，加之教学任务重，真正用在微课教学设计上的时间并不多，这个阶段的微课教学设计基本上就是以前课堂讲授的教学设计，只不过是换了一个平台进行讲授而已。随着教师对微课教学的熟悉度不断提高，教师对微课的教学设计会更有体会，慢慢地形成自己对微课及其教学的认识，教学设计也越来越精彩。值得注意的是，进行微课教学设计时，教师首先要把微课定位于一种"学习型资源"，要多从学生的学习心理和学习习惯等角度进行设计，通过问题导向、任务驱动、活动设计等多种策略，激发学生的学习兴趣，提高学习的质量。在我们的实践中，有家长建议教师在微课中多引导学生朗读和书写英语。微课的教学设计决定了微课的时长，就小学生的注意力集中时间而言，微课的时长最好控制在 3~5 分钟，长的不超过 10 分钟。

3. 脚本设计

所谓微课开发脚本，是教师在微课里要说的内容，脚本设计是根据微课教学而设计的。从教师的教学实践出发，在有脚本设计的情况下录制微课，教师只要配合内容呈现的画面对着脚本进行讲解即可。关于脚本设计的必要性问题，通过相关研究我们认为，进行微课开发的脚本设计是保证英语教学的语言准确性的基础。虽然教师可能需要花一两个小时来设计脚本，但是这个过程可以为快速录制好微课做铺垫，而且更能做到声情并茂地讲解，给学生创造更多的想象空间。如果没有脚本设计，教师往往会因为不知道怎么讲解和讲错而暂停或重新录制，这样浪费的时间可能比设计脚本所用的时间更长，更糟糕的是，这样录制出来的微课质量普遍不高，难以吸引学生的学习兴趣。

4. 微课录制

在目前的技术条件下，录制微课的方法有很多，其中最为经济、方便、有效的方法是可汗学院式，即基于手写板和录屏软件的开发模式。根据小学英语教学趣味性等特点，教师采用以手写板配合 PPT 演示为主的内容呈现方式，以 Camtasia Studio 等录屏软件为技术手段进行录制。对于英语教学而言，为保证能够准确而清晰地识别每个单词的发音，一套拾音效果较好的耳机和麦克风是必要的。研究不建议直接使用笔记本的内置麦克风来拾音，因其拾音效果声音不集中，容易影响语言发音的准确性，不利于英语教学。录制完成后，教师需要根据教学内容进行精心编辑，必要时还可辅以 Premiere 等非线性编辑软件进行后期制作。微课录制和编辑作为微课开发的技术环节，不应该成为教师开发微课的阻力，教师不是不会做微课，而是缺乏学习的机会。

（三）微课使用方式

对于小学教学而言，要实现微课在"爱种子"教学模式中的应用，教师首先要了解"爱种子"教学模式的三种课堂模式，分别是"自主学习课型""互动探究课型""主题拓展课型"；此外，还要了解日常教学中课前预习、课中操练、课后巩固三个环节，才能探究微课的使用方式。据此，我们专门研究了微课在"爱种子"教学模式中应用的范式。

自主学习课型应用范式

课前预习微课范式：呈现主题—导语导学—以旧到新—情境创设—新知初现—感知语言—整体感知—自学自评。

课中操练微课范式：呈现主题—导语导学—感知语言—自主探究—归纳总结—应用操练—自学自评（等级自评）。

课后巩固微课范式：呈现主题—整体回顾—巩固操练—自主检测—知识延伸—自学自评。

互动探究课型应用范式

课前预习微课范式：呈现主题—导语导学—复习唤醒—角色配音—自学自评。

课中操练微课范式：呈现主题—导语导学—情境延伸—支架搭建—互动探究—归纳总结—自学自评。

课后巩固微课范式：呈现主题—整体回顾—巩固操练—自主检测—知识延伸—自学自评。

主题拓展课型应用范用

课前预习微课范式：呈现主题—导语导学—以旧到新—导入情境—新知初现—整体感知—自学自评。

课中操练微课范式：呈现主题—导语导学—感知语言—讲解归纳—应用操练—自学自评。

课后巩固微课范式：呈现主题—故事复述—故事延伸—文化拓展—自学自评。

为了保证微课在"爱种子"教学模式课堂中得到有效的应用，我们还需要做以下的工作。

1. 小学英语使用微课教学的可行性分析

在实施微课教学之前，相关研究人员首先就学生在家里的学习情况与家长进行沟通，不少家长反映他们每天晚上都要用很长时间来辅导学生做作业和练习，特别是对于那些不懂英语的家长来说，要辅导学生完成英语作业和练习本身就是一件很苦恼的事情。假如实施微课教学，学生在家不是做作业和练习，而是跟着微课学习新知识，就像英语教师从学校去到每个学生的家里进行一对一教学。在这种教学模式下，家长只需要做好两件事情：打开微课视频给学生看，监督和陪伴孩子完成微课学习。如果能够成功实施，这必然会减小家长在家辅导学生学习的压力，而且会更高效。学生基本能在 20～30 分钟完成微课学习和微练习。实践证明，家长对微课教学的模式非常认可，学生对微课学习也充满好奇心。学生可以反复看一个微课视频直到完全学会为止，这对于学生识记和理解知识非常有帮助；学生还可以随时暂停，按照自己的学习节奏来完成新知识的学习，这样的教学过程在学校的课堂教学中是不可能实现的。综上研究认为，小学生在家自主学习微课是可行的，但必须依靠家长配合教师对孩子的学习进行监督和陪伴，家长的支持与配合是实施微课教学和翻转学习的重要条件。

2. 微课在小学英语"爱种子"教学模式中的应用所必须具备的条件

（1）搭建家校共享的微课资源学习平台。对于教师、家长和学生而言，他们经常接触和使用的平台就是最方便快捷的微课资源共享平台。研究人员为家长建立了微课资源共享 QQ 群，每天放学之前，教师把当天放学后要学生学习的微课发到群里，家长可以用手机或 iPad 直接点开微课视频来给学生看，也可以先下载再看。微课资源共享平台可以永久保存微课教学资源，家长可以随时利用微课帮助学生进行学习和复习，这对于学生的课前学习非常有帮助。对于教师来说，通过开发微课也减轻了帮助学生复习的负担。

（2）形成有效的家校互动，合力把控课前学习质量。以在家学习微课代替家庭作业，从某种程度来说就是把家长从辅导学生学习的困惑中解救出来，家长可以有更多的时间和精力观察孩子的学习，发现和关注孩子遇到的学习问题，而不是苦恼于如何帮助孩子解答问题。家长和教师进行互动，可以对学生在家学习的态度、状态和效果进行评价，也可以对微课教学本身提出问题或建议，由此形成家校互动的基本模式。教师在课堂上通过听写对学生的课前学习质量进行客观检测，通过观察学生讨论和提出问题、解决问题的表现，及时诊断学生是否掌握课前学习的知识，并把当天的课堂学习情况向家长反馈，以此形成有效的家校互动。

3. 构建"以学生为主体，以教师为主导"的课堂模式

（1）引导学生关注自己和同学，提倡小组合作学习。传统课堂空间布局的焦点在于黑板和讲台，这大概是集体教学条件下学生能够集中精力听教师讲课的环境基础，也突出教师授课的功能。如果要设计以学习者为中心的学习环境，就必须重新对课堂空间进行布局，这是构建以学习者为中心的师生关系的环境基础，也是构建以学生的学习为中心的课堂模式的基础。在教学制度没有改变的前提下，我们几乎无法改变课堂的硬件环境，但以人为中心的学习文化等软件环境是可以灵活改变的。教师可以引导学生从关注黑板和教师转移到关注自己和同学，从依赖教师的讲授转移到学会对自己的学习负责，这需要形成一种基于学生意识的"自负盈亏"式的学习文化，让学生明白课前自学微课和课堂讨论都是自己在努力和知识发生联系，要学会对自己的学习负责。

（2）发挥以教师为主导的作用。微课学习后的课堂需要培养学生学会分享的能力，教师会邀请学生上来给同学们讲解练习，分享他们做练习的心得，指出哪些地方容易做错，需要注意什么等。此时，同学就是我们的小老师，教师则变成课堂的监督者和引导者。教师可以带领学生探索更多的学习途径，并允许学生有更多的选择权，鼓励学生用不同的方式来表达自己，实现个性化和差异化教学，而最重要的是要让学生体会这种学习的价值。教师从教的角色转变成导的角色，就确立了引导型教师的角色。诚然，改变教师角色的最大障碍是改变教师的思维，可能在刚开始组织翻转学习的时候，教师还不习惯乱哄哄的教室，容易重蹈传统课堂教师控制学生行为的覆辙。当然，教师如果发现学生在课堂上玩耍，而非讨论的话，则必须加以引导，但没必要对其进行批评责骂，毕竟小学生还不具备完全控制自己行为的能力，要学会保护学生的自尊。教师可以充分发挥学生的好奇心，引导其变成对知识的好奇和追求，这应该是引导型教师发挥其引导作用的应有之意。

（四）微课使用效果

1. 利用微课，直观有趣，培养学生自主预习的能力

预习是培养学生自主学习能力的重要手段之一。如今，在课堂教学中，教师要注重对学生自主预习能力的培养。在传统的小学英语教学中，学生预习一般是以学习新词汇为主，比较枯燥。为此，教师要紧抓学生的"兴奋点"，引进微课形式，让学生跟着微课进行预习，从而提前感知学习内容。

2. 利用微课，创设情境，激发学生学习英语的兴趣

利用微课所进行的网络学习活动，其核心资源或最重要的载体是微视频而不是一般的文本、课件或图片等其他媒体资源。（胡铁生，2011）而视频是所有资源类型中情境最真实、信息量最丰富的一种资源，因为视频是直观形象的。因此，这种以微视频为呈现方式的微课程还具有一般微型网络课程所不具有的真实的、情景化的特征。以微课的方式进行授课，能够瞬间抓住学生的眼球、点燃学生的学习热情、激发学生的学习兴趣。

3. 利用微课，增加生生、师生之间的互动性，提高学生的口语交际能力

微课的出现，使传统的课堂教学模式有了新的变化。课堂教学不再是静态形式，而是呈现了动静结合的形式。例如，新授内容的引导呈现环节可以通过微课解决，这不仅节约了宝贵的课堂时间，有效地提升了课堂教学容量，也为学生提供了更为充分的自主思考的时间。在小学英语的口语教学中，教师可以利用微课来模拟生活实际，来创建英语的会话情景。通过观察发现，小学英语教材中很多故事都是对话的形式。教师在口语教学中，应该合理地利用这些对话情景，让学生参与到这些对话表演中来，去模仿实际的英语口语对话场景，提高学生的口语水平。

4. 利用微课，提取重难点，提高教学效果

每节课都有相对应的重难点，只有突破教学重难点，教学效果才能全面提升，学生才能更好地掌握知识和运用知识。如何突破重难点，这是摆在教师面前的一大

难题。自从微课走进小学英语课堂,教师可以灵活运用微课,突破教学上的难点,尤其是在小学英语语法问题当中,教师可以针对具体的某一语法点,制作成微课形式,利用微课,让学生系统深入地学习某一语法点,从而突破难点。

(五) 优秀微课案例

游戏预习　激发兴趣
——三年级上册 Unit 4 We love animals Part B 互动探究典型案例分析

一、案例描述

案例:在布置三年级上册 Unit 4 We love animals Part B 预习时,教师要求学生回家进行单词、句型、对话的听读,并对重点词句进行翻译。

大部分学生回家后会优先完成各科的书写作业,最后才进行预习。此时,学生已经消耗了大部分的精力,从一开始干劲满满已经变得只想赶紧完成作业;对于预习要求的听读也只是任务式完成,听读根本不经过思考。有个别学生还会在翻译词句时不认真对待。第二天上课时,老师竟发现很多学生不会读词句、不知道重点词句的中文意思。

二、案例分析

在布置预习作业时,很多教师都认为作业很简单,学生会自觉完成,笔者一开始也是用这种思维布置预习作业的,但效果不理想。这种预习方式是很枯燥乏味的,尤其对刚刚学英语的学生来说,更是浇灭了学生学习的兴趣。鉴于此,笔者进行了思考和实践。在"爱种子""三环四得"的教学理念启发之下,在进行字母教学时,笔者采用了游戏预习的方式,启迪学生学习思维和强化学生学习能力。

(一) 游戏先行,唤醒思维

由于在自主学习部分学生已经学习了词句的读音,所以在预习开始时,教师先以一个小游戏"Look and say"引起学生的兴趣,学生看图说出动物的英文,以一张张可爱的图片让学生对预习保持积极性。

第二个活动是游戏"Sharp eyes",教师在前一个游戏的基础上稍微增加一点难度,让学生复习旧知识,唤醒思维。

(二) 角色配音,强化能力

教师在预习微课中使用动画课件,先让学生进行对话的跟读,再进行对话的配音,激发学生开口表达的兴趣,强化学生应用目标语言与目标句型的能力。

三、结束语

在上述教学案例中,教师在"爱种子""三环四得"教学理念的启发下,进行了思考和实践,打破传统的预习方法,设计了游戏预习、配音预习等活动，对培养学生学习英语的兴趣、思维能力和创造力具有一定的意义。

课后引领　巩固与拓展
——人教版小学英语四年级上册 Unit 6 Meet my family Part C Story time（课后）主题拓展典型案例分析

一、案例描述

案例：在进行四年级上册 Unit 6 Meet my family Part C Story time 教学时，教师通过复习上节课学习的知识引出本节课的故事内容，接着进行听、说、演的活动来学习故事，最后要求学生回家表演故事给家长看。

T：Hello, children! Let's play Sharp Eyes.

Ss：OK!

T：What does your mother do?

Ss：She's a nurse.

T：Now, let's see Zip's family and what do they do?

教师播放故事让学生观看，然后进行知识的讲解，并让学生进行讲、演活动，最后布置任务，要求学生回去把故事表演给家长看和自行观看微课进行知识巩固。

很多学生因为自身英语表达能力或者家庭原因没有表演故事给家长看，所以这一项作业难以落实。对于故事的学习效果并不明显，学生在家看完微课后，教师没有得到学生的反馈。

二、案例分析

许多教师不重视人教版各单元的故事教学。其实每个单元的故事都是很有意义的，它总结了单元知识的重难点，并对知识点进行了有趣的拓展。在教授完故事内容后，教师可以通过多种操练方式让学生再次巩固单元知识。微课在故事的讲授中能起到很大的作用，其中，课后的微课起到把知识深化和升华的作用，把所有的知识进行系统化，使学生对所学知识掌握得更加牢固。

上述案例中，虽然教师也能考虑到使用微课这一方式进行课后知识巩固，但由于流于形式，致使教学效果不明显。

在人教版小学英语四年级上册 Unit 6 Meet my family Part C Story time 的教授中，笔者用了两种方式教授课后的微课。

（一）课堂上利用及时反馈

在40分钟的课堂上，教师用30分钟讲授完新知识，让学生读懂了故事的内容，然后利用5分钟让学生观看课后微课。在观看微课的过程中，教师需要适当按暂停键，给学生思考的时间，然后再让学生作答。例如，在 Retell 环节中，教师给学生 2 分钟时间去准备，然后用 1 分钟时间请学生展示。在展示的过程中，教师及时纠正了学生的错误，同时也给予了其他方面的肯定，鼓励学生大胆展示。

PPT 出示 Zip：What's his job? 然后让学生回答，He is ＿＿＿＿＿＿＿. 遇到新单词"police"，教师马上按暂停键，并教学生读"police"，这样就可以及时解除学生对新知识的疑问。最后，学生观看微课里的视频，了解更多关于职业的英语表达。在这一活动中，学生既能让熟悉本节课的主要知识，同时也拓展了新知识。

（二）课后引领自主学习拓展

在现实的课堂上，学生学习的接受能力肯定存在差异；对于优生，40 分钟的课堂学习，还不能满足他们的好学心；而对于后进生，在 40 分钟之内要吸收、掌握新知识，是一件较为困难的事情。如何解决这样的情况呢？教师可以利用微课，让学生回去观看微课视频，优生的任务是通过微课，把每次新学的拓展性新知，如本微课里的 police, actor, farmer, baker 等写在本子上记录，整理为一本课外单词书，这样就可以增加他们的词汇量；后进生的任务是再次熟悉本节课的重点知识，遇到不会读的单词可以随时暂停或者重放，直到掌握为止。在第二天的课前，教师再去了解学生对课后微课的观看情况，并对学生提不同的疑问进行解答。这样的安排既可以达到巩固重难点、解决疑点的效果，也可以满足不同层次学生对英语学习的需求。

三、结束语

在英语的教学中，微课有着重要的作用。无论是课前微课、课中微课，还是课后微课，教师只要找准微课与课堂的切入点，在适当的时间，用适当的方法，就能让微课很好地融入实际课堂中，这大大地提高了教师的教学效果和学生的学习兴趣，让学生学有所获。

用微课突破难点　让故事学得更轻松
——四年级上册 Unit 6 Meet my family Part C Story time
典型案例分析

一、案例描述

案例：在进行四年级上册 Unit 6 Meet my family Part C Story time 教学时，教师使用了微课去突破"photo"和"baseball player"。

T: Boys and girls, now, let's watch the micro lesson to learn more about the new words.

教师推送微课，并根据微课的内容进行适当的指导，引导学生自主学习新词。在观看完微课后，教师给学生适当的时间互相记忆单词，并进行自评。

二、案例分析

有些故事，是专门用来教授某个知识点的，因此，在故事教学过程中，我们不仅要关注学生对故事和其中意义的理解，更要重视对知识点的教授和学习。但如何突破其中的知识难点？微课的使用是其中的一种方法。

故事中主要需要突破的是"photo"和"baseball player"。教师在教学过程中播放微课，让学生自主学习这两个生词。微课运用学生已经学过的单词phone、cake和ball，利用单词的共同发音部分，通过语音迁移和自然拼读的方法，让学生发现规律、自主拼读单词、掌握单词的发音。教师只需适当引导学生观察单词之间的联系。学生要自己根据已学单词的发音去迁移、学习新单词，可以小组进行，也可以个人进行。在学生自主拼读后，教师对学生进行抽查，然后播放正确的录音来检查是否拼读正确。随后，教师让学生进行操练，巩固所学，突破单词难点。

在学生拼读的过程中，教师不宜过多干扰。在学习中，学生要学会观察、运用、迁移并应用更多的新单词。因为单词是英语学习的基础，学生能掌握了重要单词，对故事的理解和学习就会更加容易。

三、结束语

在上述教学案例中，教师在"爱种子"教学理念的启发下，运用了相关微课进行重难点的突破，对培养学生学习英语的自主学习能力和提升学生的英语学习兴趣有重要意义。

课前导学　复习提升
——四年级上册Unit 6 Meet my family Part B 互动探究课前微课典型案例分析

一、案例描述

案例：在进行四年级上册Unit 6 Meet my family Part B 互动探究教学前，基于课文情景，教师带领学生复习自主学习环节所学习到的5个职业名词，并让学生补充所知道的其他职业单词。

T：Hi! Kids. Let's see, who are they?

Ss：Chen Jie and Sarah.

T：Yesterday Sarah introduced five jobs to us. Can you retell them?

T：Look, what's his job?

Ss：He is a doctor.

T：Wow! He is making some food. What's his job?

Ss：He is a cook.

T：… And what other jobs do you know?

学生根据教师的引导，回忆所学过的词汇，并在语境中应用。

T：Sarah also shares her photo album with Zhang Peng, do you remember their conversation? Let's recall.

T：Now let's watch the video and imitate… Then you need to dub.

先让学生根据配图回忆课文对话，加深记忆，然后让学生看视频并模仿人物的语音语调，纠正发音错误，最后让学生依次给 Zhang Peng、Sarah 配音，巩固语言知识。

学生积极参与到知识的巩固学习之后，会意识到自己的知识漏洞，因此微课的最后环节是学生自己对本次学习进行评价。学生可以从自己所表达内容的生动性、流畅性和情感丰富度来进行自我评价。

二、案例分析

在进行微课教学时，很多教师觉得"爱种子"平台的微课是完整的、高技术性的，没有必要再进行删减或者修改，也没有必要停顿或者进行额外的语言讲解，甚至有的教师在播放视频的过程中，自己也只顾着看，而忽略收集学生看微课时的表情行为所传递的信息。对于"爱种子"自主学习部分的另一个语法知识讲解微课，更多的教师选择走"过场"，对全英的微课很多学生抱怨看不懂，这会直接导致在知识检查与应用环节，学生"哑口难言"，或者错漏百出。

在 Unit 6 Meet my family Part B 互动探究的课前，教师通过推送课前微课，帮助学生巩固自主学习的知识，才能顺利进行互动探究教学。"爱种子"平台除了自主学习环节之外都没有配套微课，所以，实验教师在没有配套微课的互动探究、主题拓展环节，可以通过这种方式来帮助学生做好下一节课的知识准备。针对本地区的学生实情，微课的内容应简单精练，符合学生的可接受能力。微课中变式训练"What is his/her job? He/She is a/an…"，使学生自我构建语言知识结构并加深了知识的理解，从而互动探究课才会有更好的输出。

三、结束语

以上教学案例中，教师应注重不断实践总结，在实践"爱种子"教学模式中记录学生课堂活动，总结"三环四得"各个环节是可以加入微课辅助教学的。走近学生，让学生告诉你他们需要什么样的课堂，需要解决什么问题，这对激发学生自主学习、教会学生主动学习具有非常重要的意义。

第六章
基于小学英语"爱种子"教学范式的多元化评价

第一节　评价的意义

一、理论意义

评价是英语课程的重要组成部分。科学的评价体系是实现课程目标的重要手段。新课标要求：注重过程评价，促进学生发展，建立能激励学生兴趣和自主学习能力发展的评价体系。

"爱种子""三环四得"教学模式中的"四得"包括"教得""学得""习得"和"评得"。在整个教学过程中，多元化的评价方式对培养学生的英语核心素养具有重要的理论意义。在"评得"之路的探索中，多元化的评价方式不但激发了学生的学习兴趣，提高了学生的学习效率，而且帮助学生养成良好的学习习惯，改善了课堂生态。

二、实践意义

通过自评，学生能对自己的所学进行查漏补缺，从而促进学生的全面发展。教师根据学生在课堂上的自评结果，及时调整教学策略，并有针对性地进行教学，这有利于提高教师的课堂教学效率。通过学生他评和互评能提高学生学习的主动性，发现他人和自己的闪光点，取长补短，这有利于引导学生全面发展。在多元化的评价方式实施过程中，教师善于从多角度去评价学生，并关注学生不同程度、不同时期的进步，从而把握学生的学习动态和方向。

第二节　评价的方式

"爱种子"课堂教学模式是一个"三环四得"的教学体系，注重学生自主学习能力和互动探究能力的培养，同时也重视对学生的多元化评价。在每个环节都利用信息技术采集学生数据，进而学生在"四得"——"学得、习得、教得、评得"的过程中暴露的问题与困惑形成数据信息，引导和激发学生反思，驱动教师精准施教。

"爱种子"教学模式下的多元化评价，是线上评价与线下评价相结合的评价方式，两者相得益彰。线上评价是利用"爱种子"平台进行的智能评价手段，根据评价主体对象的不同，分为自评、他评、互评和师评；线下评价则是辅助"爱种子"智能评价平台的传统评价方式。线上、线下两种评价相辅相成，能有效地促进师生之间的共同发展，促进学生核心素养的全面发展。

一、线上评价方式

（一）自评

学生自我评价是学生作为评价主体，依据一定的标准，对自我学习行为习惯、知识技能掌握情况、学习过程与结果及个性特征等进行判断与评估，是学生自我认识、自我反思、自我提高的过程。通过运用"爱种子"信息技术采集大数据，实现了强大的评价和数据反馈功能。学生能在自我评价的过程中，反思学习过程中的收获与不足，及时调整，更好地发挥学生的主观能动性；而教师可以根据监测的数据调整教学行为，开展精准教学。

（二）他评

他评是根据教师所给的评价标准和自己已内化的评价尺度，对他人在学习上的表现进行评价。他评能够促进学生认真倾听，发挥其主动性，提高学生思考问题、分析问题的能力，能够让学生在发现他人的长处与不足中，不断地发展和完善自己。

他评主要是在课堂中对小组表演（活动）的评价，通过"爱种子"平台收集数据，作为教师教学评估的一种手段。考虑到小学生的年龄特征，其辨别是非的能力有限，因此，作为教师，必须给予一定的评价标准，让学生参照评价标准，进行相对客观的评价。这个评价过程也是学生思考的一个过程。

（三）互评

互评指学生之间相互评价，主要是让学生互相交叉去评价对方在课堂上的表现（知识技能掌握、情感与态度等）、阶段性的学习成果、对学习的态度表现等。教师通过引导学生互相评价，充分发挥学生的主观能动性，有效地促进学生自主学习和主动探索，从而大大提高课堂教学的效率。

（四）师评

师评是教育评价中历史悠久而又永恒的话题，是指教师根据一定的评价标准，通过使用一定的技术和方法，以学生为评价对象所进行的价值判断。它是教育评价的重要范畴之一，也是学校教育中每一位教师都必须实际操作的一项重要内容；它既是教育评价的基础和重点，也是学校教育评价的核心。有了学校教育就有了对学生如何评价的问题。构建合理的教师对学生的评价体系，有效地实施评价，促进学生发展，是教育的必然追求。

二、线下辅助性的评价

线上评价有一定的制约和局限性，结合线下评价可以让评价更全面、更直观、更有效。线下评价主要是从以下4个方面进行：启动小组挑战功能，记录小组积分情况，发挥激励的评价作用；通过情感、语言、肢体等对学生进行激励，发挥评价力度；建立长效的激励评价机制，如建立长效的校本激励评价机制，运行班级激励模式；在"爱种子"理念下，大力发挥课外活动评价的作用。

第三节　评价的具体运用

"爱种子"模式下的评价，打破了传统的单一评价方式，通过多元化评价——自评、他评、互评、师评，能充分发挥学生的主观能动性，促进学生的自我发展和自我教育，让学生充分融入课堂中，使课堂气氛更热烈，教学效率更高。然而，作为小学生，他们辨别是非的能力有限，也会倾向高评自己、低估别人。因此，要在"爱种子"教学模式中充分发挥评价的作用，教师必须做好以下几点。

一是在日常的教学中，教师有意识地对学生渗透评价的意义，让学生知道评价是为了更好地提升自己，自己的评价到位与否，也展示了自己的认知深度。

二是教师给予细化的评价标准，让学生的评价有据可依，不会偏离太远，从而内化成自己的交际学习行为。评价的标准，也是学生自我提升的努力目标。

三是在学生评价他人的时候，教师也请学生说出自己的评价依据，以及给予更好的建议，以提高学生学习的专注度。

一、线上评价的具体运用

（一）自评在教学中的具体运用

1. 聚焦课堂，设定标准，发挥自评的作用

在"爱种子""三环四得"教学模式中，无论是自主学习、互动探究还是主题拓展，都是以任务型教学贯穿整节课。按照"爱种子"平台的预设，学生每完成一个环节的任务，平台都会有一个 Self-Assessment，这是激发学生反思的过程。但有时候在实际操作中却没有很好地达到预期效果，只是笼统地问学生在这个任务获得了多少颗星星，没有给学生明确的评价标准。这种没有具体标准的评价是没有真正达到"自我反思"的一个过程，教师也无法真实了解学生的学习情况。

为了更好地发挥自评的效果，教师在利用"爱种子"课堂教学范式的过程中，根据不同的教学任务，为学生制定每节课的自我量化评价标准。通过这个量化标准，学生在自己的学习过程中能做到有据可依、有"量"可评。一方面，能够真正调动学生的积极性，促进学生的学习；另一方面，还可以让教师充分了解学生学习的真实情况，从而对自己的教学作出适当的调整。因此，在每个 Self-Assessment 环节后，教师可为学生加上相应的评价标准。例如，在自主学习范式中，完成 Task 2 Let's learn 环节后，学生自我评价的标准见表 6-3-1。

表 6-3-1　学生的自我评价标准

Task 2	能自主、理解，掌握运用新知 ☆☆☆☆	能自主，较正确掌握新知 ☆☆☆	能在教师/同伴帮助下学习新知 ☆☆
I can learn			

学生利用自我量化评价标准，结合"爱种子"教学平台预设的 Self-Assessment，对自己进行相对客观、有效的评价。

学生在每个 Task 后可以进行自我评价，也可以在 Task 里面的小环节进行自我评价。教师随时可以查看学生的学习情况，进而及时调整自己的教学进度及教学手段。例如，在互动探究 Task 1 Let's review 环节，可以有歌曲演唱、头脑风暴、问答交流等多个活动。教师为了了解学生对旧知识的掌握情况，在头脑风暴后设计自我评价环节，填完一个有关动物的思维导图后，学生根据完成情况，自我评价获得星数见表 6-3-2。

表 6-3-2　How many stars can you get?

Task 1 Mind Map	Excellent (8～10 个)	Good (5～7 个)	Work hard (4 个以下)
I can get	☆☆☆☆☆	☆☆☆	☆☆

教学平台就能把学生自我评价的情况数据反馈给教师。教师在了解学生的学习情况后，及时调整自己的教学进度以及教学手段；而学生为了获得更多的星星，也会调整自己的学习方法与学习态度，朝着更高的目标努力。

2. 平台上自评的具体操作流程

打开"爱种子"平台,点击"Self-Assessment"评价页面—点击"Start"(如图6-3-1A所示)—等待学生评价结束(如图6-3-1B所示)—点击黄色小圆圈,查看星数(如图6-3-1C、图6-3-1D所示)。

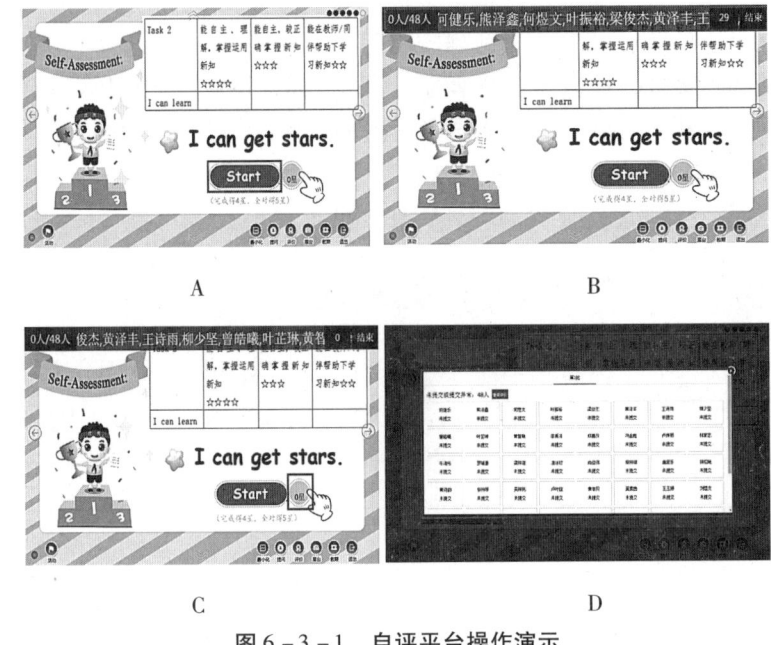

图6-3-1 自评平台操作演示

(二)他评在教学中的具体应用

他评的主要对象是小组的表演(活动),通过"爱种子"平台收集的数据,作为教师教学评估的一种手段。

1. 设计活动的评价标准,作为他评的尺度

"爱种子"教学模式的自主学习、互动探究、主题拓展的三种范式都可以应用他评。在自主学习中的 Let's learn,互动探究中的 Let's act、Let's make,主题拓展中的 Let's create 等环节都可以设计对学生活动的评价标准,发挥他评的作用,提高学生思考、分析和解决问题的能力,能够让学生不断地发展和完善自己。例如,在互动探究中的 Let's act 中设计的一个 Performance Assessment 的评价标准见表6-3-3。

表 6-3-3 评价标准

Items	Descriptions	Stars
Richness （语言丰富）	The content is rich & vivid. Perform actively and confidently	☆ ☆ ☆ ☆ ☆
Accuracy & Clarity （发音准确清晰）	Speak in English. Pronounce the words accurately. Express clearly & emotionally.	
Cooperation （合作）	Participate the performance. Cooperate in the performance.	
Creativity （有创意）	Create your new ideas.	

通过给予一定的评分标准，让学生们对照评价标准，进行相对客观的评价。这个评价过程也是学生们思考的一个过程。

2. 平台上他评的具体操作流程

点击"Selecting Group"（如图 6-3-2A 所示）—选择要评价的小组（如图 6-3-2B 所示）—点击"Start"（如图 6-3-2C 所示），让学生参考评分标准，用应答器对表演的小组进行评分（1～5 分）。平台设置学生的评价时间是 60 秒，一般情况下，学生在熟练掌握应答器、明确评价标准的情况下，往往会在 60 秒的评价时间倒计时结束前完成，这时教师可以在学生都评价完毕时按倒计时旁的结束键，以节省时间（如图 6-3-2D 所示）。评价时间结束后，我们可以看到其他同学对被评价小组的平均评分情况，同时，也可以在后台调取学生个人的评分。针对个别学生的给分，教师可以进行提问，让学生说出自己的评价理由，以及给予更好的建议，以此提高学生思考问题、分析问题的能力，实现"爱种子"教学模式的"三环四得"中的"评得"。在这一环节中，往往会看到学生更精彩的表现（可参考他评平台操作演示图示）。

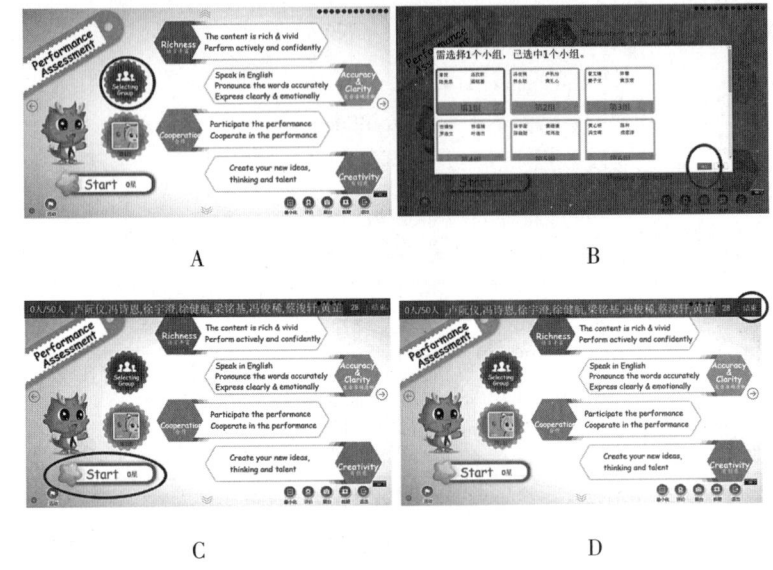

图6-3-2 他评平台操作演示

（三）互评在教学中的具体运用

1. 生生互评的重要性

在课堂上要实现多元化的评价，除了自评、他评、师评外，教师要鼓励学生进行互相评价，因为同伴之间充满善意和理解的评价能使学生感到暖心，合理而公平的评价能促使学生对自己提出更高的要求。因此，教师在课堂上要引导学生进行互相评价，充分发挥学生的主观能动性让评价推动教学改革，而引导学生在课堂上相互评价可以为学生提供发现、探究的空间。学生在评价他人的过程中，通过认真倾听别人发言、认真观看他人表演、认真进行评价交流，最终能收获更多的知识。

在"爱种子"教学模式实践中，通过"爱种子"平台的评价功能，教师可以根据教学内容让学生进行互相评价。但由于学生对事物的判断能力存在一定局限性和不肯定性，对评价的尺度把握不准，甚至个别学生的评价可能还会带有个人的情绪色彩和喜恶，所以教师要充分了解学生，为学生提供良好的评价氛围，帮助学生制订评价方案，提出学生之间评价的要求，使生生之间的评价更科学化、合理化。

2. 生生互评方式

学生之间相互评价主要是让学生去评价他人在课堂学习过程中的表现以及他人在课堂学习的成果。

（1）课堂学习过程的评价。《义务教育英语课程标准（2011年版）》倡导小学英语课堂的评价要多元化，教师要引导学生在互评时不但要从他们对知识掌握的熟练程度进行评价，还要关注他们在回答问题和课堂表演过程中是否做到配合默契、团结合作等方面，给予鼓励性的评价。教师通过同伴之间对课堂学习过程的评价，引导学生模仿学习他人的长处，弥补自己的不足，同时让学生学会欣赏他人、挖掘他人的闪光点、培养学生的良好品格。

（2）课堂学习成果的评价。在一节课里每个学习过程结束后，教师都会通过一些方式去了解学生的学习情况，然后对学生的学习成果（包括交际表演的生成）进行总结和评价，从而去检验自己的教学效果。教师在进行课堂学习成果评价的时候，除了通过练习、小测试等方式外，还可以通过学生与学生之间的互评，对他人在这一节课的学习表现、态度以及学习行为习惯等方面进行评价。

3. 生生互评的操作流程

为了更好地发挥"爱种子"平台的评价功能，我们应该根据教学实际，灵活运用平台的评价机制。"爱种子"平台的应答器是每个学生固有的评价工具，可以进行自评、师评、小组评价等。为了发挥互评的作用，教师可以让学生交换应答器，实现学生互评。同时，我们在实施互评时，一定要设定好评价的量化标准，包括对每个学习过程或学习成果的评价标准，让学生有量而评，而不是随意而评。例如，在教学 Role-play 这个环节时，教师可以让学生互相评价，要求每个学生参与对同伴的评价。

（1）出示评价标准。在 Role-play 这个环节里，教师提前根据教学内容和学生的实际情况制定统一的互评标准（如图 6 - 3 - 4 所示），在进行表演时，向学生出示评价标准，提出评价要求。学生在统一的评价标准下进行互评，就显得更加公平、公正，实效性更强。

表 6 - 3 - 4　Role-play 评价标准范例

评价标准	评价	星数
A. 语音语调正确，流畅，表演生动，有创造性	Excellent	☆☆☆☆☆
B. 语音语调较正确，流畅，表演较生动	Good	☆☆☆
C. 语音语调不正确，表演较生硬	Come on	☆☆

（2）引导学生操作应答器进行评价。在学生们使用应答器进行互评的过程中，老师首先要求学生互相观察对方表演的细节，并对表演者的每一句台词、每一个动作进行观察。学生通过观看、思考、倾听，形成自身的想法，这有利于培养学生认真倾听的习惯。学生根据同伴的表现以及结合评价标准，操作"爱种子"的应答器进行评价，最后以达成评价的精准化。

平台上互评的操作演示：（这一环节需要同伴之间交换应答器进行评价）

打开"爱种子"平台，点击"Self-Assessment"评价页面（如图 6 - 3 - 3A 所示）—点击"Start"（如图 6 - 3 - 3B 所示）—等待学生评价结束（如图 6 - 3 - 3C

所示)—点击黄色小圆圈,查看星数(如图6-3-3D所示)。

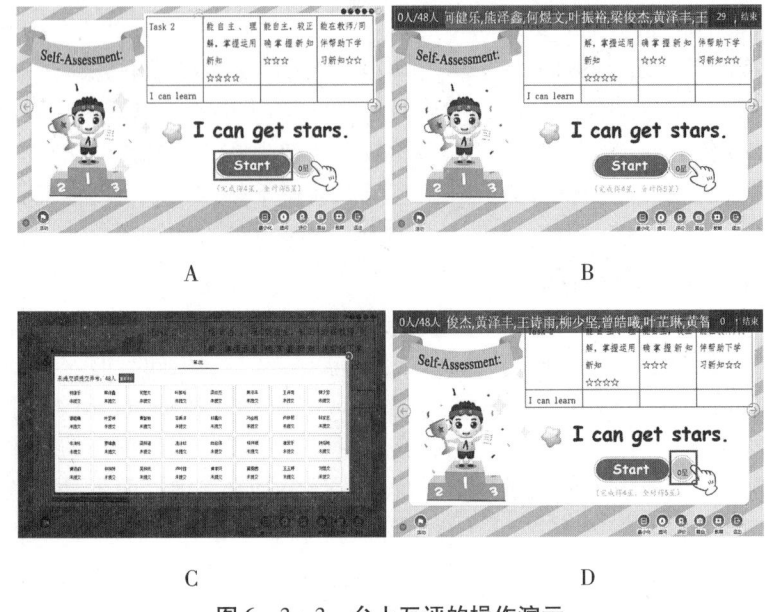

图6-3-3 台上互评的操作演示

(3)展示平台数据。教师通过平台的大数据收集,就会发现不足,从而调整教学。学生通过数据发现自身的不足,反思自身的学习方式,激励自身努力学习。因此,生生相互评价能极大地调动学生学习的积极性,激发学生的思维,提高学生学习的兴趣;同时,能使教师更好地调控课堂,激活课堂教学,提高教师的教学效率,让教师了解学生,建立和谐的学习氛围,使学生健康成长与发展。

(四)师评在教学中的具体运用

师评能有效促进师生之间共同发展,它犹如洒在学生心中的一颗小种子,只要老师恰当培育,自然会在学生心中绽开一朵朵花,结出一颗颗果实。下面,笔者结合教学实践,阐述基于"爱种子"教学理念下师评的具体运用方法。

1. 深入课堂,发挥智能评价的作用

(1)教师对全班学生的整体评价。打开"爱种子"平台,点击"评价工具"(如图6-3-4A所示)—点击"全班"(如图6-3-4B所示)—选择"激励"后选择加分范围(1~5分)—选择加分项目:对全班学生总体表扬分"表扬""积极""团队合作""主动""认真""遵守纪律"六方面进行全班激励(如图6-3-4C所示);或选择"待进步"后选择减分范围(1~5分)—选择减分项目:对全班学生总体鼓励"继续努力"或"积极""团队合作""表现一般""待改进""遵守纪律"六方面对全班进行鼓励(如图6-3-4D所示)。

第六章 基于小学英语"爱种子"教学范式的多元化评价 241

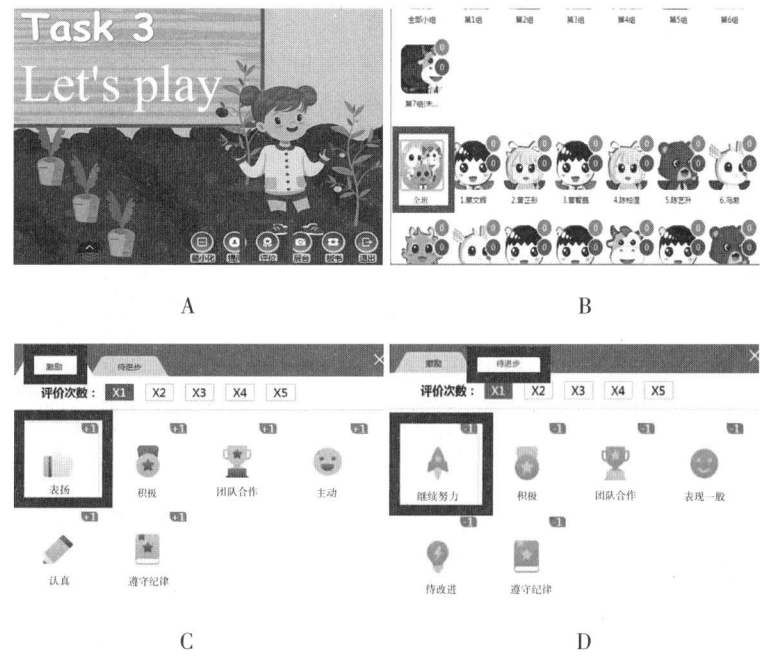

图 6-3-4 对全班学生加分激励（减分鼓励）演示

（2）教师对学生的个体评价。点击"评价工具"—点击学生个人的图像名字（如图 6-3-5 所示）—选择"激励"后选择加分范围（1～5分）—选择加分项目：对学生个人表扬分"表扬""积极""团队合作""主动""认真""遵守纪律"六方面进行个人激励（可参照图 6-3-4C）；或选择"待进步"后选择减分范围（1～5分）—选择减分项目：学生个人鼓励分"继续努力"或"积极""团队合作""表现一般""待改进""遵守纪律"六方面对学生个人进行鼓励（可参照图 6-3-4D）。

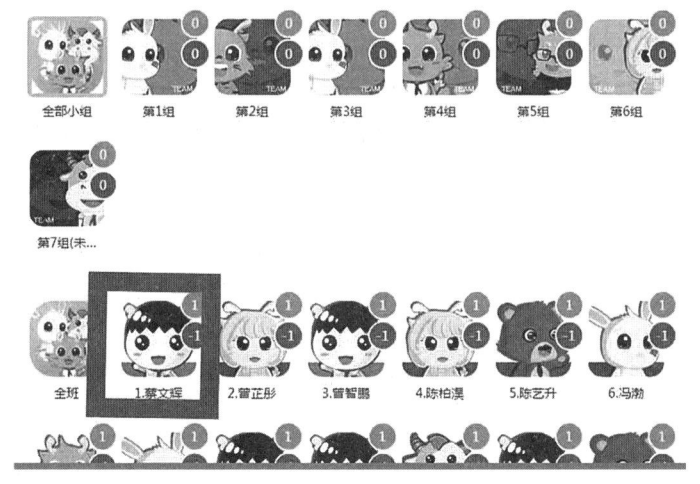

图 6-3-5 点击学生个人的图像名字

在授课过程中，教师通过点击"提问"—点击"选人"（如图6-3-6所示）—选择学生个人回答问题（选择方式有随机答、选答、抢答）—对学生个人回答问题的情况进行评价、加分或减分。此外，教师可以设计让学生用应答器完成单选、多选、连线等练习题，根据学生的答题情况调取后台答题数据（柱状形数据），再根据数据对全班、小组或个人进行语言激励评价和平台功能性评价。

(3) 教师对学生的小组评价。点击"评价工具"—点击学生小组（如图6-3-7所示）—选择"激励"后选择加分范围（1~5分）—加分项目为对小组总体表扬分"表扬""积极""团队合作""主动""认真""遵守纪律"六方面进行小组激励（可参照图6-3-4C）；选择"待进步"后选择减分范围（1~5分）—选择减分项目为对小组总体鼓励"继续努力"或"积极""团队合作""表现一般""待改进""遵守纪律"六方面对小组进行鼓励（可参照图6-3-4D）。

图6-3-6　选人　　　　　　　图6-3-7　点击学生小组

在授课过程中，教师通过点击"提问"—点击"选组"—选组回答问题（方式有随机答、选答、抢答）—对学生小组代表回答问题的情况进行评价、加分或减分。

(4) 通过监测数据，形成一系列或明或暗的教学评价手段。数据是隐藏在操练下的一种有效的激励因素，教师可在平台上看到学生做题的情况，如正确率、错误率。根据这些数据，教师可及时调整教学手段，有意识地形成一种激励评价习惯，促进学生综合语言运用能力的发展。例如，教师可以进入"学况分析"和"学生分析"查看教学效果（如图6-3-8所示），并根据大数据进行二次师评，调整教学手段；另外，可以通过应答器的单选题和多选题调取柱状形数据进行二次师评。

2. 以"爱种子"教学模式的"三环四得"为导向，设计学生的学习行为标准，作为师评的尺度

"爱种子"教学模式的自主学习、互动探究、主题拓展的三种范式都与评价密不可分。在自主学习中的Let's play，互动探究中的Let's act、Let's practice，主题拓

图 6-3-8 查看教学效果

展中的 Let's create 等环节都可以设计教师对学生评价的标准，发挥师评的作用，让学生心中有一把衡量自己的交际行为的尺子，从而就会内化成学习行为和学习动力。

（1）在自主学习模式 Let's play 环节中的教师对学生评价标准见表 6-3-5，每达到一个标准得 1 颗星。

表 6-3-5 Let's play 环节的教师对学生评价标准

Items	Descriptions	Stars
Richness （语言丰富）	The content is rich & vivid. Perform actively and confidently.	☆☆☆☆☆
Accuracy & Clarity （发音准确清晰）	Speak in English. Pronounce the words accurately. Express clearly & emotionally.	
Cooperation （合作）	Participate the performance. Cooperate in the performance.	
Creativity （有创意）	Create your new ideas, thinking and talent.	

（2）在互动探究教学模式中 Let's act、Let's practice 环节里教师对学生的评价标准为，学生每达到一个标准得 1 颗星。Do bravely（勇敢表现），Say loudly（声

音洪亮), Express clearly (表达清晰), Pronounce correctly (发音准确), Perform vividly (表现生动), Make cooperatively (团队合作), Listen carefully (认真聆听)。

(3) 在主题拓展教学模式中 Let's create 环节里教师对学生的评价标准见表 6 - 3 - 6, 达到一个标准得 1 颗星。

表 6 - 3 - 6　Let's create 环节里教师对学生的评价标准

Items	Descriptions	Stars
Share bravely（大胆展示）	Create and share bravely in groups or in class.	☆☆☆☆☆
Creativity（有创意）	Create your new ideas, thinking and talent.	
Richness（语言丰富）	The content is rich & vivid. Perform actively and confidently.	
Accuracy & Clarity（发音准确清晰）	Speak in English. Pronounce the words accurately. Express clearly & emotionally.	
Cooperation（合作）	Participate the performance. Cooperate in the performance.	

以上评价标准只是例子, 在各种教学模式和教学环节里教师都可以根据教学和学习内容的实际交替选择使用, 没有固定的标准模式。此外, "爱种子"平台的智能评价功能还存在着局限性, 结合使用线下辅助性评价手段, 能为教师的评价增添色彩。

二、线下辅助性评价的具体运用

"爱种子"平台本身有着强大的数据和智能评价功能, 同时, 教师可以与传统的线下课堂评价相结合, 通过线下评价, 补充延伸一些人文情感评价和其他竞争评价机制, 能起到画龙点睛的作用。

（一）启动小组挑战功能

教师可利用一起作业智慧平台的挑战功能, 通过分组比赛, 记录学生的积分, 在主题背景下形成课堂竞争的主线, 成为学生学习内驱力的发酵因素。此外, 教师还可针对每个单元的主题设计小组竞争背景, 贴在黑板上, 进行显性的激励模式。

（二）通过情感、语言、肢体等对学生进行激励，发挥评价的作用

温暖有度的评价语要针对学生的需求，结合教师的真实情感，力求富有感染力，只有这样，教师才能使学生从心灵深处受到触动，唤起其内心的动力。

（三）建立长效的激励评价机制

1. 建立长效的校本激励评价机制

学习和发展是英语课程标准的出发点和归宿。根据当前学校的实际情况，学生学习的积极性和学习动力直接影响学生的学习效果和核心素养的养成。根据新课程理念，小学英语教学评价应与教学融为一体，如果学校建立一种长效的激励评价机制，给英语教师的激励教学一个有力的支撑点，教学成效将会是一个良性的循环。

2. 运行班级激励模式

激励教育就是创设一种积极的教育时空环境和情感体验，激发学生的主体动力和内在潜力，培养学生形成自我教育、自我提高的内部动力机制，促进学生在思想品德、个性特长、身心健康、学习成绩等各方面的发展。在学校激励评价机制的支撑下，英语科任教师以校本激励机制为指导，积极运行班级激励模式，根据班级实际和平时的实践，制订班级英语积分细则，建立班级英语激励展示栏，展开一种可视性、可感性的激励模式。

（1）深入调查，制定积分细则。学校为了促进班纪班风的建设，创造良好的班级氛围，面对全体学生，力争让每一名学生得到全面发展和提高，对全班学生采取分组竞赛式管理。因此，每位英语科任教师须全面了解学生，根据学生的年龄特点，制订小组积分细则和个人积分细则。小组积分细则体现小组合作的过程与成效，个人积分细则体现个人学习、纪律、习惯等方面的表现。

（2）大胆设计，开设激励展示栏。英语科任教师制订班级小组积分细则和个人积分细则后开始设计班级英语激励展示栏，并根据各年级的情况设定主题。例如，本学期我们把英语展示栏的主题定为三年级——拼字母，四年级——英语成长树，五年级——蜗牛赛跑，六年级——花儿朵朵开。展示栏紧扣积分细则，以积分或贴纸的形式展示学生的进步成长细节。这种可视性的激励平台给了学生开展小组协作和个人学习的动力，学生的学习兴趣因此得到提升。

（3）不断实践，用心经营激励机制。在实践班级积分机制的过程中，英语科任教师要进行一定的阶段性反思，在问题中分析、调整激励手段。教师践行"让学生们努力跳跳就可以摘到果子"的评价原则，例如，四年级英语科根据积分细则，让学生设计一张个人积分卡和小组合作积分卡，积分卡积累10分可以换取一颗果实贴在个人成长树展示栏上，小组积分也体现在小组成长树上。

创设校本长效的激励机制和运行班级激励模式不是独立进行的，而是作为"爱种子"平台评价功能背后的一种补充和延伸，这对教学成效和师生素养的提高

起着一定的作用。

（四）在"爱种子"理念下，大力发挥课外活动评价的作用

评价有法，但无定法，贵在得法。课堂教学的评价是多种多样的，课外的评价也可以是丰富多彩的，它是课堂教学评价的补充和拓展。

1. 班群评价激励

利用班群布置课外活动，因为班群是一个很好的评价延伸平台。例如，在学习 My home 单元时，教师布置学生回家录制小视频，用英语介绍自己的房间，录好小视频后发到班级群里与小伙伴们分享并进行自我评价，自评后再由家长和老师进行评价。教师在评价时，结合课堂交际的一些标准，给予学生中肯的评语，注重学生大胆开口的习惯养成，注重激励语言的渗透。因此，班群内的激励评价成了学生、家长的一种体验成功喜悦感的方式。

此外，教师在课堂上播放学生的口语视频，利用"爱种子"应答器投票的功能，让学生在平台上进行投票，产生最佳作品，这恰好是语言二次学习和深化激励的途径之一。

2. 课外作业评价激励

课外作业是课堂教学的一种有效延伸，作业评价方式也是教学必须关注的领域。教师在作业的批改过程中采用多样的作业评价方式，学生的关注度可能会随之得到提高。例如，丰富作业评价的主体对象，发挥评价的多元化作用，学生做完作业后习惯在作业本右下角写上"自评、组评、师评"，让更多的人参与作业评价。学生还可以在自评一栏的旁边标注希望老师给予什么样的评价，将自己对作业的表现和努力的情形写下来。教师在进行师评的时候可根据学生的努力、进步程度进行适当的评价；教师也可根据学生的需要，给学生盖上漂亮的印花或在学生的作业本上亲手画上一些可爱的简笔画，这样有选择的评价符号，充分体现教师对学生的人文关怀，让师生之间的情感交流在润物无声中自然流淌；在激励图案上再加上一些特色评语，更能发挥其独特的优势和魅力。此外，教师根据学生的作业情况，做好作业评价记录，随时记录学生的作业存在的问题、作业的优点和创新点，制作成记录册或视频，以便在"爱种子"平台上利用应答器对学生的亮点进行有针对性的投票、表扬和鼓励，更深入学生的心灵，激励学生不断努力和进步。

3. 课外活动评价激励

英语课外活动是培养学生对英语产生浓厚兴趣的重要途径，是英语课堂教学的有益补充。英语课堂有丰富的评价方法，英语课外活动同样需要多元化的评价。教师结合"爱种子"平台评价、数据、反馈功能，在课外活动中运用多元化评价，可更好地发挥学生特长，发展学生个性。教师只有把课堂教学评价和课外教学评价有机结合起来，才能更好地发挥评价的作用，体现评价的价值。

创设有效的课外活动，把评价融于课外活动中，有利于建立融洽的师生关系、

促进师生的合作、激发学生的学习热情。例如，英语科组可定期安排特色活动——英语角（每周一话题）、英语快乐直通车（每周一游戏），并结合班级激励模式，制订参加活动的条件，在每周五第二课堂为通过努力达到参加条件的同学颁发活动通行证。教师通过筛选环节、英语角和英语直通车活动，把评价手段融于活动过程中，在活动的尾声通过自评、小组评、师评的方式，让学生增强学习自信心，提高学习的积极性，充分有效地发展潜能。例如，在英语角活动结束后把若干个精选出来的小组会话表演的视频放到"爱种子"平台，让学生通过应答器投票产生优秀小组。教师寓评价手段于课外活动中，是发展学生特长、发展学生个性、提高学生学习兴趣和能力的有效途径。当然，课外活动评价也不是独立的评价活动，教师融合"爱种子"平台的评价、数据、反馈功能，更能发挥多元化评价的激励作用。

第四节 评价的效果分析

以清城区几个实验区为例，近两年实验的数据显示，自实施多元化的评价方式以来，教师和学生都发生了根本性的变化。具体表现在以下两个方面。

一、教师的教学观念和教学行为方面

实施多元化评价方式，教师不再用所谓"差生"的概念来衡量学生。在教师的眼里，每一位学生都有自己的闪光点，因为教师懂得和善于去挖掘学生的潜能，给予学生充分的肯定和欣赏。这样一来，学生的学习兴趣和学习积极性也就得到了大大的提高，教学效果自然而然突显出来。

二、学生的学习行为方面

多元化评价方式的实施，给学生提供一个表现自我的舞台。如今的学生个个乐学，你追我赶，不甘落后，学习干劲足。通过多元化评价，学生在课堂中得到了尊重和肯定，这唤醒了他们内在的想要成功的欲望，使学生的学习成绩有所提高，行为习惯等各方面都有所改善。

如今在"爱种子"教学模式下多元化评价的课堂里，教师通过设计多样化的评价方式驱使学生主动地学习，课堂气氛愉悦，师生关系融洽。在"爱种子"教学模式下，多元化的评价方式将一直引导着教师从不同角度去看待学生，关注每一位学生的发展，从而促进学生的全面发展。

"爱种子"理念给一线教师带来了一场深刻的思想洗礼，冲击着教师的改革思

维。让教师沿着"评得"之路,为"爱"而行,力争"评"出精彩!我们努力探索"爱种子"平台的评价、数据、及时反馈等功能,也探索着其他能补充延伸的多元化评价机制以与之有机融合、相辅相成。

参考文献

[1] 邓光强. "智慧课堂"中的学生个性化学习[J]. 教育信息技术, 2013(12).

[2] 何广铿. 英语教学法教程[M]. 广州：暨南大学出版社, 2011.

[3] 姜强, 赵蔚, 李松, 等. 个性化自适应学习研究：大数据时代数字化学习的新常态[J]. 中国电化教育, 2016(02).

[4] 荆志强. 我是如何进行生本教学的[N]. 中国教师报, 2009.

[5] 鲁子问. 小学英语教学设计[M]. 上海：华东师范大学出版社, 2018.

[6] 李醒群. 实践"爱种子"模式，提高乡村教师信息技术应用水平[J]. 中小学数字化教学, 2019(08).

[7] 刘晓琳, 黄荣怀. 从知识走向智慧：真实学习视域中的智慧教育[J]. 中国电化教育, 2016(03).

[8] 刘荣. 翻转课堂：学与教的革命[J]. 基础教育课程, 2012(12).

[9] 马九克. 微课视频制作与翻转课堂教学[M]. 上海：华东师范大学出版社, 2016.

[10] 马雪群. 小学英语单元整体教学的实施策略[J]. 教学研究与管理, 2020(08).

[11] 沈毅, 崔允漷. 课堂观察 走向专业的听评课[M]. 上海：华东师范大学出版社, 2013.

[12] 石丽. 对小组合作学习评价的探究与思考[J]. 科学大众·科学教育, 2018(08).

[13] 时康凭. 微课支持下以学生为中心的教学[D]. 杭州：浙江大学, 2018.

[14] 孙曙辉, 刘邦奇, 李新义. 大数据时代智慧课堂的构建与应用[J]. 中国信息技术教育, 2015(7).

[15] 汤美娜. "互联网＋教育"教学模式的创新研究[J]. 课程教育研究, 2018(23).

[16] 王蔷, 程晓堂. 英语教学法教程[M]. 北京：高等教育出版社, 2006.

[17] 谢宝娟. 浅谈传统英语教学中存在的弊端[J]. 科学中国人, 2015(29).

[18] 叶玲. 多元互动评价在英语教学中的运用[J]. 农家参谋, 2019(11).

[19] 余致晓. 谈习本理念下的小学英语课堂教学结构[J]. 小学教学研究, 2018(12).

[20] 翟新文. 以微课录制与应用为载体 加强我区"互联网+教学"尝试[J]. 新课程（中），2017（02）.

[21] 张金磊. "翻转课堂"教学模式的关键因素探析[J]. 中国远程教育. 2013（10）.

[22] 张渝江. 翻转课堂变革[J]. 中国信息技术教育，2012（10）.

[23] 中华人民共和国教育部. 义务教育英语课程标准：2011年版[M]. 北京：北京师范大学出版社，2012.

[24] LAGE M J, PLAIT G J, TREGLIA M. Inverting the classroom: a gateway to creating an inclusive learning environment [J]. Journal of economic education, 2000 (12).

[25] WILLIAMS J. Teaching writing in second and foreign language classrooms [M]. Beijing: World Publishing Corporation, 2007.

后　记

"互联网+"影响着教育教学的变革，时代的发展与变迁赋予教师新的使命，召唤教师不断更新理念、变革课堂模式。历时三年多的研究与探索，《"爱种子"模式下小学英语教学范式的构建与实践》一书在清远市清城区"爱种子"课改实验全体成员的不懈努力下终于面世了。

在本书的编写过程中，我们认真汲取了"爱种子"实验区各实验学校及导师团开展课改实验的宝贵经验，坚持从一线教师的教学案例中选取素材，力求反映"爱种子"实验背景下最新的英语学科教学发展动态，探索出科学、有效的课堂教学范式和具体策略，让读者感受到现代信息技术与先进教法的深度融合，从而惠及更多一线教师。

在本书即将付梓之际，笔者衷心感谢广东省基础教育与信息化研究院副院长叶惠文教授、林君芬博士所给予的积极鼓励、高位引领和精心指导。

感谢广东省语言文字工作协会基础教育外语工作委员会副会长郭植梅女士、广州市名师工作室主持人匡昱女士给予我们教学实操上的指导，引领我们深化课堂教学改革，探究课堂教学新样态，为我们答疑解惑。

感谢广东省基础教育与信息化研究院胡钦太院长在百忙之中认真细致地审读书稿并提笔作序！

感谢在本书编写过程中帮助过我们的每一个人！感谢所有编写老师的无私付出！

走向教育改革之路、丰富职业人生、提升教学质量，是一件美好而有价值的事情。书中的文字既是个人成长的记录，也是生命拔节的声音。"爱种子"课改实验在清远市清城区生根、发芽、开花、结果，是我们多少个日夜努力，多少次彼此支撑，多少颗真诚的心相靠，汇聚而成的智慧结晶。学思践悟，管窥蠡测，期待本书的出版能抛砖引玉，碰撞出绚丽的智慧火花。本书仅是一线实验教师教学经验的总结和实操案例，绝不是一成不变的框架和范式，仅供读者参考借鉴，书中所述不当之处，恳请读者批评指正。

教学改革是无止境的探索，我们期待用微薄之力，改善当下的教育生态，让孩子们同享蓝天之下的平等与博爱。站在新起点，踏上新征程，愿我们拥抱课改，展望未来，张开腾飞的翅膀，向着更高的蓝天白云飞翔，共迎"爱种子"课改教学的繁华盛世！

编　者

2021年5月